Zu diesem Buch

Kaum eine Beziehung bewegt sich in größeren Gefühlsextremen als die zwischen Mutter und Sohn: Die erste Liebe des Sohnes ist auch seine längste – und wird oft genug zur verhängnisvollen Affäre. Söhne fliehen ein Leben lang vor der Mutter, verehren oder verachten sie, hassen oder lieben sie, vergöttern oder verdammen sie. Alles scheint möglich, nur ein souveränes erwachsenes Verhältnis zueinander nicht. Schuld daran, so will es das herrschende Klischee, sind die Mütter. Sie verharren in symbiotischer Verklammerung, können ihre Söhne nicht loslassen, verfolgen sie mit ihrer aufopfernden Liebe – und erzeugen damit Machos, Gewalttäter, Frauenhasser, unglückliche Don Juans. In diesem Buch schreibt zum Beispiel Evelyn Holst ihrem dreijährigen Sohn einen Liebesbrief und Robert Gernhardt seiner Mutter ein Gedicht, wirbt Peggy Parnass um ihren erwachsenen Sohn, Werner Raith für Verständnis des Mama-Kults in Italien und lassen sich Hosea Che Dutschke und seine Mutter Gretchen Klotz befragen.

Die Herausgeberin

Annette Garbrecht, 48 Jahre alt, hat viele Jahre als Redakteurin gearbeitet, zuletzt bei der »Tageszeitung«. Danach war sie wissenschaftliche Mitarbeiterin an der Akademie für Publizistik in Hamburg. Seit der Geburt ihres Sohnes (1991) arbeitet sie als freie Journalistin. Zuletzt hat sie »Wer vor mir liegt ist ungewiß. Frauen und Sexualität ab vierzig« herausgegeben (1994).

Hinweise zu den Autorinnen und Autoren finden sich auf S. 233 ff.

Annette Garbrecht (Hg.)

Mütter und Söhne – die längste Liebe der Welt

rororo

Rowohlt

Veröffentlicht im Rowohlt Taschenbuch Verlag GmbH,
Reinbek bei Hamburg, September 1997
Die Originalausgabe erschien im
Ingrid Klein Verlag GmbH, Hamburg

Umschlaggestaltung Guido Klütsch
(Foto: TCL / Bavaria)
Druck und Bindung Clausen & Bosse, Leck
Printed in Germany
1490-ISBN 3 499 60179 6

Für Till

Inhalt

Einsichten

Einschnitte

Lesarten

Vorwort

»...eine bekannte jüdische Geschichte... handelt von einem jungen Mann, der sich in eine schöne Prinzessin aus der nächsten Stadt verliebte. Er wollte sie heiraten, doch sie stellte ihm eine Bedingung: Zuerst müsse er seiner Mutter das Herz herausschneiden und es ihr bringen. Er ging nach Hause, und als seine Mutter schlief, schnitt er ihr das Herz heraus. Freudig (aber nur insgeheim freudig) eilte er zurück zur Prinzessin, doch da stolperte und stürzte er. Das Herz fiel ihm aus der Tasche, und es begann zu sprechen und fragte ihn: ›Hast du dir wehgetan, liebster Sohn?‹«

David Cooper, *Der Tod der Familie*

Eine schreckliche Geschichte. Sie erzählt von einer niederträchtigen Liebe, die den Geliebten unrettbar versklavt. Eine Mutter-Haß-Geschichte. Oder auch, je nach Perspektive, eine Selbsthaß-Geschichte: Liebe bis zur Selbstaufgabe.

Die Literatur ist voll davon. Das Alltagsdenken ebenso: Zuviel-Mutter macht die Söhne liebesunfähig, depressiv oder gewalttätig.

»Mit 24 noch immer keine Freundin: Muttersöhnchen erstach Mutter.
Es geht um Mord in der Familie. Der Täter: ein Muttersöhnchen.
Unten wohnte Kfz-Mechaniker Kurt Sch. (55) und seine Frau Charlotte (49). Im 1. Stock hatte Sohn Holger sein Zimmer. Mit 24 lebte er noch immer bei den Eltern. Bügelte mit Hingabe die Blusen seiner Mutter.«

(*»Bild«-Zeitung*, 29. November 1994)

Das Spiel mit dem Wort »Hingabe« lenkt die Bedeutung des Satzes in eine andere Richtung: Die Bluse wird zum

Fetisch. Erotisch-inzestuös – auch so wird inzwischen das Mutter-Sohn-Verhältnis gedacht.

Die Umrisse dieses Bildes wurden mir deutlich, als ich vor vier Jahren Mutter wurde. Ein Sohn war in meiner Phantasie zunächst gar nicht vorgesehen. Ich konnte mir ein Kind nur in Verdoppelung meines eigenen Geschlechtes vorstellen. Den Gedanken an einen Jungen verband ich sofort mit ekligen pubertären Auseinandersetzungen – mit Trennungsphantasien also. Und – scheinbar unverbunden – mit der Angst, ich könnte zu einer dieser Schreckensmütter werden, die ich aus Freundes-Erzählungen kannte.

Das Schreckliche an ihnen war ihre Allgegenwart, die sich immer wieder wie ein Schatten auf die Liebesbeziehungen ihrer Söhne legte. Und ich erschrak darüber, wie diese Männer mit ihren Müttern umgingen, sie haßten, verachteten, mit Strenge straften. Oder in infantiler Ergebenheit ihr gegenüber verharrten. Oder sich schließlich zu einem quasi-therapeutischen Umgang durchrangen, der von dem eisernen Willen zu Distanz lebte. Ich kenne kaum einen Mann, der ein erwachsenes, partnerschaftliches Verhältnis zu seiner Mutter hat.

Auch bei der Suche nach Autoren für dieses Buch traf ich, jedenfalls in der Generation der 35–55jährigen, ausschließlich auf Männer mit einem »soliden Mutterproblem«; auf Autoren, die sich zum symbolischen »Muttermord« aufgerufen fühlten oder denen dieses Thema einfach »zu heiß« oder »zu wüst« war. (Zitate aus Absagen, die interessanterweise in keinem Fall damit begründet wurden, die Mutter vor Öffentlichkeit schützen zu wollen.) Keiner sagte oder schrieb: Meine Mutter? – Eine wunderbare Frau!

Im Restaurant klettert der kleine Sohn auf den Schoß der Mutter, der Vater ist nicht dabei. Er schlingt die Arme um ihren Hals, herzt und küßt sie. Sie wehrt ein bißchen ab, sie geht ein bißchen darauf ein, sie achtet darauf, nicht zu zärtlich zu sein. Sie sieht sich um, ob sie beobachtet wird. Sie denkt: Hoffentlich werde ich jetzt nicht für eine klammernde Hyper-Mutter gehalten.

Was ist hier los, was läuft hier schief in der Mutter-Sohn-Beziehung?

Die Besonderheit des Verhältnisses wurde lange Zeit mit der guten alten Geschichte von Ödipus verdeutlicht: Junge will Mutti haben und Papa wegmachen. Geht aber nicht. Also will er dann wenigstens wie Papa sein.

Das Brisante und Neue an dieser Geschichte, so wie Freud sie erzählte, war ja, daß das Kind als sexuelles Wesen gedacht wurde; das Unzureichende, daß dieses Beziehungsdrama in einem gesellschaftsfreien Raum angesiedelt wurde. Denn der kleine Säugling ist zwar von Anbeginn an männlich in der Beziehung zur Mutter; aber Männlichkeit und Weiblichkeit konstituieren sich nicht ahistorisch.

Die französische Psychoanalytikerin Christiane Olivier hat die Geschichte von Ödipus in die Gegenwart hinein weitergeschrieben. In ihrem Buch *Jokastes Kinder* beschäftigt sie sich mit dem Drama des kleinen Mädchens, dessen Inszenierung ihr auch die spätere Mutter-Rolle vorschreibt. Bestimmend ist dabei die faktische Abwesenheit des Vaters in der bürgerlichen Kleinfamilie. Sie trägt wesentlich auch Schuld an dem Mutter-Sohn-Desaster: Vordem vom eigenen Vater, jetzt von dem ihres Sohnes alleingelassen, haben die Mütter Schwierigkeiten, auf das einzige männliche Wesen zu verzichten, das ihnen ganz gehört.

Auch Wilfried Wieck – *Söhne brauchen Väter* – sieht den kleinen Jungen einem symbiotischen Verlangen der Mutter geradezu ausgeliefert, weil die Väter in der Regel auch heute noch nur als »Feierabend-Schreckgespenst« auftauchen. – Und, könnte man hier hinzufügen, selbst wenn die Männer physisch anwesend sind, sind sie es oft psychisch nicht so, wie Frauen sich das wünschen. Doch dafür bleibt dann immer noch der kleine Mann.

Dazu Christiane Olivier: »Früher gab es den Großvater, den Onkel, den Cousin, Mengen von Männerbildern, geeignet, dieses gefährliche Tête-à-tête zu unterbrechen. Heute lebt die allmächtige Mutter allein mit ihrem Sohn, der sie für all ihre Entbehrungen von früher entschädigen muß, für die durch den abwesenden Vater entstandene Leere wie für das Weggehen des Mannes. Das Kind, es ist da, es wird also für jene bezahlen. Was wollen Sie, man muß den Mann nehmen, wo man ihn findet, und wenn es in der Wiege ist!«

Der so Hergenommene kann ein Leben lang nur fliehen vor solchen Umklammerungswünschen. Er wird aus Angst vor symbiotischer Verschmelzung unfähig sein, Nähe zu ertragen. Und er wird zu einer Frau eine Distanz beibehalten, die diese dann noch weiter zum Kind hintreibt – mit den oben beschriebenen Folgen. Der Kreis schließt sich.

Und warum sind die Mütter so, warum sind Frauen so bedürftig? Weil sie zu wenig bevatert worden sind, sagt Christiane Olivier. Weil ihnen ihre Mutter immer schon zuviel zugemutet hat, weil sie selbst zu wenig bemuttert wurden, sagt Gesine Strempel in ihrem Beitrag in diesem Buch. Immerhin ist empirisch belegt, daß kleine Mädchen von ihren Müttern weniger häufig auf den Arm genommen werden als kleine Jungen, denen die alltägliche mütterliche Fürsorge weit länger gilt.

Im Kindergarten, die nasse Hose muß ausgewechselt werden. Ein dreijähriges Mädchen guckt interessiert zu. »Warum hat er so einen kleinen Pimmel?«, fragt sie die Mutter. Diese, voller Empörung in der Stimme: »Der ist nicht klein, der ist genau richtig!« Nach einer kleinen Weile, den Verstand wieder einschaltend: »Und du, was hast du?«

Welche Regieleistung dem Verstand im Umgang mit Kindern zukommt, ist völlig ungeklärt. Die Mütter der Autoren in diesem Buch gehören der Vorkriegsgeneration an, sie sind mit ganz traditionellen Vorstellungen über Erziehung aufgewachsen. Der Bruch kam mit der antiautoritären Bewegung. Aber die neuen Erziehungsziele dieser Elterngeneration waren geschlechtsneutral formuliert, sie sollten für Jungen wie für Mädchen gelten. Erst Mitte der achtziger Jahre wurde wieder differenziert; nun gab es plötzlich Mädchen- und Jungen-Mütter. Und es wurde die Theorie diskutiert, ob Mädchen kompensatorisch bevorzugt, Jungen aber in ihren machohaften Bestrebungen gedeckelt werden müßten. *Hilfe, mein Sohn wird ein Macker!* In diesen Hilferuf faßte Katja Leyrer damals in ihrem Buch die feministischen Sorgen zusammen.

Die heutige Müttergeneration, vollgestopft mit Erziehungsratgebern, sieht sich einem Wust von Verbotsschildern gegenüber: Du darfst nicht klammern! Du darfst deinen Sohn nicht unselbständig halten! Du darfst ihn Mädchen nicht schlagen lassen! Du darfst ihn überhaupt nicht schlagen lassen! Du mußt ihn so schnell wie möglich loslassen!

Die beiden Kinder, ein Junge und ein Mädchen, wollen Arzt spielen. Der Junge nimmt sich das Stethoskop. Das Mädchen will auch. »Der Arzt braucht doch auch eine Krankenschwester«, versucht die Jungenmutter zu vermitteln. Kaum hat sie es gesagt, beißt sie sich auf die Lippen.

Die beiden Wiener Soziologinnen Cheryl Benard und Edit Schlaffer (*Mütter machen Männer – Wie Söhne erwachsen werden*) halten die jüngste Diskussion über Muttererziehung für einen geschickten Schachzug, mit dem die Söhne den Müttern entfremdet werden sollen – bis hin zu deren Vernachlässigung: So sollen die Jungen den Normen des Partriarchats geschickt angepaßt werden.

Es mag sein, daß diese These, ideologisch betrachtet, nicht völlig abwegig ist. Ein einziger Blick aus dem Fenster zu jeder beliebigen Tageszeit läßt jedoch an ihrer Glaubwürdigkeit zweifeln: von Vernachlässigung, jedenfalls quantitativ betrachtet, keine Spur. Es sind überall und immer nur Mütter, die Kinderwagen herumschieben. Und es sind Mütter, die sich auf den Spielplätzen langweilen. Es sind Frauen, die die Kinder in den Kindergärten betreuen. Und es sind Mütter, die Halbtagsjobs annehmen, um mittags da zu sein, wenn die Kinder aus der Schule kommen. (Klassisch bei Journalistinnen-Müttern: der Wechsel von Redaktions- zu freier Tätigkeit –

vgl. die biographischen Angaben der Autorinnen in diesem Buch!) Der sogenannte neue Mann – eine verschwindende Minderheit. Der alleinerziehende Vater – immer noch eine Rarität.

Nein, ich glaube nicht, daß die Macht der Mütter über ihre Kinder – Söhne wie im übrigen auch Töchter – gebrochen ist. Aber ihre Qualität sollte in genauerem Zusammenhang gesehen werden. Denn das Männlichkeitsbild, das Mütter auf ihre Söhne projizieren, ist voller Widersprüche, wie Ulrike Schmauch in ihrem Beitrag »Was geschieht mit kleinen Jungen?« schreibt. Es entsteht in Abhängigkeit auch von der Selbstdefinition der Mutter als Frau. Eine Frau, die sich gesellschaftlich unterdrückt und ohnmächtig fühlt, wird ihr Opferbewußtsein vielfältig in die Beziehung zu ihrem Sohn einbringen: herrschsüchtig, unterwerfend, unstet in ihren Zuwendungen – je nach Vorgabe ihres eigenen, ganz individuellen Eltern-Psychodramas, von dem sie geprägt ist. Und natürlich in Abhängigkeit von der Beziehung, die sie zum Vater des Kindes hat. So betrachtet, kann eine Mutter beispielsweise durchaus klammheimliche Freude über die Homosexualität ihres Sohnes empfinden, weil sie seine Abwendung von heterosexuellen Normen als Sieg über Männlichkeit empfindet, wie Rüdiger Lautmann in seinem Beitrag meint.

Auf dem Spielplatz, der Dreijährige, gerade erst trocken geworden, muß Pipi machen. Die Mutter nimmt ihn an den Beinen hoch und hält ihn ab. Dabei werden die herunterhängenden Hosenträger naß. Sie zieht das Kind wieder an und bemerkt einen Mann, der sie beide beobachtet. Sie fühlt sich ertappt, als habe sie ihren Sohn durch das Hochnehmen irgendwie degradiert. Beim nächsten Mal erklärt sie dem Sohn, wie er es im Stehen machen soll. Er weigert sich, hat Angst, seine Hand könne dabei naß werden. Die Mutter geht ihm noch viele Male an die Hand, der akuten Not gehorchend.

»Verkehrte Welt, Vater weich, Mutter hart«, schreibt Götz Dahlmüller in diesem Band. Verkehrt ist wahrscheinlich jede Typologie, die komplexe lebendige Beziehungen fixieren will. Die Geschichten der Söhne in diesem Buch sind zwar überwiegend (Er-)Leidens-Geschichten. Aber vielleicht ist ja nur dies ein Motiv fürs Schreiben.

Für die Mütter gilt das in der Regel nicht: Als Mütter kleiner Söhne schreiben sie die Geschichte ihrer Liebe. Als Mütter erwachsener Söhne schreiben sie die Geschichte ihres Stolzes. Selbst wenn sie sich vielleicht eingestehen müssen: Ich habe als Mutter versagt. Aber kann das der längsten Liebe der Welt etwas anhaben?

»Wenn ich groß bin«, sagt der Dreijährige, »werde ich ein Mann. Und dann eine Frau.«

Annette Garbrecht

Umarmungen

Evelyn Holst
Liebesbrief an Luca Fernando

Das erste, was mir an Dir auffiel, als ich Dein Foto sah, war die unheimliche Power hinter Deinen fest verschlossenen Augen. Du lagst in einer Hängematte, nur ein paar Tage alt. Dein schwarzes Haar glänzte ölig, und Dein ganzes winziges Wesen strahlte Kraft und Lebensfreude aus.

Ich war abends mit meiner Freundin Attis verabredet, die eigentlich Silke heißt. Attis ist ihr Hexenname, und sie ist auf Astrologie spezialisiert. »Am 17. August geboren, Löwe, Aszendent Stier«, sagte sie nur, »mit dem wirst du viel Spaß haben, ihr habt das gleiche Karma.« Sie meinte es als Warnung.

Am nächsten Tag flog ich nach Bonito in Brasilien, um meinen Sohn abzuholen. Deine Schwester Lea, eine sanftbraune Widderin von damals viereinhalb Jahren, war unbeeindruckt, als wir ihr das Foto zeigten: »Ich brauch eigentlich gar keinen Bruder«, sagte sie, »können wir ihn denn wegschmeißen, wenn wir ihn nicht mögen?«

Und dann stand ich mit meiner Anwältin vor einer Haustür, hinter der mein zukünftiger Sohn auf mich wartete. Ich hatte Jetlag, war verschwitzt, müde und überfordert. Die Tür ging auf, viele kleine braune Menschen mit dunklen Locken und fröhlichen Augen wimmelten herum, und dann wurde mir ein brüllendes Bündel in den Arm gedrückt.

Das warst Du.

Da Pampers in Brasilien sehr teuer sind, warst Du lokker und tropfend in eine Stoffwindel gewickelt, die einen großen, nassen Fleck auf meinem Rock hinterließ. Du also, dachte ich, ein bißchen skeptisch und erschöpft, ich hoffe, wir mögen uns. Ich war, das gestehe ich, anfangs gar nicht so sicher. Du warst so kompakt, so fordernd, so ganz anders als Deine Schwester Lea, die wir krank und schwach bekamen, wie ein kleines Vögelchen. Du warst eher ein gemästeter Hamster – braun und dick. Ein kleiner Mike Tyson, dachte ich, hoffentlich verwächst sich das.

Auch die ersten Monate zu Hause war ich verhalten mit Dir, denn Du hast unseren gesamten Lebensrhythmus durcheinandergewirbelt. Ich mußte meine feste Anstellung aufgeben und frei arbeiten. Lea war eifersüchtig und wollte wieder an die Nuckelflasche. Jede Nacht mehrfach hoch. Immer müde. Mußte das denn sein?, habe ich mich, ganz klammheimlich, manchmal gefragt, ein Kind hat doch eigentlich gereicht.

Dich hat das alles wenig geschert. Du hast Dir geholt, was Du brauchtest, und wenn es nicht sofort da war, dann hast Du laut gebrüllt. Wie ein Wirbelsturm bist Du durch Dein Babysein gerast – Zähne, Sitzen, Gehen, Laufen, Klettern, alles im Rekordtempo.

Ruhe nur, wenn Du wirklich zu Tode erschöpft warst. Oder ganz kurz nach dem Aufwachen. Dann kam die schönste Zeit – für mich. Du auf meinem Arm, ganz still und weich, hineingesunken in meinen Körper. In einer solchen Sekunde hab ich Dich zum ersten Mal von Herzen geliebt.

Doch dann – ein Ruck geht durch Deinen kleinen Körper, Du sträubst Dich gegen meine Umarmung – Mama, runter – und wusch, bist Du weg, Deine kleinen Beine fliegen förmlich, jauchzend läufst Du durch die Wohnung.

Und ich sitze da mit leerem Schoß und bin ein bißchen traurig, weil ich zu und zu gern noch ein bißchen mit Dir gekuschelt hätte.

Aber Du bist kein Kuscheltyp. Tja, seufzen andere Mütter, so sind sie, die kleinen Männer.

Du holst Dir Körperwärme, wenn Dir danach ist. Mama muutschie, sagst Du, was smoochie heißt und Kuß bedeutet, und dann kommst Du und drückst mir einen Kuß ins Gesicht – und es gibt nichts an und um Deinen Mund, keinen Brei, kein Ketchup, kein Schnöf, das mich davon abhalten könnte, genießerisch die Augen zu schließen und auf dieses feuchte, klebrige Gefühl zu warten.

Jungen sind anders als Mädchen, das haben Mütter schon immer gesagt. Jungen toben mehr, zerstören mit Wonne und schlagen sich, sind immer in action. Mütter haben recht. Papa Kampf, hast Du kürzlich zu Deinem Vater gesagt und ihn fröhlich in den Bauch geboxt. Lea und ich standen daneben und haben nur mit dem Kopf geschüttelt.

Was ist bloß mit Euch Männern, fragen wir uns, wenn Du mit Papa, ein wirres Knäuel von Beinen und Armen, auf dem Boden herumrollst – und ihr beide dann diese merkwürdigen Grunzlaute ausstoßt? Lauter, rufst Du, sobald wir im Auto sitzen, und meinst das Radio, sneller Mama, kreischst Du und meinst meine lahme – in Deinen Augen – Fahrweise. Sneller Mama.

Ausnahmen bestätigen die Regel, aber in unserer Familie herrschen die Klischees. Das liebe Mädchen mit zwölf Barbies und einem Ken, das gern schmust und stundenlang vor dem Spiegel steht, um sich 25 verschiedene Schleifen ins Haar zu flechten. Das schnell weint und beleidigt ist und auch, genau wie ihre Freundinnen, allzu gern tratscht und petzt.

Der freche Junge, der im Baby Wayne-Gang durch die Wohnung stolziert, allen Barbies Köpfe und Gliedmaßen abknickt, der boxt und kneift und beißt und sich halbtot lacht, wenn jemand Aua sagt.

Ein kleiner Macho, denke ich zärtlich, denn, tief in meine längst dahinsiechende Feministinnenseele hineinhorchend, muß ich zugeben, daß mir, natürlich nur bei Dir, ein Macho sehr viel lieber ist als ein Softie. Doppelmoral? Aber klar! Groß und stark und schön soll er werden, mein Sohn, ein brauner Gott, Gehirnchirurg oder Tennisprofi. Bitte kein Sozialarbeiter mit selbstgestricktem Schafspulli und krummen Schultern!

Ich finde Dich, auch dies sei verraten, viel schöner als die meisten weißen Kinder. Deine samtbraune Haut, am hellsten im Gesicht, am dunkelsten an den Händen. Deine ganz leicht sichelförmigen braunen Augen, die dichten, schwarzen Haare. Ich könnte Dich auffressen.

Bei Dir sind alle meine politisch korrekten Gefühle

vom Winde verweht. Ich möchte, daß Du viele Frauen liebst, und wenn Du ihnen das Herz brichst, werde ich sie trösten. Du bist halt kein Mann für eine. Erst wenn Du vierzig bist, vorher bleibe ich Deine Hauptfrau.

Du wirst, das fühle ich, in Deinem Leben viel Liebe bekommen. Weil Du es anstrahlst, wie von innen angeknipst. Und falls Dir später ein Fascho dumm kommen sollte, dann wirst Du ihm eins aufs Maul geben. Am besten zwei. Wenn Du auf dem Wickeltisch liegst und ich Deinen dicken, hellbraunen, prallen Bauch küsse oder Deine »Tinkie-Füße« (Stinkefüße), dann denke ich mir: »Jeder Kuß von mir macht einen besseren Liebhaber aus dir.« Und küsse Dich noch mal. Fast beneide ich die kleinen Mädchen, die Dich später einmal haben werden.

Vor ein paar Wochen, als ich wieder meine Lieblingsstelle, Deinen Bauchnabel, küssen wollte, hast Du mich weggeschubst. »Mama, nein, hier küssen«, hast Du gesagt und auf Deinen kleinen Schniedelwutz gezeigt. Er lag da, auf der Windel, eine unschuldige kleine Schnecke. Warum eigentlich nicht, dachte ich. Aber nur eine viertel Sekunde lang. Dann hab ich die Windel energisch wieder zugeklebt. »Mama darf nicht«, hab ich gesagt, »das macht später eine andere Frau.«

Gesine Strempel

Der Vater opfert den Sohn...

1. Anspruch

Ein Gespenst geht um in der Bibel. Es ist das Gespenst eines verlorenen Sohnes, eines erstgeborenen Sohnes, eines über alle Maßen geliebten Sohnes, eines ermordeten Sohnes.

Phyllis Chesler, *Spiegelungen aus dem Garten Eden*

Das soll ihm nicht passieren, dachte ich, als 1970 mein Sohn geboren wurde. Wie also schütze ich meinen Sohn vor dem körperlichen und geistigen Blutbad, das Teil der abendländischen/christlichen Kultur ist, in der wir leben? Und wie schütze ich mich vor den Söhnen, die vergewaltigen, verstümmeln, töten, denke ich heute, fünfundzwanzig Jahre später, mit geschärftem Sinn für Auschwitz und Dachau, Hiroshima und Nagasaki, für die Vergewaltigung der Frauen im früheren Jugoslawien und die Wut der Mütter, die ihre Söhne aus dem russischen Krieg gegen Tschetschenien retten wollen.

Wahrscheinlich ist der weitverbreitete und skandalöse Mütterhaß unseres Jahrhunderts, der in der Literatur, in Popsongs, Schwiegermütterwitzen und so weiter seinen penetranten Niederschlag findet, der gelungene Versuch, die Gegenwehr der Mütter zu vertuschen. Diffamiert werden die Anstrengungen der Mütter, ihre Söhne zu retten vor dem Vater-Sohn-Kannibalismus, wie er so gruselig in Goyas Gemälde *Saturn verschlingt seinen Sohn* dargestellt wird. Und selten wird berichtet, daß es einer den Magen umdreht angesichts der Kreuzigungsszenen in Kirchen oder Museen: Die Leiche des Sohnes am Kreuz, Sohnesknochen über dem Altar.

Der Mütterhaß ist eine groteske Verdrehung der Tatsachen. Die gelungenste Gehirnwäsche der westlichen Kultur, deren Folgen absehbar sind. Apokalypse, whow.

2. Erinnerung

Ich bin klein Klaus,
ich wohn zu Haus.
Ich kann nicht nähen,
ich kann nicht säen.
Doch was statt dessen?
Wurst kann ich essen.
Serbisches Kinderlied

Niemals haben wir im Kinderladen etwa darüber geredet, wir könnten unsere Söhne zu Totschlägern erziehen. Die Gewaltverhältnisse zwischen Frauen und Männern waren uns nicht bewußt, sie waren kein Thema. Wir sprachen über Aggressionen der Kinder untereinander, manchmal über unsere Aggressionen gegen die Kinder. Das war schon heikel, schnell wurde man als Schlägerin eingestuft. Vor allem aber sprachen wir über Kochen und Putzen, also Organisation, darüber, wer morgens immer das Kind zu spät bringt, und wir haben eine Frau und ihr Kind nicht aufgenommen, weil diese Frau eine Putzfrau hatte, die sie zum Kochen und zum Putzen schicken wollte. Nie hätten wir zugegeben, daß wir neidisch waren, wir sagten, es ginge ums Prinzip. Die Kinderladenidee, einst von Helke Sander ins Leben gerufen, um den Müttern zu ermöglichen, zum Beispiel am Vietnamkongreß teilzunehmen, hatte sich längst in Dauerstreß für Mütter gewandelt.

Wir bemühten uns jahrelang, das, was bei uns zu Hause nicht gelang (nämlich die geschlechtsspezifische Arbeitsteilung abzuschaffen), bei unseren Kindern zu verwirklichen: Wir wollten Unterschiede in der Erziehung von Mädchen und Jungen vermeiden. In der amerikanischen Zeitschrift *Ms.* erschien 1972 eine Kurzgeschichte: »Baby X«. Die Eltern von Baby X verrieten niemandem das Geschlecht ihres Kindes (wir können sicher sein, es war ein Mädchen, einem Jungen hätte man dies nie angetan, obwohl wir das damals natürlich so nicht gesehen haben), und das Kind in der Geschichte wurde ganz wunderbar. Es konnte nähen und fußballspielen, raufen und trösten. Eine allseitig entwickelte Persönlichkeit. Das war auch unser Ziel.

Wir sind gescheitert. Zumindest haben wir nur die Mädchen qualifiziert, nicht die Jungen. Das wurde spätestens bei der Einschulung in ganz normale Berliner Grundschulen deutlich. Die Mädchen hatten keine Schwierigkeiten, die Jungen, denen wir jahrelang beigebracht hatten, mit Worten zu argumentieren, nicht mit den Fäusten, gingen unter. Sie wurden von anderen, meist älteren Jungen verprügelt. Gewalterfahrung auf dem Weg zur Schule und auf dem Schulhof. Mir, der Mutter, die keinen Schläger und Vergewaltiger erziehen wollte, platzte der Kragen. Ich wollte, daß mein Sohn Karate lernt oder in einen Sportverein geht. Mein Sohn wollte nicht.

Ich hätte ihn zwingen sollen, das hätte aber für mich geheißen, mindestens dreimal in der Woche Chauffeurin zu sein. Der Sportverein entfiel also, was damals für mich bequem war. Heute würde ich sagen, es war ein Fehler, nicht darauf zu dringen. Es wäre die Möglichkeit gewesen, ihm noch eine andere Welt zu zeigen, die, anders als Reisen zum Beispiel, in den Alltag paßt. Damals allerdings war Sport für Kinder kein Thema, über das diskutiert wurde. Möglicherweise auch deshalb nicht, weil ich mir inzwischen in einer Frauenwohngemeinschaft in Maßen die Kindererziehung teilte, und da erinnerte sich jede an ihre eigenen Erfahrungen im Sportunterricht, die fast immer negativ waren.

In jenen Jahren mußte ich mich von einigen Mutter-Sohn-Illusionen trennen. Trotz bemühter Erziehung waren die Jungen in unserem Kinderladen bereits mit sechs oder sieben Jahren sehr viel weniger bereit, Verantwortung zu übernehmen als die Mädchen. Irgend etwas war schiefgelaufen. Meine Bilanz heute: Ich war die alleinstehende Mutter, die alles machte, Kind erziehen, Geld verdienen, politische Arbeit in der Frauenbewegung. Es war immer der schnellste und zunächst unproblematischste

Weg, die Erziehung auf morgen zu verschieben und die Sachen schnell selber wegzuräumen. Die Mutter als Dienstmädchen des kleinen geliebten Sohnes. Und so banal es klingt: Der Einfluß der Bilder, die Zigarettenreklame zum Beispiel, Männer auf Pferden oder die Bauarbeiter auf der gegenüberliegenden Baustelle mit ihrem breitbeinigen Gang waren prägend.

Ich versäumte, würde ich heute sagen, dem öffentlich, en passant vermittelten Bild von Männlichkeit ein anderes entgegenzusetzen. So suchte sich zumindest mein Sohn seine männlichen Vorbilder unabhängig von mir und meinen Vorstellungen. Als er mit zwölf Jahren Punk wurde (Anlaß war eine Straßenblockade im Berliner Bezirk Schöneberg, wo mit Blumen an den Hausbesetzer Georg Rattey gedacht wurde, der nach einer Hausräumung durch die Polizei vor einen BVG-Bus lief und tödlich verletzt wurde), was er mindestens drei Jahre durchhielt, hatte er eine Identität gefunden, die ihm Anerkennung verschaffte. In seiner Schule durfte sich kein Kind damals die Haare lila und gelb färben. Prompt wurde er Schulsprecher.

3. Muttersohn

Mutter, Mutter,
warum hast du mich
verlassen?

Jesus von Nazareth

»As a Child I had no knowledge
No way to understand
My mother kept me sheltered
She would hold me in her hands
I knew I was protected
With no threat from anywhere
I drank my mothers milk
I didn't have to care«

Charley's War, 1992

Na, toll, sagte ich schockiert, als in dem Text zunächst statt Mother Father besungen werden sollte. Geschrieben war er von einer Gruppe männlicher Jugendlicher, die alle keinen liebenden Vater hatten. Ein Vater gab den Sohn ins Heim, ein Vater war im Gefängnis, Mutter und Söhne im Frauenhaus, ein Vater bezahlte keinen Unterhalt, ein Vater war frisch verheiratet. Deutlich: Die Sehnsucht nach dem Vater. Trotzdem konnte ich mir nicht verkneifen zu fragen: welcher Vater bitte? Die Söhne haben den Text dann verändert, siehe oben. Nur Mut(ter). Man muß Zeit haben, sich einzumischen.

Ich bin geprägt von dem Wissen über Auschwitz. Von dem Wissen darüber, daß Mozart, Klavierunterricht, kluge Lektüre und so weiter das deutsche Bildungsbürgertum nicht davon abgehalten haben, sich zum Komplizen zu machen, und daß es der Vernichtung der europäischen Juden nichts entgegensetzen konnte/wollte. Mein Sohn, der Nazienkel, sollte anders werden. Dazu gehörte, daß ich ihn nicht beeinflussen wollte. So mußte er das Schwerste machen, er mußte sich alles selbst zusammensuchen. Als die damalige Schulsenatorin Hanna Renate Laurien sinngemäß sagte, junge Bäumchen müsse man biegen, damit sie gerade wachsen, dachte ich: Hier wird nicht gebogen. Einzige Vorgabe von mir – und darin erkenne ich heute auch eine Hilflosigkeit –: Du mußt Abitur machen.

Die Rechnung ist aufgegangen, bis jetzt. Die bürgerlichen Tugenden der Bildung sind an meinem Sohn vorbeigegangen, was ich inzwischen bedaure. Anders als ich hatte er nie Klavierunterricht. Ich dachte, er wird sich schon etwas suchen, was er gern mag. Und als er, wie viele Jungen seiner Zeit, mit vierzehn Jahren Schlagzeugunterricht wollte, unterstützte ich ihn sofort. Heute ist er Schlagzeuger, organisiert Konzerte und betreibt eine eigene Plattenfirma. Als (West-)Berliner Mann, Jahrgang 1970, hat er zur Zeit Schwierigkeiten, der Bundeswehr zu entkommen. Er raucht nicht, er trinkt keinen Alkohol. Das empfinde ich als ein großes Glück, es hätte auch anders kommen können.

4. Liebeserklärung

O Kind! wie wonnig ruhst du mir im Arm,
wie lieblich atmest du!

Andromache bei Euripides

Die Welt allerdings ist mißtrauisch. Was, keine Konflikte? Wenn ich mal eine Freundin meines Sohnes nicht leiden kann, wird mir sofort Eifersucht unterstellt. Da hilft keine Beteuerung. Es ist wie damals, als ich anfing, Rennrad zu fahren, aus den Klickpedalen nicht rauskam und an Ampeln umkippte. Meine eine Hüfte und der Po waren grün und blau. Und im Schwimmbad, unter der Dusche, fragten die Frauen mitleidig, woher das denn käme. Allen war klar, ich werde von (m)einem Mann verprügelt. Je mehr ich beteuerte, ich sei nur vom Fahrrad gefallen, um so wissender wurde das mitleidige »Ja, ja«. Also: Ich bin nicht eifersüchtig auf die Freundinnen meines Sohnes. Es ist eher umgekehrt, daß die 68er-Müttergeneration der heute erwachsenen Söhne manchmal von den Schwiegertöchtern als Bedrohung empfunden wird.

Als mein Sohn geboren wurde, hat mich die Liebe, die ich für ihn empfand, völlig überrascht. Es war die Liebesgeschichte des Jahrhunderts. Die Milch fing schon an zu fließen, wenn ich nur an ihn dachte. Diese große Liebe – und die klassischen Abbildungen der Madonna mit dem Kind lassen nichts davon erahnen – schützte nicht vor Gewalttätigkeiten. Jahrelang habe ich Zeitungsausschnitte gesammelt, in denen stand, daß eine Mutter ihr Kind aus nichtigen Gründen umbrachte, weil es den frischgesaugten Teppich vollgekrümelt hat, oder weil sie das Schreien des Jüngsten nicht mehr ertragen konnte. Ich erinnere mich gut an meine Verzweiflung, wenn mein Kind keinen Mittagsschlaf machen wollte, ich aber die Zeit zum Arbeiten eingeplant hatte. Meinem Sohn verdanke ich also die Erkenntnis, daß Mutterliebe immer auch mit Brutalität verbunden ist, mit Gewalttätigkeit. Mit mehr als einem Kind hätte ich es mir nie leisten können, als alleinstehende Mutter und ohne finanziellen Rückhalt meinen Beruf auszuüben.

5. *Die gute Mutter*

Sich auf die Socken machen.
Redensart

Der Schmerz, den getöteten Sohn beklagen zu müssen, ist mir bis jetzt erspart geblieben. Keine tausend Kilometer weiter östlich sterben die Söhne und morden und vergewaltigen. Wenn mein Sohn morden und vergewaltigen würde, würde ich ihn umbringen. Oder?

Sicher ist, bis jetzt haben wir es nicht geschafft, der Herrschaft der Väter und der Söhne Entscheidendes entgegenzusetzen. Weil wir süchtig sind. Süchtig nach Liebe. Wir sind Junkies. Vernachlässigte Töchter, zu wenig geliebt. Untersuchungen haben ergeben, daß weibliche Babys länger schreien müssen als männliche, ehe sie hochgenommen werden, daß sie kürzer gestillt werden, und so weiter. Von allem bekommen sie immer zuwenig: Zuwenig Bestätigung, zuwenig Unterstützung, zuwenig Zukunft. Vorbereitung auf den Verzicht, auf die Rolle der Mutter. Die Söhne können in ihren Beziehungen immer wieder die Mutter suchen. Die Mutterbrust. Die Frauen/Mütter dagegen haben allen Grund, den Liebesentzug zu fürchten, und so können sie nicht aufhören, sich zu verrenken, nur weil irgendein Einfaltspinsel sie toll findet.

Es ist immer eine Erleichterung, wenn Ahnungen zur Gewißheit werden. Wir wissen, daß wir die herrschenden Machtverhältnisse vom Kopf auf die Füße stellen müssen, um unser eigenes Überleben und das unserer Kinder zu sichern. Und wir ahnen: Auf unsere Söhne sollten wir uns dabei lieber nicht verlassen.

Hans-Georg Gaul

Eine Demonstration

Eine Mutter zieht ihren Sohn aus einer Gruppe randalierender Jugendlicher vor dem Asylantenheim in Eisenhüttenstadt (5. September 1992)

Peggy Parnass

Kim und ich

Als ich zwölf war, habe ich schon in der Schule vor der ganzen Klasse für Abtreibung plädiert. Weil die Welt so ist, wie sie ist. Erst als ich fünfzehn war, hätte ich frühestens selbst schwanger werden können, wenn ich überhaupt einen Liebhaber gehabt hätte. Die Frage der Abtreibung war mir immer wichtig, weil ich es falsch finde, Kinder in die Welt zu setzen. Daran hat sich bis heute nichts geändert.

Als ich dann selbst schwanger wurde und es erst im vierten Monat erfuhr, wollte ich es zunächst nicht glauben. Das paßte so wenig zu mir und zu dem, was ich wollte, daß ich es im ersten Moment eher komisch als tragisch fand. Dann war mir klar, daß ich mich mit der Abtreibung sehr beeilen müßte. Meine Anträge gingen von einem Arzt zum nächsten. Das war in Schweden. Da hatte die Ärztekammer über Abtreibungen zu entscheiden. Ich hatte nur eine Indikation anzubieten: meine Weltanschauung. Daß ich kein Geld hatte, nicht mit dem Vater verheiratet war, viel zu jung war, keine Wohnung hatte, war für mich keine Indikation. Das hab ich nicht mal mit angegeben, obwohl das ja vielleicht schon gereicht hätte. Ich muß so überzeugend gewesen sein, daß alle Ärzte, bis auf den allerobersten Gutachter, der Abtreibung zustimmten.

Während der anderthalb bis zwei Wochen, die das dauerte, ging ich immer öfter auf Kinderspielplätze. Es veränderte sich was in mir. Plötzlich interessierten mich kleine Kinder. Ich guckte denen beim Spielen zu. Mein größtes Pech war, wenn ein Kind dabei war, das anziehend auf mich wirkte, weil es ausgemergelt und großäugig war. Das kam in Schweden selten vor, aber wenn so ein Kind dabei war, dann wünschte ich, daß die Welt so wäre, daß auch ich ein Kind kriegen könnte.

Rune, der Vater von Kim, freute sich. Um ihn nicht zu

erschrecken, hab ich aus der Eröffnung ein Fest gemacht. Zündete Kerzen an, legte den »Tango Violetta« auf, tanzte mit den Armen um seinen Hals und erzählte von meiner Schwangerschaft, als ob's ein großes Geschenk wäre. Er war sehr sehr jung, ich glaube so 18 oder 19. Und Abtreibung war etwas, was überhaupt noch nie in seinen Kopf gekommen war und für ihn nicht akzeptabel. Das fand ich für mich schön und habe es als Liebeserklärung aufgefaßt. Aber es hat an meiner Anschauung nichts geändert. Es fügte aber meinem Abtreibungswunsch Trauer hinzu. Es schlichen sich plötzlich Wünsche ein, die ich mir vorher nie hätte vorstellen können.

Als dann der oberste Gutachter, der Chefpsychiater des Karolinska Sjukhuset, Dr. Carlberg, sein Veto gegen die Abtreibung einlegte, glaubte er, daß er mich aufweichen könne. Er sagte, daß ein Kind mich weiblicher machen würde. Durch die Mutterschaft würde ich weicher und anders und würde das Leben positiver sehen. Dann haben sie in einer psychiatrischen Klinik vier Monate an mir gearbeitet. Ich war inzwischen schon reichlich schwanger. Während der Schwangerschaft nahm ich mir vor, mich umzubringen. Das Kind fing an, mir etwas zu bedeuten. Ich unterhielt mich mit dem Kind, versuchte ihm zu erklären, warum ich ihm dieses Leben ersparen wollte, und nahm mir dann den Selbstmord vor.

Der mich behandelnde Arzt versprach mir das Gift, das ich verlangte. Er wollte nur, daß ich mir das noch einmal eine Woche durch den Kopf gehen lasse. Man hat mich dann in der Klink die ganze Woche nach Strich und Faden verwöhnt. Das tat mir gut. Aber als die Woche um war, hab ich das Gift verlangt. Ich habe es nicht bekommen. Damit war der Arzt für mich als Therapeut gestorben. Er hatte nicht Wort gehalten. Ich habe das Kind ausgetragen. Mein Sohn brauchte zehn Monate, um auf die Welt zu kommen. Ich hab das als ein Indiz dafür genommen, daß mein Kind gar nicht zur Welt kommen wollte, daß mein Kind meine Anschauungen teilte.

Daß mein Kind ein Mädchen werden könnte, kam mir nie in den Sinn. Weil es für mich so war, als würde ich noch mal meinen Bruder bekommen, den ich verloren hatte, weil andere über uns bestimmten. Der mir sehr viel bedeutete und den ich sehr vermißte.

Kim wurde später auch mein Bruder. Obwohl wir nur schwedisch miteinander sprachen und mein Bruder Gady und ich nur englisch. Er sah genauso aus, war helläugig und hatte weißblonde Locken. Obwohl sein Vater kohlrabenschwarze Haare hatte und unsere Eltern auch schwarzlokkig waren.

Die Spannung auf mein Kind, wie es aussehen, wie es sein würde, war in den letzten Schwangerschaftsmonaten gestiegen. Im achten Monat hatte ich fast eine Fehlgeburt, weil Rune und ich uns zu heftig liebten. Da hab ich die Ärzte gebeten, daß sie es retten. Es war also eine sehr späte Entscheidung – für die Geburt. Meine Weltanschauung hatte sich nicht geändert, aber das Verhältnis zu meinem Kind.

Niemand nahm Anteil an Schwangerschaft und Geburt. Keine Verwandten, keine Freunde. Niemand gab mir Hoffnung, Trost, Geld oder Wohnung. Leider auch keine Ratschläge. Und ich hatte keine Ahnung. Niemand freute sich mit mir auf mein Kind. Aber ich freute mich wie verrückt. Hüpfte lachend auf den Operationstisch und erzählte einen Witz, statt bei der Narkose zu zählen.

Die Geburt war sehr sehr schlimm. Es war ein komplizierter Kaiserschnitt. Meine erste Reaktion auf das Baby war zu sagen: »Schlagt es tot!« Um es vor dem Leben zu retten. Das war direkt nach dem Erwachen aus der Narkose. Was viel tiefer saß in mir als Neugier und Freude – kein Kind in diese Welt zu setzen –, hab ich da ausgesprochen. Als man mir meinen Sohn dann ein paar Stunden später in die Arme legte, wollte ich ihn. Über meine Zukunft hab ich mir damals keine Gedanken gemacht. Mir war klar, daß man unmöglich die Verantwortung für ein Kind tragen kann. Daß man auch ein Kind nicht schützen kann. Weder vor äußeren Einflüssen noch vor dem, was ohne meine Zustimmung in dieser Welt geschieht. Das hab ich immer gewußt. Auch weil meine Eltern ja alles getan haben, um uns zu schützen, und dazu nicht in der Lage waren.

Wunderbare Eltern. Warm und lebendig. – Mutti ganz klein. Mit wuscheligem, krausem, schwarzem Haar. Sehr viel Haar. Meistens ein Knoten, um erwachsener und ordentlicher auszusehen. Riesige, graue Augen. Große Nase. Jede Menge Mund. Die Haut duftend und weich von Kopf bis Fuß. Wunderschöne Hände, obwohl sie so hart bei uns und in fremder Leute Haushalt arbeitete. Liebevoll, fürsorglich. Lachend und weinend. Weiche Stimme. – Pudl, mein Vater, auch schwarzlockig, Tangofigur, auch so schöne Hände. Lachende Augen. Auch er liebevoll und fürsorglich – kein Widerspruch dazu, daß er, dem Spiel verfallen, immer alles verlor.

Beide kamen über das Warschauer Ghetto nach Auschwitz. Das war das Ende unserer Familie.

Ich hab meinen Sohn Kim genannt. Ich bereue den Namen, ich hatte nur so mit Buchstaben gespielt, und da kam Kim raus. Eigentlich hätte ich meinen Sohn David oder Daniel oder Benjamin nennen sollen. Er heißt zwar auch Simon wie mein Vater, wird aber leider nie so genannt.

Wir kamen in ein Mütterheim, weil ich keine Wohnung hatte. Ich hatte vorher als Nichtstudentin in einer Studentenwohnung gewohnt, und dahin konnte ich mit meinem Sohn nicht zurück. In dem Mütterheim fiel ich total aus dem Rahmen. Wir, Kim und ich, haben es dort sehr schwer gehabt. Die Leiterin war alkoholkrank. Bis auf zwei oder drei ihrer Favoritinnen wurden alle Frauen in dem Heim unentwegt gepiesackt. Ich besonders. Es war die Beschneidung von Kim, die Anlaß bot, uns beide zu quälen. Diese Sauerei von mir... und die Spekulationen darüber, warum ich das hatte machen lassen, was das alles nach sich ziehen würde an neuen Sauereien.

Ich war damals zu schwach, um mein winziges Baby hochzuheben. Stand in Panik daneben, wenn die besoffene Heimleiterin mit der glühenden Zigarette im Mund sich feixend über Kims kleines Gesicht beugte – die lange Asche dicht über seinen Augen. – Und wenn sie ihn an den Füßen packte und laut lachend immer wieder im Kreis durch die

Luft schleuderte, schrie ich vor Angst. Je größer meine Angst, desto größer ihr Vergnügen. Als ich etwas kräftiger war, holte ich endlich mein Baby zu mir ins Bett. Die kurzen Minuten des Glücks, ihn zu halten. Da drängelte sich die Frau mit anderen Jung-Müttern im Türrahmen, mit ausgestrecktem Zeigefinger: »Guckt mal diese Sau! Die Verrückte mit ihrem Idiotenkind!« Und entriß ihn mir.

Die Leiterin trieb es soweit, daß ich ihr an die Gurgel ging. Ich versuchte tatsächlich, sie zu erwürgen. Ohne Erfolg. Wir mußten daraufhin raus aus dem Heim. Kim kam in ein Säuglingsheim. Ich hatte ihm ja nichts zu bieten. Ich hatte keine Wohnung, hatte außer meinen Sprachkenntnissen ja gar nichts. In Schweden standen damals Leute bis zu sieben Jahren auf der Warteliste nach einer Wohnung. Ich hab dann bei Verwandten in London und in Belgien versucht, für uns eine Bleibe zu finden. Schließlich blieb ich bei meiner Kusine Urselchen in Hamburg hängen. Ich bin nicht gezielt wieder nach Deutschland gegangen. War auf der Durchreise und blieb. Meine ersten Versuche, Kim nachzuholen, schlugen fehl. Hier hatte ich ja auch keine Wohnung. Kim bedeutete mir sehr viel. Ich wollte ihn unbedingt haben. Aber gleichzeitig war die Verantwortung für ihn da. Ich glaubte, daß er es überall sehr viel besser hätte als bei mir. Inzwischen gab man ihn, ohne mich zu fragen, einem kinderlosen Paar, das sich eigentlich ein Adoptivkind wünschte. Sie liebten ihn sehr. Und wann immer es so aussah, als könnte ich mein Kind zu mir holen, drohte die Mutter, sich aus dem Fenster zu stürzen.

Im nachhinein überlege ich, ob es nicht besser gewesen wäre, ihn auf jeden Fall bei mir zu haben. Ihn auch zur Not hungern zu lassen. Es waren ja auch für mich Hungerszeiten. Ob das nicht besser gewesen wäre, als ihn in diesem bürgerlichen Haushalt in Schweden zu lassen, wo er alles hatte, auch Liebe. Wodurch ich ihm aber eine Fremde blieb. Da lag ich immer im Clinch mit meiner unendlichen Sehnsucht nach meinem Sohn und der Verantwortung dafür, daß er es gut hatte.

Kim und ich konnten immer so gut zusammen lachen.

Das war eine Gemeinsamkeit zwischen uns, nur zwischen uns. Wir lachten anders miteinander als andere Leute oder seine Eltern in Schweden. Die hielten uns für verrückt in solchen Augenblicken. Sie sagten auch, daß nur Verrückte bei Tisch lachen. Überhaupt: daß man so laut lacht, hätte etwas Verrücktes an sich. Da wurde Kim immer ganz ernst, weil das eine Rüge war. Aber wenn wir allein waren, haben wir gelacht, bis wir uns kullerten.

Kims Eltern waren sehr gläubig und schickten ihn auch in die Sonntagsschule. Als er sieben war, sagte er mir, daß er das nicht glaube, was man ihm da beibringe. Da jauchzte mein Herz, daß er, so klein wie er war, es wagte, eigene Gedanken zu haben. Da dachte ich, *dies ist mein Sohn.*

Und wenn er inzwischen soweit war, daß er denen geistig überlegen war, dann mußte er auch zu mir kommen. Und als Kim gerade acht wurde, kam er zu mir. In der ersten Zeit haben wir sehr viele Reisen miteinander gemacht. Wir verstanden uns gut und hatten viel Spaß miteinander. Für mich wurde er immer mehr mein Bruder. Und da er nun schon mal Mutter und Vater in Schweden hatte, waren wir wie Bruder und Schwester. Nur einmal wurde ich schwach und hab ihn gebeten, daß er mich Mama nennt. Da hat er sehr gelacht und gesagt, daß ich zu klein wäre dafür, und damit war das erledigt. Leider!

So haben wir also wie zwei Geschwister zusammengelebt und alles geteilt. Für mich war es sehr wichtig, *alles* zu teilen, keine Geheimnisse voreinander zu haben. Kim sollte nicht nur meine Stärken, sondern auch meine Schwächen kennen. Ich hab erst spät begriffen, wie sehr ich ihn damit überfordert habe, ihn immer als Bruder und Erwachsenen gesehen zu haben, als gleichberechtigt und gleichwertig. Ich fand es toll, er aber kam nicht zu seinem kindlichen Recht. Das hat auch dazu geführt, daß er mit 13 oder 14 unbedingt ins Internat wollte. Ich hab ihn gefragt, ob er verrückt geworden sei? Ob er nicht wisse, was das für eine Kacke sei? Warum er überhaupt ins Internat wolle? Er meinte: »Weil einem da gesagt wird, was man tun muß.« Bei mir hatte er immer die freie Wahl. Ich konnte nicht begreifen, daß diese freie Wahl ja auch sehr schwer ist.

Später, als junger Schauspieler, wurde Kim dauernd interviewt. In einem Interview hat er mal gesagt, daß ich ihn nie geliebt hätte und er immer nur alles gekriegt hätte, was man für Geld kaufen kann. Dabei hatten wir selten Geld. Nur eins stimmt: An seinem Geburtstag und Weihnachten wurde er reich beschenkt. Er durfte eine Liste machen. Doch er war immer sehr bescheiden und wünschte sich nur ein oder zwei Sachen von dieser Liste. Ich hab es aber fertiggebracht, bis zu seinem Geburtstag die ganze Liste abzuhaken.

Es ist so viel schiefgelaufen zwischen uns. Er hatte keine Kindererziehung. Ich weiß überhaupt nicht, wie manche Leute meinen, sie könnten ihre Kinder erziehen: Wie und woher denn wollen sie es können? Wer kann das denn? Ich kenne keinen.

Einmal wollte ich mir das Leben nehmen. Natürlich mit meinem Sohn zusammen. Da kamen verschiedene Dinge zusammen. Ich war krank, hatte Depressionen. Wir hatten überhaupt kein Geld. Ich hungerte eigentlich immer. Und wie ich mich kenne, hatte ich auch Liebeskummer. Es war wie immer, Kim mußte entscheiden. Ich konnte ja nicht über seinen Kopf hinweg über sein Leben bestimmen. Da hab ich ihn gefragt: »Lebst du gerne?« Hätte er nein gesagt, dann hätte ich uns umgebracht. Aber zu meiner Überraschung sagte er: »Oh ja, sehr gern.« Da lebten wir eben weiter.

Mein großer Jammer war, daß Kim nie seine Gefühle zeigte. Er beklagte sich nie, zeigte aber auch nie, ob er sich über irgendwas freute. Es war für mich unerträglich, daß er weder Glück noch Unglück zeigte. Und als ich mich darüber mal beschwerte, daß er sich nie über irgendwas freute, sagte er zu mir: »Sei doch froh. Dafür zeige ich ja auch nie, daß ich unglücklich bin.« Er frißt auch nach wie vor alles in sich hinein.

Was ich auch bereue: meine Reisen. Ich war oft nicht da, wenn Kim mich brauchte. Aber damals dachte ich, er braucht mich nicht, er macht sich nichts aus mir, er ist viel lieber mit anderen zusammen. Er schämte sich ja auch für mich. Aber gerade wenn ich weg war, passierte ihm was.

Einmal brach er sich den Arm, einmal wurde er vom Hund gebissen, und einmal fiel er in einen Keller und schlug sich ganz schlimm den Kopf auf. Er hat dann auch mal zu mir gesagt: »Wenn du wieder wegfährst, werde ich mir wieder was brechen.«

Am schlimmsten war es, als ich ihm mal wieder nicht helfen konnte. Davon träumte ich manchmal nachts. Ein Arschloch von Zahnarzt hatte einen seiner kleinen Zähne mit irgendeinem giftigen Dreck gefüllt, ohne zu sagen, daß es wieder raus muß. Einige Tage später, Kim lag inzwischen mit hohem Fieber mumpskrank im Bett, hielt er sich weinend die Backe. Er, der sonst nie klagte, konnte sich nicht mehr beherrschen. Es war Sonntag, und vom Notarzt hatte ich damals noch nichts gehört. Da fiel mir ein Lyriker ein, der eigentlich Zahnarzt war. Wickelte Kimmi in Decken und fuhr zu ihm hin. Ich durfte nicht mit rein. Genau wie damals, als er im Krankenhaus beschnitten wurde. Als ich ihn gellend schreien hörte – der Zahnarzt schnitt ohne Betäubung –, riß ich die Tür auf und stürzte rein. Der Arzt schrie: »Mach, daß du rauskommst, oder ich behandle ihn nicht weiter.« Das Entsetzliche: ich gehorchte. Wie sehr wünsche ich, daß ich damals darauf bestanden hätte, bei ihm zu bleiben und ihm die Hand zu halten.

Ich hab immer Angst um Kimmi. Todesangst. Bei Meldungen von Auto-Unfällen bleibt mir fast das Herz stehen. Und ich hab fürchterliche Träume. Einen immer wieder: Ich gucke bei strahlender Sonne aus dem Fenster, sehe Kimmi auf der anderen Straßenseite, mit der Sonne in seinen hellblonden Locken. Strecke die Arme nach ihm aus und rufe. Er läuft mit ausgebreiteten Armen und strahlendem Gesicht auf mich zu. Ein Lastwagen überfährt ihn. Mir wird ganz schlecht, wenn ich nur an den Traum denke.

Noch ein Traum: Vor Liebe will ich einem Vögelchen meine Milch geben. Ich drück meine Brust in ein Gefäß aus. Meine Milch ist schwarz. Gerate in Panik, als der Vogel trinkt. Heb ihn hoch. Es ist mein Kimmi als Baby. Er weint vor Hunger. Ich preß ihn an mich und hab nur die schwarze Milch.

Wir haben viel über die Liebe gesprochen. Ich hab meinem Sohn versucht beizubringen, daß man Frauen nicht benutzt und dann aus dem Bett tritt, sondern daß Liebe ein Grund ist, ganz glücklich und dankbar zu sein und das den Frauen auch zu zeigen.

Ich schrieb Kim wunderbare Briefe, als er noch in meinem Bauch war. Machte ihn schon da zu meinem Vertrauten. Ich hab Kimmi auch jahrelang, als er noch klein war, die schönsten Briefe nach Schweden geschrieben. Ihm in allen möglichen Variationen gesagt, wie toll er es hat mit zwei Müttern. Daß alle andern Kinder nur eine Mutter haben, ganz traurige Kinder gar keine, und er, der Glückspilz, also zwei. Und wie gut, daß die beiden Mütter so verschieden sind, weil er dadurch viel mehr kennenlernt als andere. Ich schrieb und schrieb, nicht ahnend, daß seine Eltern ihm meine Briefe nie vorgelesen haben. Daß sie statt dessen schlecht von mir redeten, weil sie Angst vor mir hatten.

Sie wollten ihn ja adoptieren, und ich wollte es um nichts in der Welt. Sie versuchten auch immer, ihre Angst vor mir auf ihn zu übertragen. Sagten, er solle sich vor mir verstecken, wenn ich nach Schweden kam. Ich mußte ihnen schwören, Kim nicht zu verraten, daß ich seine Mutter bin. Alles ein einziges Elend.

Ich hab meinem Sohn aber immer erzählt, wie wunderbar seine Eltern sind. Ich hab ihn sie auch später, als er bei mir lebte, jedes Jahr in den Ferien besuchen lassen. Das war ein Fehler. Doch ich dachte damals, daß es sehr großzügig von mir wäre. Denn er fuhr als mein Freund und kam zurück als mein Feind. Er fuhr ab mit langen und kam zurück mit kurzen Haaren. Was das bei ihm an Zwiespalt ausgelöst haben muß, diese beiden total verschiedenen Einflüsse! Er liebte seine Eltern in Schweden. Er wollte es ihnen und mir recht machen. Mit Sicherheit hat er seine Eltern in Schweden mehr geliebt als mich. Vielleicht hätte er mich ja auch geliebt, wenn ich nicht so viel kaputtgemacht hätte, wenn ich nicht so gegen seinen gewohnten Lebensrhythmus angelebt hätte.

Kim haßte Improvisationen. Er erzählte mir, wenn bei

seinen Eltern in Schweden Besuch kam, dann wußte man das schon zwei Wochen im voraus, und alle freuten sich die ganze Zeit darauf. Tage vorher wurde davon gesprochen und sich darauf eingerichtet. Wir hatten viel Besuch, aber meistens kam unser Besuch unangemeldet. Auch das muß ihn fürchterlich durcheinandergebracht haben.

Versprechungen hab ich immer eingelöst. Alle. Und wenn ich dafür hätte klauen müssen. Aber ich habe darunter gelitten, das ging voll zu meinen Lasten. Um Versprechen halten zu können, habe ich immer wieder zurückgesteckt. Vielleicht meint Kim heute, daß ich mich hätte durchsetzen müssen, daß ich nicht hätte sagen dürfen: »Was willst du lieber, mit mir in den Süden oder nach Schweden?« Wobei ich mir natürlich sehnlichst wünschte, er würde sagen: »Mit dir in den Süden.« Aber er hat es nicht *einmal* gesagt. Er durfte auch entscheiden, ob ich mit nach Schweden komme oder nicht. Aber auch das wollte er nicht. Ich habe das nie bestimmt, aber vielleicht hätte Kim es gewollt. Bestimmt hab ich nur, daß er nie in der Dunkelheit auf der Straße sein durfte, weil ich Angst hatte, es könnte ihm was passieren.

Dafür durfte bei uns oben gespielt werden – so viel und so lange die Kinder Lust hatten. Und bei uns durfte übernachten, wer wollte. Als ich mal fragte: »Wer ist eigentlich dein bester Freund?«, zählte er ein paar Jungs auf. »Aber mein allerbester Freund bist du. Weil du immer Wort hältst und ich mich auf dich verlassen kann.« Da war ich glücklich.

In der Pubertät konnte ich Kim überhaupt nicht verstehen, ich fand ihn nur ungerecht und gemein. Wo war unsere Freundschaft hin? Er benahm sich wie ein Feind. Einmal sagte mir eine seiner Freundinnen: »Du, ich verstehe nicht, daß man jemanden wie dich so hassen kann.« Ich war ganz erschrocken. Seine Freundin liebte mich. Überhaupt sagten die Kinder schon immer zu Kim: »Mensch, hast du das gut mit der Peggy.« Er aber seufzte da immer nur bitter.

Ich hab für meinen Sohn Skat gelernt und dachte: Nun können wir immer Skat spielen. Er aber stöhnte: »Andere

Eltern zwingen ihre Kinder nicht, die ganze Nacht Skat zu spielen.« Im Grunde war alles, was ich machte, ein Schuß in den Ofen. Ich weiß nicht, ob ich da überhaupt mitreden kann, weil ich im Grunde immer alle beneidet habe und noch beneide, die Eltern haben. Ich habe es immer abscheulich gefunden, wenn andere sagten, sie fänden ihre Eltern zum Kotzen, oder wenn sie sagten: Scheiße, jetzt müssen wir wieder hin zu den Alten. Dann hätte ich die verprügeln mögen.

Erst als ich weinend durch die Welt lief, weil ich erfahren hatte, daß Kim mich haßt, und ich es gar nicht fassen konnte, begriff ich etwas von dem zwiespältigen Verhältnis, das Kinder zu Eltern haben können. Ich habe um keinen Mann so gelitten wie um Kim, obwohl ich um Männer genug getrauert habe. Ich habe ihm gesagt, er könne zurück nach Schweden oder in ein Internat. Aber das wollte er da auch nicht mehr. Ich habe nie verstanden, wie man seine Eltern hassen kann. Vielleicht habe ich es auch deswegen so schwer verkraftet, daß Kim sich von mir abgewandt hat. Vielleicht ist es ja Haßliebe, die Kim für mich fühlt. Neulich hat jemand zu mir gesagt, daß Kim mich sehr liebt, aber daß er sich immer noch von mir befreit. Ich wünschte, wir wären einfach beste Freunde.

Ich habe nie Gebrauch davon gemacht, daß man als Mutter auch Befehle erteilen kann. Kim durfte sich immer aussuchen, ob er Weihnachten und Silvester mit mir feiern wollte oder in Schweden. Oder mit Freunden bei denen oder bei mir. Dabei blieb ich auf der Strecke. Ich habe dann sicher eine lange Fresse gezogen, wenn er sich gegen mich entschied. Es war aber nicht so, daß ich ihn erpressen konnte mit meinem langen Gesicht, aber vielleicht hatte er schlimme Gewissensbisse.

Da fallen mir noch andere Dinge zu Kim ein: Wie ich immer mehr die Nerven verlor und ihn auch mal schlug, obwohl das zu den Dingen des Lebens gehört, die ich falsch finde. Bis ich dann von ihm selber hörte, seine Eltern in Schweden würden ihn viel mehr lieben als ich. Wenn er was gemacht hätte, würden sie ihn auch dafür bestrafen und verhauen. Und jedesmal weinen, wenn er wegfuhr. Da bin ich total ausgeflippt. Ich habe ihn nie kalkuliert geschlagen, sondern aus der Sekunde heraus und nicht sechs Stunden später. Ich habe ihm einmal sogar eine Louis-Armstrong-Platte, die ich ihm geschenkt hatte, überm Kopf zerbrochen. Er kriegte fürchterliche Angst, weil ich so wütend war, und lief aus dem Haus. Da erst kam ich zur Besinnung und dachte, um Gottes willen, um Gottes willen, was ist da passiert? Ich überlegte, was ich machen könnte, doch da klingelte es schon, und vor der Tür lagen lauter kleine Päckchen mit Herrlichkeiten. All das, was ich am liebsten aß und mir nie leistete, hatte Kim vor die Tür gelegt. Er saß oben auf der Treppe unterm Dachboden und wartete, wie ich reagieren würde. Ich hab geheult vor Freude und Scham. Dann haben wir uns ganz heftig umarmt.

Ich hab so viele Fehler gemacht, daß ich nicht mehr daran denken mag. Ich gehe davon aus, daß das Leben Eltern zu Fehlern zwingt. Und daß ich auch deshalb recht damit habe, daß man keine Kinder in die Welt setzen sollte.

Ich kenne kein Kind, das liebevoller gewesen wäre als Kim. Und wenn mein Sohn sich von mir abgewandt hat, kann es nicht an ihm liegen.

So wie ich gegen Kinderkriegen bin, bin ich gegen die Ehe. Trotzdem ist Kim ehelich geboren. Ich war eine Scheinehe eingegangen, weil ich staatenlos war und dringend Papiere brauchte. Mein Leben war illegal. Kim wurde genau ein Jahr danach geboren. Andere Frauen wären damals glücklich über so einen Zufall gewesen. Ich habe neun Jahre darum gekämpft, Kim für unehelich erklären zu lassen. Ich war sehr rigide, was meine Anschauungen betraf. Es hätte mir ja egal sein können. Die Beamten konnten mich überhaupt nicht verstehen, die hielten mich für verrückt.

Ich hatte mir vorgenommen, Kim zu Ehrlichkeit und Offenheit zu erziehen, Mut zu haben und sich nicht zu ducken. Ich versuchte ihm beizubringen, daß er seine Freiheit nur leben kann, wenn er anderen die Freiheit läßt.

Er hat aber den Widerspruch miterlebt zwischen meiner Lebensanschauung und meinen Liebesverhältnissen, in denen ich den Männern kaum noch die Freiheit zum Atmen ließ. Wenn der Mann nicht mit mir zusammen atmet, soll er lieber ganz aufhören. Dieser Widerspruch in mir. Diese Zerrissenheit. Es ist ja nicht nur wichtig, wie ich denke, sondern mindestens ebenso, wie ich lebe. Sonst lebe ich ja mit Freunden, was ich denke. Nur in den Liebeserlebnissen, die Kim ja auch miterlebt hat, hat er gesehen, daß da was völlig anderes stattfand. Daß ich da all das tat, was ich sonst ablehne. Ich glaube, daß ihm das sehr geschadet hat.

Wir wurden sehr oft für Geschwister gehalten. Daß ich Kim geboren hatte, machte mich leider nicht zur Mutter. Ich erklärte Kim anhand meines Kaiserschnittes vom Bauchnabel bis ich weiß nicht wohin, daß er aus mir herausgekommen ist und nicht aus der anderen Frau. Und gleichzeitig versuchte ich ihm zu sagen, daß er unheimlich gut dran ist mit zwei Müttern, daß zwei Frauen ihn so lieben und dazu auch noch zwei so verschiedene Frauen. Ich habe wirklich daran geglaubt, daß zwei so verschiedene Frauen, wie wir es sind, den Bedürfnissen eines Kindes gerecht werden können. Später habe ich festgestellt, daß Kim ein völlig zerrissener Mensch ist, zumindest, was mich anbelangt. Er hat mir wohl nie verziehen, daß ich ihn nach Deutschland geholt habe. Manchmal denke ich, daß ich für ihn eine wilde Fremde bin, die ein hübsches Kind geraubt hat. Er hat nicht das Gefühl, daß ich seine Mutter oder seine Schwester bin. Er findet auch nicht mehr, daß ich seine beste Freundin bin, obwohl ich das früher eine Zeitlang für ihn war.

Seine Pflegeeltern in Schweden waren für Kim die richtigen Eltern. Ich war die Außenseiterin. Meine politische Haltung und Arbeit, die hat er damals wohl noch nicht so mitbekommen. Dafür aber andere Dinge. Er fand es toll, daß wir zusammen so schön lachten, doch gleichzeitig war das etwas, was durch seine Eltern abgewertet wurde. Das setzte sich in ihm fest. Er schämte sich, daß ich so laut lachte.

Damit Kimmi auf mich stolz ist, schwamm ich durch einen ganzen See. Obwohl ich kaum schwimmen kann. Kimmi wartend am andern Ufer. Als ich mehr tot als lebendig ankam, kein Jubel, kein Lob. Kimmi dachte, ich wäre durchgewandert.

Ich habe mir, um Kim zu gefallen, ab und zu von ihm die Kleider aussuchen lassen. Da hat er mir ein elegantes, weißes Kostüm ausgesucht, eng, schlicht, lang. Und freche Hüte, damit ich wenigstens optisch zu den Eltern seiner Mitschüler paßte. Alles war falsch, was ich machte. Ich wohnte z. B. immer mit vielen Leuten zusammen, als es das Wort Wohngemeinschaft noch gar nicht gab. Mit Marokkanern, Türken, Brasilianern, Japanern, Indonesiern und Afrikanern, mit Transvestiten und Schwulen. Zu dem einen Schwulenpaar sagten wir Mutter und Vater. Wenn dann Kims Mitschüler zu uns nach Hause kamen und die vielen bunten Männer in unserer Wohnung kennenlernten, erzählten sie das natürlich auch zu Hause. Das gab Skandale. Bestenfalls tat Kim allen leid. Das arme Kind, das in einem so gräßlichen Haushalt leben mußte.

Alpträume über Alpträume! Wir hatten wieder alle Kinder der schwedischen Schule zu Kimmis Geburtstag eingeladen. Die schwulen brasilianischen Tänzer, mit denen wir in dem Jahr lebten, hatten große Torten, bunte Puddinge, Ballons und viele Blumen vorbereitet. Wir warteten und warteten. Kein Kind durfte kommen. Nur die Chauffeure ihrer Eltern brachten Geschenke. Wir weinten bis in die Nacht.

Dennoch glaube ich, daß dieses Zusammenleben mit anderen der Teil unseres Lebens war, der ihm am wenigsten geschadet hat. Ich wollte ja auch, daß er alles mitlebt und erlebt. Ich wollte ihn nicht in diesem künstlichen Schonraum Kindheit aufwachsen lassen, damit er später bestenfalls tolerant würde. Das wäre ja nur äußerlich. Er sollte vielmehr durch eigenes Erleben sensibel für andere bleiben. Das war mir wichtig.

Als die sechs Jahre Schulzeit in der schwedischen Privatschule um waren, wollte ich um nichts in der Welt, daß er in eine deutsche Schule kommt. Ich wollte, daß er auf die internationale Schule ging, damit er wirklich farbenblind aufwuchs. Ich hatte aber nicht das Geld. Ein Jahr habe ich vergeblich um ein Stipendium gekämpft. Und dann kam irgendwann jemand von der Behörde zu uns, weil ich Kim schon fünf Monate nicht mehr zur Schule ließ. Da mußte er dann doch in eine deutsche Schule. Er hatte diese Außenseitergeschichte inzwischen so satt, daß er schon innerhalb weniger Wochen durch die Schule ganz versaut war. So, wie ich es befürchtet hatte. Er wollte Krachlederhosen tragen und seine langen Haare abschneiden lassen.

Ich habe ihn immer mitgenommen zum FKK. Das fand er auch sehr schön. Aber in der Stadt, wenn ich nackt auf dem Balkon lag, wurde er von anderen Kindern gehänselt. Die mußten zwar erst auf Bäume klettern, um mich zu sehen, aber trotzdem. Er hat sich fürchterlich für mich geschämt. Aber mir war es wichtig, ihm vorzuleben, daß man nur das tut, was man selbst für richtig hält, solange man nicht anderen schadet. Ihm hat mein Leben aber doch geschadet, weil er z. B. den Hänseleien nicht gewachsen war.

Er erlebte natürlich auch Dinge mit mir, um die ihn alle anderen Kinder beneidet haben. Ich weiß nicht, was davon bei ihm in Erinnerung geblieben ist. Aber einmal, als er nicht wußte, daß ich es hören konnte, hat er sich mit anderen über Kindererziehung unterhalten und gesagt, er würde später seine Kinder genauso erziehen, wie ich ihn erzogen habe.

Seinen Geburtstag haben wir immer ganz lange gefeiert. Von wegen, sich ein halbes Jahr vorher auf den Geburtstag freuen und dann ist er nach einem Tag schon vorbei – das gab es bei uns nicht. Wir haben zwei Wochen lang Geburtstag gefeiert. Und jeden Tag waren neue Gäste da. Mal die schwedischen Schüler, dann die Kinder aus der Nachbarschaft. Wir haben immer wieder neu und anders gefeiert. Bis wir so richtig geburtstagssatt waren.

Bei uns war Tag und Nacht Musik, wurde Tag und Nacht getanzt. Ich hatte die schönsten Platten und Bänder. Auch Kimmi tanzte, als er noch klein und unbefangen war, so locker wie die Brasilianer. Wir schlugen den Rhythmus auf Fußboden und Tisch, an Gläsern, Tellern, Tassen und Besteck, benutzten Streichholzschachteln als Rumbarasseln. Wir tanzten während des Essens, vorher und nachher.

Kimmi ist erstaunlich sportlich, obwohl es in der Privatschule kein Turnen gab. Ich zeterte, bis im Sportverein eine Gruppe Handball für Kinder ins Leben gerufen wurde. Da waren dann auch Kims schwedische Freunde drin. In dem deutschen Gymnasium war er der beste Läufer seiner Altersgruppe. Das kam ihm zugute, als ihn nach der Anti-Springer-Demo die Polizei jagte. Fußball spielt er immer noch jede Woche.

Ich habe Kim natürlich auch mit auf Demos genommen. Ostermärsche vor allem. Genauso natürlich hatte er auch die Schnauze voll davon. Daß er später, nachdem er bei mir ausgezogen war, allein auf Demos ging, war für mich das Größte. Ich habe natürlich versucht, Kim zum Kriegsdienstverweigerer zu erziehen. Auch das hat gehalten. Er hätte in Schweden gratis studieren können. Der Preis dafür wäre allerdings gewesen, daß er dort ein Jahr zum Militär gemußt hätte. Er hat es nicht gemacht. Kriegsspielzeug, das er geschenkt bekam, haben wir beide gemeinsam mit spitzen Fingern in den Müll geworfen. Es passierte schon mal, daß es ihm leid tat, aber er hat nicht gemotzt.

Wir haben auch sehr schöne Jahre gehabt. Wenn Leute mich fragten, ob das nicht anstrengend sei, die Arbeit, die miserable ökonomische Situation und dann noch ein Kind, da wußte ich gar nicht, wovon sie sprachen. Für mich war es schön, mit Kim zusammenzuleben. Es war selbstverständlich für mich, daß man den Haushalt gemeinsam macht oder gar nicht. Wobei Kim auch das viel besser konnte als ich. Ich habe später von ihm kochen gelernt. Einer unserer Mitbewohner konnte wunderbar kochen, und der hat es Kim beigebracht, und Kim hat es dann wieder mir beigebracht. Kim war total auf sich selber angewiesen. Er mußte sich selbst sein Frühstück machen. Ich fand, das schadete ihm nichts. Inzwischen sehe ich bei anderen Eltern, daß sie es anders machen und daß es den Kindern guttut, morgens schon einen Gesprächspartner zu haben. Aber ich mußte ja oft bis spät in die Nacht arbeiten, deshalb wollte ich morgens nicht früher aufstehen als unbedingt nötig. Wenn ich unterwegs war, brachte ich ihn bei Freunden unter. Ich fand das nicht schlimm, weil ich wollte, daß er nicht nur von mir lernt. Gerade weil ich ja eine Außenseiterin bin, wollte ich, daß er auch mit normaleren Leuten zusammenkommt. Da gab es befreundete Familien, die recht bürgerlich lebten. Bei denen er dann war.

Mir ist so, als ob alles, was ich bewußt positiv für Kim einzurichten versuchte, gleichzeitig auch negative Seiten hatte. Ich habe ihm nie etwas vorgemacht. Er hat immer alles gewußt von mir. Auch von meinen Liebhabern: mit wem und wann und warum nicht mehr. Die Kräche konnte er ja auch nicht überhören. Ich habe immer die Eltern verachtet, die so scheinheilig waren, die Frauen, die die Madonna gemimt haben. Und die Kinder bedauert, die dann erst als Erwachsene dahinter kamen, daß die Eltern auch Menschen sind.

Aber Kim fühlte sich wegen meiner Liebesverhältnisse wie ein betrogener Liebhaber. Gerade weil ich mich eine Zeitlang nur auf ihn konzentriert hatte und wir zunächst auch in einem Bett schliefen. Und dann hatte ich plötzlich einen Liebhaber und teilte mit dem mein Bett. Für Kim muß das schlimm gewesen sein. Aber ich glaubte damals, er würde sich freuen, wenn ich verliebt war.

Diese Zeit muß für ihn sehr schwer gewesen sein. Er hat ja gesehen, daß das auch für mich nicht so glückliche Geschichten waren. Ich weiß nicht, ob er Angst hatte, mich dadurch zu verlieren. Ich habe versucht, ihm diese Angst zu nehmen, und ihm erklärt, daß ich ihn am meisten liebe und daß das sich nicht ändern wird, niemals. Daß meine Liebe zu ihm durch keinen anderen Mann weniger wird und daß meine Liebe zu Männern eine andere Art von Liebe ist. Daß er später auch in dieser Art lieben würde.

Ich habe Kimmi immer Liebe gewünscht. Geliebt werden. Glücklich sein. Ich dachte auch, ich könnte es mit beeinflussen – aber das ist ja unmöglich.

Zuerst war ich für ihn die starke, die fröhliche Mutter, die jeden Tag mit ihm lachte. Später war ich für ihn die schwache Mutter, die jeden Tag weinte, weil so viele Rechnungen kamen, die sie nicht bezahlen konnte. Eine von den vielen Situationen, die ich befürchtet hatte, war eingetreten. Ich konnte zwar selbst hungern, aber meinen Sohn nicht hungern lassen. In der Zeit habe ich Schecks gefälscht, nur um unsere Lebensmittel bezahlen zu können. Da hat Kim die Demütigungen mitgekriegt, beim Gemüsemann, beim Fleischer und beim Bäcker, mit ihren Anmahnungen vor den anderen Kunden. Die Geborgenheit, Ruhe und Ordnung, die Kinder brauchen, konnte mein Sohn nicht bei mir finden. Er hat nichts als Chaos bei mir erlebt.

Aber er hat auch erlebt, daß ich zuverlässig bin. Es hat ihn beruhigt, daß er mir glauben konnte.

Ich habe mit ihm seine Zeugnisse gefeiert, zweimal im Jahr. Für die guten Noten eine Feier und für die schlechten Noten eine Feier zum Trost. Damals hatten wir drei Restaurants. Die Chinesen Colonnaden und Bremer Reihe und das Vegetarische in den Alsterarkaden. Kimmi hatte natürlich die Auswahl. Er brauchte nie Angst vor seinen Zeugnissen zu haben. Aber ausgerechnet ich, die ich meinen Sohn ohne Angst aufwachsen lassen wollte, hatte fürchterliche Existenzängste. Ich wußte ja meistens nicht, wie ich die Miete und das notwendige Geld zum Essen aufbringen sollte. Über Jahre.

Kim hat gleichzeitig gesehen, in welcher Ordnung andere lebten. Er hat später aber auch erkannt, daß die Eltern seiner Freundinnen unehrlich und wenig liebevoll miteinander lebten, er hat die Fassade dieser Bürgerlichkeit durchschaut. Aber sie war lange Zeit sein Ideal.

Ich staune, wenn ich jetzt diesen Kinderboom der Linken sehe. Ich habe immer sofort, wenn ich von Schwangerschaften in meinem Freundeskreis erfuhr, Ärzte empfohlen, die abtreiben. Ich habe auch Kolumnen geschrieben für Abtreibung und für Selbstanzeigen. Ich gehöre zu den ersten Selbstanzeigerinnen. Ich glaube aber, es ist wieder Mode geworden, Kinder zu kriegen. So wie es Mode war, sich dazu zu bekennen, aus Verantwortung kinderlos zu bleiben.

Ich weiß nicht, wie der Mensch beschaffen sein müßte, um in der Lage zu sein, selbst einen neuen Menschen zu formen. Ich dachte immer, entweder wird das Kind so, wie ich mir einen Menschen wünsche, und dann wird es nicht existenzfähig sein in dieser Gesellschaft. Oder es wird ein Kind, das gut in dieser Gesellschaft überlebt, indem es sich anpaßt, mit dem ich dann aber nichts mehr zu tun haben möchte. Ich konnte nicht in Zwischentönen denken. Wie durch ein Wunder ist Kim in der Lage, einigermaßen mit dem Leben zurechtzukommen. Ich weiß nicht, ob er glücklich ist, ich weiß nur, daß er in seinem Beruf als Psychologe glücklich ist.

»Was ist der Unterschied zwischen einem Piranha und einer jiddischen Mamme??? – – Der Piranha läßt irgendwann los.« Kim ist und bleibt für mich immer Kimmi, mein Baby, mein kleiner Junge.

Ich habe ihm vorgeschlagen, eine Therapie zu machen, um von mir freizukommen. Ich kann mir nicht vorstellen, daß das nur *mein* Leben überschattet, was da lange Jahre zwischen uns gewesen ist. Aber er will keine Therapie machen.

Ich kann weder mit Gady noch mit Kim über unsere Kindheit, über unsere Eltern oder über Nazis sprechen.

Vor kurzem hatte Kim einen Ausbruch am Telefon: »Immer hast du gesagt, daß wir Weltbürger sind. Jetzt plötzlich Juden. Immer sagst du: wir, wir, wir. Was habe ich damit zu tun!?«

Kim war es immer peinlich, wenn ich soviel von ihm geschwärmt habe. Manchmal war ich wirklich euphorisch. Er sagte, all das Gute über ihn würde ich nur sagen, weil er mein Sohn ist. Aber er sagte auch zu mir: »Die Tatsache, daß du mich liebst, verpflichtet mich ja noch nicht, dich zu lieben.« Ein anderes Mal hat er mir gesagt: »Was hältst du davon, Peggy? Ich bin zu allen Menschen so, wie du es dir immer gewünscht hast, nur zu dir nicht.

Wäre es dir lieber, ich wäre zu dir gut und zu anderen schlecht?«

Es stimmt, er ist so geworden, wie ich es mir gewünscht habe, nur nicht zu mir.

Mein Buch *Prozesse*, das ich mit soviel Einsatz von Kraft und Leben und Zeit gemacht habe und das auch überall gelobt wird, habe ich nur gemacht, um endlich von ihm akzeptiert zu werden. Ich habe gehört, daß es ihm ganz gut tut, wenn andere mich loben, auch ganz biedere und bürgerliche Leute das Buch akzeptabel finden. Inzwischen ist es mehrfach preisgekrönt und in 16. Auflage. Und immer noch hoffe ich, daß ich Kim dadurch weniger peinlich bin als vorher.

Kim lernte mich kennen als eine überbeschäftigte und sehr gut verdienende Sprachlehrerin. Aber meine Situation änderte sich, als ich Kripo-Dolmetscherin und Schauspielerin war. Als Dolmetscherin habe ich auf Anforderung gearbeitet. Nachts und an Feiertagen. Diese Abhängigkeit in der Arbeit, die hat er da kennengelernt. Er hat gesehen, daß ich diese Art von Arbeit nicht verkraftete, schlaftabletten- und opiumsüchtig wurde. Weil mir diese Art Arbeit nicht gestattete, dann zu arbeiten, wenn ich kräftig war und Lust dazu hatte. Die Aufträge kamen, wenn ich mich schon krank gewartet hatte. Dreizehn Monate Entzug waren nötig. Gleich danach fing ich mit den Gerichtsreportagen für *Konkret* an.

Ich glaube, die Art meiner Arbeit hat sein Leben auch mitbeeinflußt. Kim arbeitet nicht freiberuflich, sondern in einem therapeutischen Kurheim für verhaltensauffällige Kinder. Dort arbeitet er auch intensiv mit deren Familien.

Trotzdem bestimmt er, was er macht, und ist autonom. Vielleicht ist auch dies ein Resultat unseres Zusammenlebens? Er weigert sich, Privat-Psychologe zu werden, obwohl er wesentlich mehr Geld verdienen könnte. Er möchte eine Arbeit machen, die jedem zugute kommt und nicht nur einer Finanzelite.

Harriet von Hantelmann

»Umklammerung muß sein«

Gespräche mit Gretchen Klotz und Hosea Che Dutschke

Gretchen Klotz, Witwe von Rudi Dutschke, ist Magister der Theologie und Ernährungswissenschaftlerin. Sie lebt lieber in Amerika als in Europa und hat drei Kinder: Hosea Che (27), Polly Nicole (26) und Rudi Marek (15).

Harriet von Hantelmann: Sie und Ihr Mann Rudi Dutschke waren bedeutende Vertreter der 68er Bewegung. Eine ganze Generation hat gespannt zugeguckt, wie Sie Ihre Vorstellungen von einer anderen und besseren Gesellschaft in Erziehung umsetzen. Wie war das für Sie?

Gretchen Klotz: In den Medien wurde Hosea immer mehr als Rudis Sohn betrachtet, mich haben sie ziemlich in Ruhe gelassen. Aber wir haben natürlich schon versucht, uns Gedanken über die Erziehung zu machen. Nur, wenn man ein schreiendes Kind vor sich hat, dann kann man keine Theorie anwenden, dann muß man was tun. Wir hatten ein Buch von einem amerikanischen Kinderarzt, Dr. Spock, ich finde ihn bis heute eigentlich nicht schlecht. Er hat politisch immer richtig gehandelt, er stand vorne bei den Demonstrationen gegen den Vietnam-Krieg, und darum dachte ich, es ist schon politisch akzeptabel, wenn wir sein Buch lesen.

Ein Buch über Säuglings- und Kinderpflege?

Klotz: Ja, denn am Anfang ist man zu 99 Prozent mit praktischen Dingen konfrontiert. Was tue ich, wenn das Kind schreit? Antiautoritäre Erziehung ist dagegen ganz theoretisch und hilft einem nicht weiter.

Wollten Sie denn antiautoritär erziehen?

Klotz: Das würde ich doch sagen.

Nach dem Vorbild von Summerhill?

Klotz: Also, wir haben das Buch über Summerhill gelesen. War schon vieles drin, was man für richtig gehalten hat. Aber Summerhill war eine Schule, und es ist natürlich anders, wenn man die Kinder zu Hause erzieht.

Was ist anders?

Klotz: Na, zum Beispiel im Kinderladen galt die Theorie: Laßt die Kinder machen, was sie wollen. Und wenn das eine Kind das andere ordentlich haut, dann mischt man sich nicht ein. Das fanden wir nicht richtig, weder Rudi noch ich. Das spiegelt so eine hierarchische Gesellschaft wider, daß der Stärkere eben den Schwächeren zerschlägt. Also, da muß man eingreifen, so geht das nicht, das wollen wir nicht. So hatten wir eine andere Art, antiautoritäre Erziehung zu interpretieren.

Wie haben Sie es gehalten mit der Autorität?

Klotz: Eltern müssen eine gewisse Autorität vermitteln, zum Beispiel, wenn der Stärkere über den Schwächeren herrschen will. Kinder müssen lernen, daß das nicht richtig ist. Aber es ist auch widersprüchlich, denn wenn man eingreift und Grenzen setzt, ist man automatisch eine Autorität. Zum Beispiel, wenn ein Kind ein Messer in die Hand nimmt, dann nimmt man es ihm weg, weil es gefährlich ist.

Sie waren 25 Jahre alt, als Hosea geboren wurde, knapp drei Monate nach seiner Geburt wurde Ihr Mann von einem Attentäter in Berlin niedergeschossen und lebensgefährlich verletzt. Das erste Jahr mit dem Baby war also voller Angst. Hatten Sie je das Gefühl, jetzt kann ich nicht weiter?

Klotz: Nein. Wir dachten, das Kind und wir, wir werden es schon schaffen. Ich hatte keine großen Zweifel, daß ich es schaffen würde. Ich weiß nicht, warum.

Hatten Sie so etwas wie eine gemeinsame Vision: So wollen wir unser Kind erziehen?

Klotz: Ich erinnere mich nicht ganz genau, aber ich denke schon. Wir wollten das Kind nicht schlagen und es nicht sexuell verklemmt erziehen. Wir hatten natürlich das ganze antiautoritäre Zeug gelesen, in dem Sinne würde ich schon sagen, daß wir uns Gedanken gemacht haben.

Als Hosea fast zwei war, wurde Ihre Tochter Polly geboren. Sie lebten damals noch in England, zogen aber wenig später nach Aarhus in Dänemark. Können Sie sich erinnern, inwiefern Sie die Tochter anders behandelt haben als den Sohn?

Klotz: Als die Kinder klein waren, habe ich gedacht: Wir werden versuchen, sie gleich zu behandeln. So haben wir zum Beispiel versucht, Polly auch Autos zu geben und Hosea mit Puppen spielen zu lassen. Aber vieles tut man vielleicht unbewußt. Polly interessierte sich nicht sehr für Autos. Hosea spielte hin und wieder mit Puppen, aber lieber mit Autos.

Ihr Verhältnis zu Ihren Kindern ist heute sehr unterschiedlich.

Klotz: Also, ich kann es nicht erklären. Ich hatte immer das Gefühl, daß ich Hosea besser verstehen kann als Polly. Er ist mir viel ähnlicher. Marek, unser jüngster Sohn, ist eher wie Rudi. Polly ist nicht wie ich oder wie Rudi, sondern anders. Ich habe mich zum Beispiel nie besonders für Kleider interessiert. Aber Polly war schon mit vier Jahren begeistert von einem schönen Kleid. So ist sie.

Glauben Sie, Ihr Leben mit den Kindern wäre anders verlaufen, wenn Sie in Deutschland gelebt hätten?

Klotz: Das ist schwer zu sagen. Ich denke, sie wären dann im Kinderladen gewesen. Aber dort gab es diese Schlägereien, das hat uns nicht gefallen.

Was für ein Kind war Hosea?

Klotz: Er war sehr aufgeweckt und schon früh physisch sehr geschickt. Und dann ist man ein bißchen stolz, nicht wahr? Wenn in Büchern steht, daß mein Kind bestimmte Dinge erst mit fünf können muß, die er aber schon mit vier kann... Man sollte dieses Zeug nicht lesen. Hosea hat im Januar Geburtstag. Als er zur Schule sollte, hieß es, Kinder seines Alters sollten erst eine spezielle Prüfung machen. Die haben wir dann gemacht. Heute finde ich das ganz doof. Aber irgendwie waren wir so stolz auf unser Kind – ein bißchen bürgerlich vielleicht.

Und er hat es geschafft.

Klotz: Ja, die Prüfung ging gut, doch dann hieß es, er sei zu klein. Aber schließlich war Rudi auch ein kleiner

Mann, und Hosea war es gewöhnt, der Kleinste zu sein. Also ist er in die Schule gekommen. Und die Schule war auch nie ein Problem. Aber es wurde ein Problem, daß wir ihm beigebracht hatten, niemals Macht über andere Kinder auszuüben. Denn die anderen Kinder haben sehr schnell gemerkt, daß er nicht zurückschlägt. Und sie fingen an, ihn zu hauen. Der Lehrer kam zu uns und sagte, Hosea müsse lernen, sich zu wehren. Wir haben überlegt und geredet. Und dann hat Rudi jeden Tag mit ihm Boxen geübt. »Du darfst nie der erste sein«, hat er gesagt, »aber wenn sie dich hauen, mußt du zurückhauen, damit sie dich nicht verletzen.« Als das nächste Mal ein Kind Hosea schlug, hat er sich gewehrt und zurückgeschlagen. Von da an haben sie Ruhe gegeben. Es war also offenbar richtig.

Ihr Mann war sehr oft verreist. Welchen Einfluß hatte das auf Ihr Verhältnis zu Hosea?

Klotz: Ja, ungefähr von 1974 an war Rudi oft weg. Aber wenn er zu Hause war, hat er sich viel mit den Kindern beschäftigt.

Weihnachten 1979, als Hosea zwölf war, starb Ihr Mann an den Spätfolgen des Attentats. Welchen Einfluß hatte der Tod des Vaters auf Hosea und sein Verhältnis zu Ihnen?

Klotz: Rudis Tod war ein furchtbarer Schock für Hosea. Ich hatte den Eindruck, daß es ihn viel schlimmer mitgenommen hat als Polly. Und daß er sich so lange nicht mit Politik beschäftigt hat, lag vielleicht daran, daß er einfach Rudi aus seinem Denken raushalten wollte, weil es zu schmerzhaft war. Politik hatte allzusehr mit Rudi zu tun. Erst als Hosea 16 war, hatte er die innere Stärke gewonnen zu sagen: »Nun kann ich darangehen und sehen: Er war mein Vater.«

Wie hat sich Ihre Beziehung verändert?

Klotz: Ich denke, ich habe ihn nicht mehr als Kind behandelt. Eher als Partner, als jemanden, der mitträgt.

Wie hat er das überstanden?

Klotz: Ich meine gut. Er kommt mir als ein relativ ausgeglichener und vernünftiger Mensch vor, der sein Leben sinnvoll gestalten kann. Bis jetzt.

Wie haben Sie die Zeit seiner Pubertät erlebt? Gab es Kämpfe, haben Sie sich sehr aneinander gerieben?

Klotz: Ich erinnere mich nicht an Konflikte. Nach Rudis Tod habe ich angefangen, diese Spiele zu machen. Wir haben sehr viel gespielt, bis heute.

Was waren das für Spiele?

Klotz: Es gab sehr viele verschiedene. Eins war so ein Phantasiespiel mit magischen Stricknadeln, die man suchen mußte. Und dann war da noch ein politisches Spiel. Das konnte man nicht gewinnen, sondern nur verlieren. Dann war das der Weltuntergang. Also, wenn man den reinen Kapitalisten spielte, ging die Welt unter, wenn man aber sozialistische oder ökologische Gesichtspunkte miteinbezog, konnte man sie vielleicht retten.

Wie alt waren die Kinder, als Sie das gespielt haben?

Klotz: Vielleicht zwölf oder vierzehn.

Als Hosea 17 Jahre alt war, sind Sie von Dänemark nach Amerika zurückgegangen.

Klotz: Ich konnte nicht mehr bleiben. Ich war sehr krank, besonders im Winter, in der Dunkelheit. Das wurde Jahr für Jahr schlimmer, und ich dachte, ich schaffe den nächsten Winter nicht, ich gehe zugrunde. Es war wie eine Flucht für mich, um mein Leben zu retten.

Und Hosea wollte nicht mit.

Klotz: Nein, er hatte seine Freunde in Dänemark, er wollte nicht mitkommen. Es war für ihn bitter, daß ich wegging. Ich habe mich ein bißchen schuldig gefühlt ihm gegenüber. Schließlich war er mit 17 Jahren ziemlich jung fürs Alleinbleiben. Andererseits war es seine Entscheidung. Ich habe das akzeptiert. Erst später habe ich gemerkt, daß er ein bißchen sauer darüber war. Er kam dann bald und immer wieder zu Besuch und blieb jedesmal mehrere Monate, so daß wir viel Kontakt hatten.

Waren Sie immer in allem ganz offen miteinander?

Klotz: Über mein Weggehen haben wir erst später gesprochen. Mir war das am Anfang nicht klar, daß er darüber verärgert war. Ich habe das erst viele Jahre später erfahren und auch nicht von ihm selber.

Als Ihr Mann starb, hatten Sie zwei halbwüchsige Kinder

und erwarteten das dritte. Wie haben Sie die Familie über Wasser gehalten?

Klotz: Als Rudi noch lebte, hatten wir sehr wenig Geld. Aber Rudi war sehr oft eingeladen, und dann hat er gesagt: »Ich komme, wenn Sie meine ganze Familie einladen.« So haben wir viele Reisen gemacht, für die wir eigentlich gar nicht das Geld hatten. Später, als Rudi nicht mehr lebte, habe ich in Dänemark Arbeitslosengeld bekommen. Das war weit mehr, als wir vorher gehabt hatten. Heute ist das anders. Ich habe jetzt auch Arbeitslosengeld, und es ist unmöglich, davon zu leben.

Aber Sie waren auch berufstätig?

Klotz: In Dänemark hatte ich niemals eine feste Anstellung. Ich habe an Projekten für ein Ernährungsinstitut mitgearbeitet. Und wenn das Projekt fertig war, war ich wieder arbeitslos. So ging es ungefähr sechs Jahre, bis ich nach Amerika ging. Da habe ich dann in meinem eigenen Haus Bed & Breakfast gemacht. Das lief erst ziemlich gut, bis es ungefähr ab 1987 der Wirtschaft schlechter ging. Da kamen nicht mehr genug Leute, und ich habe eine Sekretärinnenstelle angenommen.

Die 68er stehen ja in dem Ruf, kein gutes Verhältnis zu Frauen gehabt zu haben. Frauen wurden in der Zeit schlecht behandelt.

Klotz: Im SDS, ja.

Wie war das bei Ihnen?

Klotz: Rudi war nicht so. Aber mit den anderen war es furchtbar. Ich habe ihm immer gesagt, wie diese Männer sich verhalten, ist total unmöglich. Diese SDS-Männer sind für mich keine Revolutionäre. Rudi hat sich das alles angehört und auch objektiv gesehen, daß ich recht hatte. Aber er hatte keine Ahnung, was er tun sollte. Er hätte schon öffentlich etwas sagen können. Das hat er nicht getan. Deswegen hatte er Schuldgefühle, das steht in seinen Tagebüchern. In vielen anderen Sachen, denke ich, hat er schon auf mich gehört.

Ihre Kinder sind also in einer sehr partnerschaftlichen Ehe aufgewachsen?

 Klotz: Ja, ich denke schon ... auf jeden Fall!

Hosea ist inzwischen selber Vater. Sein Sohn Alexander ist ein Jahr alt. Erkennen Sie sich als Vorbild wieder in seiner Beziehung zu seiner Frau Lene?

Klotz: Ja, ich denke schon. Lene hat ihren Beruf, Hosea studiert noch. Beide teilen sich die berufliche Verantwortung und die für das Kind.

Und Sie sind Großmutter. Wie ist das für Sie?

Klotz: Es ist schön. Ich finde es gut.

Hat sich Hosea durch das Kind verändert?

Klotz: Vielleicht in seiner Beziehung zu Lene. Das ist eine sehr lange Beziehung. Zehn Jahre. Es ist hoch und runter gegangen. Einmal war ich sogar richtig sauer auf ihn. Ich fand es nicht okay, wie er Lene behandelte. Ich habe ihn angeschrien. Man muß Lene fragen, ob er genug Verantwortung trägt.

Haben Sie das Gefühl, daß Ihre Erziehung bei Hosea Früchte trägt?

Klotz: Ich glaube ja. Er ist ein völlig ausgeglichener Mensch und nicht neurotisch. Viele 68er-Kinder waren dem Leben nicht gewachsen. Wenn die Eltern mit sich selbst nicht zurechtkamen, hat das natürlich den Kindern geschadet. Für Kinder ist es das Wichtigste, eine Beziehung zu irgendeinem Erwachsenen zu haben, der liebevoll ist.

Welche Wünsche haben Sie für Ihre gemeinsame Zukunft?

Klotz: Das ist schwer. Ich bin Amerikanerin und lebe in den USA am besten. Hier in Europa fuhle ich mich immer unsicher und als Fremdkörper. Aber es ist ein wahnsinniger Widerspruch, denn wenn ich dort bin, sind meine Kinder so weit weg. Am liebsten hätte ich sie alle da. Aber jeder hat seine Wurzeln woanders. Es ist nicht zu fassen, wie stark diese Wurzeln sind. Hosea ist dänisch durch und durch und möchte nicht in Amerika leben. Vielleicht ist das der Punkt, wo am meisten Distanz zwischen uns ist: Er kann nicht begreifen, daß ich so amerikanisch bin, ich kann nicht begreifen, daß er so dänisch ist. Polly ist auch in Dänemark. Und Marek ist inzwischen seit fünf Jahren in Deutschland und will hier nicht weg. Aber er ist erst 15 und wirklich noch zu jung. Er kann nicht hierbleiben, wenn ich zurückgehe. In zwei Jahren würde er das wollen. Also müssen wir jetzt bald gehen.

Er hat alle seine Freunde hier.

Klotz: Ja, es ist sehr schwer. Wenn ich einen Fehler gemacht habe, dann den, daß ich überhaupt nach Europa gekommen bin. Ich hätte zu Hause bleiben sollen. Aber damals war es spannend, an Schwierigkeiten habe ich nie gedacht. Ich dachte, ich hätte keine Wurzeln in Amerika. Ich dachte, alles sei möglich, ich hätte unendliche Fähigkeiten und könnte mich anpassen, egal, wo ich bin. Und plötzlich kommt der Schock: Man kann es nicht.

Ihr Leben wäre dann ganz anders verlaufen.

Klotz: Man wäre nicht immer konfrontiert mit diesen bitteren Widersprüchen.

Wenn Sie zurückdenken an die Erziehung Ihrer Kinder: Was war das Wichtigste, was wollten Sie ihnen unbedingt beibringen?

Klotz: Ich denke, daß sie glücklich sind. Ich wollte sie so erziehen, daß sie diese Fähigkeit überhaupt haben. Ich kann mir nichts anderes denken. Ich wünsche, daß sie glücklich sind.

Hosea Che Dutschke, 27, studiert Politologie in Aarhus, Dänemark. Er hat einen einjährigen Sohn.

Harriet von Hantelmann: Wie würdest du deine Mutter beschreiben?

Hosea Che Dutschke: Sie ist eine verrückte, schöne Frau. Ganz bestimmt. Und für mich ist verrückt ein positiver Begriff. Es passiert mit ihr einfach soviel, was man sonst gar nicht erleben würde. Manchmal ist sie auch ein bißchen überengagiert, auch heute noch. Wenn ihr etwas nicht gelingt, dann regt sie sich immer noch auf. Nervös ist sie auch – und ehrgeizig. Zum Beispiel beim Spielen. Wenn da etwas nicht gelingt, dann sagt sie, die Welt ist gegen mich.

Welche Eigenschaften hast du von ihr geerbt?

Dutschke: Ein bißchen das Temperament. Dann das Spielen-, das Gewinnen-Wollen. Aber ich habe nicht den gleichen Frust, wenn ich verliere.

Welche ihrer Eigenschaften hast du, die du nicht magst, gegen die du kämpfst?

Dutschke: Manchmal denke ich, sie hat einen so furchtbaren Pessimismus, ich aber bin optimistisch. Überhaupt – man hat ein Milieu und eine Erbmasse, aber das Wichtigste ist der eigene Wille. Den habe ich selber gemacht. Ich habe etwas von meinen beiden Eltern und etwas von der Umwelt, aber ich habe das selbst mit meinem eigenen Willen zusammengetan.

Welche Bilder kommen hoch, wenn du an deine Mutter denkst?

Dutschke: Vor allem Situationen, in denen wir zusammen gespielt haben. Was auch immer: Mühle, Dame, alle möglichen anderen Brettspiele. Und auch Rollenspiele. Im Prinzip alles. Spielen überhaupt.

Sie hat mit dir mehr gespielt als andere Mütter?

Dutschke: Ich denke schon. Auch heute noch. Sie wird immer noch sauer, wenn sie verliert. Und ich jubele immer noch, wenn ich gewinne.

Du nennst sie beim Vornamen, wie viele deiner Generation das mit ihren Eltern tun. Die 68er Eltern wollten weniger Mütter und Väter als Freunde und Partner ihrer Kinder sein. Hat das irgendeine Auswirkung auf dein Empfinden von Mütterlichkeit gehabt?

Dutschke: Nein, sie war ja auch als Mutter da, ganz bestimmt. Aber die Beziehung war demokratisch. Wir waren auf einer Ebene und konnten gleichberechtigt diskutieren. Durch diese Diskussionen und dadurch, daß wir Partner waren, haben wir uns beide entwickelt. Sie hat was gelernt, ich habe was gelernt. Und das bedeutet, daß ich sie heute mehr denn je als meine Mutter sehe.

Wann hat es angefangen mit dem Diskutieren?

Dutschke: Das fängt ja schon ganz früh an, wenn die Kinder die Warum-Fragen stellen. Später, mit sieben oder acht, ein paar Jahre vor Rudis Tod, haben wir immer diskutiert.

War sie für dich eine Autorität?

Dutschke: Klar doch! Beide Eltern waren für mich Autoritäten. Natürlich mußte ich auch mit ihnen kämpfen. Aber oft mußte ich zugeben, daß sie recht hatten.

Zum Beispiel?

Dutschke: Wenn man ein Fenster hochklettern und runterfallen konnte, das durfte man nicht, das ist ganz logisch. Oder wenn Polly und ich uns schlimm gezankt haben. Ich war schließlich stärker, das war ja auch gemein. Da wurden schon Grenzen gesetzt. Auch intellektuell – ich durfte natürlich nicht alles sagen.

Was durftest du nicht sagen?

Dutschke: Nichts Rassistisches zum Beispiel.

Durftest du fluchen?

Dutschke: Ja, tu ich jedenfalls heute. Durfte ich damals auch. Ganz bestimmt.

Antiautoritäre Erziehung ist noch immer mit der Vorstellung verbunden, daß Kinder ihre Eltern wild beschimpfen, schlagen und Wutausbrüche kriegen in aller Öffentlichkeit. Antiautoritär erzogene Kinder gelten als kleine Ungeheuer. Warst du so ein Ungeheuer?

 Dutschke: So antiautoritär war meine Erziehung gar

nicht. Ich erinnere mich zum Beispiel an Situationen, wo ich sogar etwas auf den Po bekommen habe.

Weswegen?

Dutschke: Wegen meiner Schwester. Ich habe sie schlecht behandelt. Und dann wurde da auch eine Grenze gesetzt. Aber es war gut gemacht: Ich habe einen gekriegt, und dann hat Rudi die Hosen runtergezogen, und ich durfte ihm wieder zehn zurückgeben.

Hat deine Mutter dich auch mal geschlagen?

Dutschke: Ja, später, in der Pubertät – wobei egal ist, ob antiautoritär oder nicht. Da haben wir uns kräftig gezankt, angeschrien... und auch mal geprügelt.

Hast du auch zurückgeschlagen?

Dutschke: Ja, denk schon. Aber nicht so richtig. Ich glaube, ich habe sie am Daumen getroffen und verletzt. Na ja, muß sein.

In Dänemark habt ihr lange in einer großen Wohngemeinschaft auf einem Bauernhof gelebt. Wie war das für dich?

Dutschke: Ich denke, für jedes Kind wär das super, für mich war es jedenfalls sehr super. Weil ja immer andere Kinder da waren. Und die Umgebung, die Felder, die Tiere...

Welchen Einfluß hatte dieses Leben auf das Verhältnis zu deiner Mutter? Es gab ja auch viele andere erwachsene Bezugspersonen.

Dutschke: Die Erwachsenen waren in dem Sinne nicht so wichtig. Das Kinderzimmer war das größte Zimmer. Da waren wir den ganzen Tag. Die Kinder untereinander. Und wenn schon mit Erwachsenen, dann mit Gretchen. Es war da nicht so, wie man den 68ern nachsagt, daß da alle rumgebumst haben. So war sie nicht. Ich wußte immer ganz klar, wer meine Mutter und wer mein Vater war. Sie waren immer meine engsten Freunde. Und wenn erzogen wurde, dann von den beiden. Überhaupt war die antiautoritäre Bewegung in Dänemark ja nicht so brutal wie in Deutschland.

Den 68ern wird nachgesagt, sie hätten kein gutes Verhältnis zu Frauen gehabt. Wie war das bei deinen Eltern?

Dutschke: Das war die ganze Misere der 68er, daß sie

so zwiespältig waren. Sprechen von Gleichheit, Freiheit, Brüderlichkeit, aber über die Frauen, da hatten sie noch viel zu lernen. Bei uns war das anders. Ich glaube schon, daß Rudi Gretchen als völlig gleichwertig betrachtet hat. Aber Politik nimmt viel Zeit in Anspruch, und das bedeutete, daß Gretchen mehr bei uns war als Rudi. Aber sie haben viel zusammen diskutiert, und Gretchen hatte großen Einfluß auf seine Gedanken.

Du studierst jetzt Politik. Ist das auch ihr Einfluß?

Dutschke: Nein, das ist komisch gekommen. Manche sagen, es sollte so sein. Ich wollte eigentlich Biologie studieren, aber mein Numerus clausus wollte das nicht. Na, und dann gab's Politologie.

Und wie findet sie das?

Dutschke: Ich denke, ganz gut. Sie hat nie eine Vorstellung davon gehabt, was ich studieren sollte. Es war meine eigene Wahl.

Du bist durch und durch Däne. Glaubst du, deine Erziehung wäre anders verlaufen, wenn du in Deutschland aufgewachsen wärst?

Dutschke: Ich habe wirklich Glück gehabt, daß wir nach Dänemark gezogen sind. Das war die Rettung. Die Deutschen sind so schrecklich fundamentalistisch. Durch die Mentalität der Dänen und die Sprache konnte ich mich immer distanzieren. In Deutschland sage ich zum Beispiel nicht immer gleich meinen Namen, wenn ich Leute kennenlerne.

Du warst zwölf Jahre alt, als dein Vater starb. Hast du dich jemals für deine Mutter verantwortlich gefühlt oder sie beschützen wollen?

Dutschke: Nein. Natürlich mußten wir mehr tun. Aber Rudi war schon vorher oft weg. Da haben wir auch selbst unser Essen gemacht. Und ich hatte nicht das Gefühl, daß ich sie schützen mußte, weil ja auch Polly da war. Wir hatten die gemeinsame Zeit mit Rudi, aber mit seinem Tod gab es keinen totalen Bruch. Für Marek, meinen jüngeren Bruder, war das anders. Er hatte ja immer nur sie. Und die ersten drei Jahre seines Lebens waren nicht die glücklichsten. Jedenfalls nicht für Gretchen. Sie war oft traurig.

Glaubst du, daß das Verhältnis deiner Mutter zu euch Söhnen anders ist als das zu deiner Schwester?

Dutschke: Ich hatte nie das Gefühl, aber Polly hat gesagt, daß es anders war. Als ich meine Pubertätskämpfe mit Gretchen hatte, habe ich immer gefühlt, daß Gretchen *mich* gesucht hat und nicht Polly. Polly war immer da und hat Gretchen getröstet. Und ich habe gesagt, leck mich mal... Und da hatte Polly das Gefühl, ein bißchen links liegengelassen zu werden.

Wie erklärst du dir das?

Dutschke: Ich glaube, Polly hat Gretchen besser verstehen können als Frau. Ihre Wünsche und Hoffnungen. Ich war eher egoistisch, manchmal auch ganz hart. Das geht nicht anders, wenn man sich losreißen will. Jetzt, im nachhinein, hätte ich es gern anders gemacht. Polly konnte nicht so sein, denn sie hat gemerkt, daß es Gretchen weh tat.

Hast du das nicht bemerkt?

Dutschke: Doch, aber ich hab's verdrängt.

Andere Jugendliche reißen sich darum, nach Amerika zu gehen. Warum wolltest du nicht mit deiner Mutter dorthin gehen?

Dutschke: Ich war mit zwölf schon einmal ein halbes Jahr bei Gretchens Familie in den USA. Sie waren sehr religiös, das bin ich überhaupt nicht. Es war schön und interessant. Aber ich liebe diese kleine dänische Gemeinschaft, und Dänisch ist meine Muttersprache.

Wer von euch hat sich denn nun vom anderen gelöst, als deine Mutter nach Amerika ging?

Dutschke: Also, ich habe mich gelöst, ganz klar, so ist es immer. Ich glaube, es ist schwer für eine Mutter, ihren ersten Sohn loszulassen. Aber ich habe sie oft in Amerika besucht. Und wenn wir dann zusammen waren, dann waren wir füreinander da. Wir haben ineinander geruht, Gleichgewicht gehabt. Wir mußten nicht checken, wo steht der andere jetzt. Es gab keine Ungewißheit. Deswegen brauchten wir uns auch die ganze Zeit nicht zu schreiben... Ich glaube, es war schwerer für sie als für mich.

Fühltest du dich umklammert?

Dutschke: Ja, ich denke, es muß so sein. Wenn das nicht wäre, würde ich sie auch nicht als Mutter sehen. Die Umklammerung muß sein. Das ist ganz natürlich. Schließlich ist es das eigene Fleisch und Blut. Aber dann muß das Gleichgewicht kommen.

Du hast jetzt selber einen Sohn. Er ist ein Jahr alt. Wie ist deine Mutter als Großmutter?

Dutschke: Viel ist da noch nicht zu sagen. Alexander ist so klein. Später wird es interessant. Sie wird eine schöne Großmutter sein. Da bin ich mir ganz sicher.

Umklammerungen

Eckhard Hufener

Vaterkind – Mutterkind

Status quo. Wenn er jetzt darüber nachdenkt, warum sein Leben in der Rückschau ein so blasses Bild ergibt, ein graues Hintereinander aus Ereignislosigkeit, dann erscheint es ihm so, als wäre sein ganzes Denken, dieser so verkrampfte wie vergebliche Versuch, das auseinanderlaufende Leben wenigstens im Kopf zusammenzuhalten, nichts anderes gewesen als eine große Grübelei, die zu immer neuen Umwälzungen des immer selben Stoffes in zuweilen ausgetauschtem Vokabular geführt hätte und zuletzt zum Kreisen um das eigene Grübeln selber; und zugleich erscheint ihm dies nur als das innere Geräusch, das eine Erlebnisleere ausfüllen und die Tatsache etwas undeutlicher werden lassen sollte, daß er nie jemanden so recht geliebt hatte. Es hatte Annäherungen gegeben an andere Menschen, Zuneigungen und Abhängigkeiten, aber immer hatte sich alles in eine gestaltlose Zähigkeit verwandelt, wenn eine bestimmte Nähe erreicht zu werden drohte. Sehnsucht und Angst hielten dann einander die Waage, so daß jeder weitere Schritt mit allen Gesten des Vorbehalts und der Zurücknahme ausgestattet werden mußte. Er war – aber das war auch eine dieser Erkenntnisse, die zu nichts führten – auf einer bewegungslosen Flucht vor seiner Mutter.

Curriculum vitae. Das meiste kennt er ja nur aus ihren (allerdings ausufernden) Erzählungen. Ihr Vater soll ein strenger, magenkranker Mann gewesen sein, unzugänglich und abweisend. Wenn es ihm schlecht ging, sprach er tagelang nicht mit seiner Familie. Später wurde er Nazi. »Du bist eine schlechte Deutsche«, hat er seine Tochter beschimpft, wenn sie anderes wollte als er. Ihre Mutter: arbeitsam, pflichtbewußt, gefühlsarm, periodisch unter heftigen Migräneanfällen leidend. Sie ließ dann alle Arbeit stehen und zog sich in ein dunkles Zimmer zurück. Die Tochter wurde als erste in der Familie auf eine höhere Schule geschickt. Sie sei nicht intelligent gewesen, behauptet sie später, habe bis zur Erschöpfung für die Schule lernen müssen, ging dann nach der Mittleren Reife ab; eine Quälerei war beendet. Danach: Bürolehre, dann weg in eine fremde Stadt und nur noch kurze Wochenendbesuche zu Hause. Es begann, wie sie später sagte, die schönste Zeit ihres Lebens. Eine Zeit ohne Ereignisse. Die Büroarbeit war stupide, das Gehalt gering. Aber es gab »so schöne« Betriebsfeste, harmlose Flirts mit den Chefs, sonnenbeschienene Ausflüge in die Umgebung, auf denen viel gesungen wurde (wenn die Mutter ihm später vorsang, schienen ihre Augen immer noch ein wenig zu leuchten). Und Männer? Auf einer KdF-Fahrt in den Bregenzerwald (es war die weiteste Fahrt, die sie je in ihrem Leben machen würde) lernte sie jemanden kennen, der sich für sie »interessierte«. Nur sie interessierte sich offenbar für keinen.

Sie war schon fast dreißig, als sie seinen Vater kennenlernte. Er war Student, sie gab ihm Geld für sein Studium; sie heirateten kurz vor Kriegsausbruch. Im Fronturlaub wurde der erste Sohn gezeugt, nach Kriegsende der zweite. Die Ehe habe gerade sechs Wochen gedauert, behauptete später der Vater, der Rest sei Krieg gewesen. Und nach dem Krieg war es auch schon vorbei: 1946 trennen sich die beiden, die Scheidung ist 1951. Die Mutter kämpft noch ein bißchen um ihre Ehe, zieht ihrem Mann in eine andere Stadt nach, ist aber eigentlich ratlos. Es gibt demütigende Szenen mit der Konkurrentin, danach zieht sie sich enttäuscht mit ihren beiden Söhnen in den Haushalt ihrer Mutter zurück, wird von ihr mit Geld unterstützt und lebt von den kargen Zuwendungen ihres geschiedenen Mannes, die sie immer wieder anmahnen muß. Nach der Scheidung sieht sie ihn nicht mehr. Erst ein Vierteljahrhundert später trifft sie ihn auf der Hochzeit ihres ältesten Sohnes und bricht bei seinem Anblick so sehr in Tränen aus, daß sie an der Feier nicht teilnehmen kann und sich ins Hotelzimmer zurückziehen muß.

Nach der Scheidung kommen Jahre der Krankheiten.

Operationen, Magenbeschwerden, die ihr die Freude am Essen nehmen, quälende Verdauungsstörungen. Sie hat panikartige Angst vor Krebs. Sie wird religiös, interessiert sich eine Zeitlang für die »Zeugen Jehovas«, deren Frömmigkeit sie dann doch übertrieben findet. Sie fängt an, in ihrer Kirchengemeinde alte Leute zu besuchen, die sie meistens verabscheut, gegen deren häufig herrische Ansprüche sie sich aber nicht wehren kann. Neue Bekannte gewinnt sie kaum: Sie sei enttäuscht von den Menschen, sagt sie immer öfter. Sie arbeitet nicht, richtet sich lieber mit dem wenigen Geld ein, das sie hat. Das reicht nur selten. Regelmäßig ist ihr Konto ein paar Tage vor dem Monatsersten leer.

Irgendwann hat sie einen Zusammenbruch. Sie wird plötzlich von fürchterlichen Angstzuständen überfallen, geht für ein paar Wochen in eine psychiatrische Klinik. Sie nimmt Antidepressiva, die nichts nützen. Weil die Ängste immer abends kommen (sie wird dann unruhig, geht hastig in der Wohnung auf und ab, rennt aus dem Haus oder weint heftig und ohne erkennbaren Grund), wird ein Fernseher angeschafft, der sie manchmal ein bißchen beruhigt. Ein Hund kommt ins Haus, mit dem sie lange und ziellose Spaziergänge unternimmt. Zwischendurch verbringt sie immer wieder ein paar Wochen in der Psychiatrie, wo sie sich wohl fühlt, wie sie sagt. Da seien Menschen, denen es so gehe wie ihr. Jedesmal fürchtet sie sich vor der Rückkehr nach Hause.

Dort pflegt sie ihre Mutter, die unter zunehmender Altersverwirrung leidet. Der endgültige Auszug der Kinder und der Tod ihrer Mutter fallen fast zusammen. Sie muß aus ihrem Elternhaus ausziehen, weil es verkauft wird. Da ist sie über sechzig Jahre alt.

Noch einmal Psychiatrie; doch dann geschieht etwas Unerwartetes: es ist, als würde das Wegbrechen ihrer alten Lebensstützen Kräfte freisetzen, von denen bisher niemand etwas wußte, auch sie selbst nicht. Sie sucht sich eine Stelle als Putzhilfe in einem Krankenhaus, arbeitet später in der Krankenhausküche. Die Arbeit ist hart und ungewohnt, aber sie erzählt stolz von ihren Leistungen und ihrer Beliebtheit bei den Patienten. Die Depressionen verschwinden allmählich. Sie gründet einen Altenclub; während der Nachrüstungsdiskussion der siebziger Jahre stellt sie sich mit pazifistischen Plakaten vor den Supermarkt. Sie reist zu Seniorentagungen in nahegelegene Bildungsstätten; sie strickt Decken für Leprakranke in Afrika. Als sie achtzig Jahre alt wird, sagt sie ihrem Sohn am Telefon: »Ich glaube, ich fange jetzt an zu leben.« Ein paar Jahre später wird sie gebrechlich, reduziert ihre Arbeit im Krankenhaus auf einen Wochentag und gibt auch den schließlich auf, als sie 85 ist: Die Arbeit ist so anstrengend, daß sie auf dem Heimweg mehrere Male beinahe ohnmächtig wird. Ihr Abschied ist Anlaß für eine Feier im Krankenhaus, einen Artikel mit Foto in der örtlichen Tageszeitung und einen Besuch des Oberbürgermeisters. Auf all das reagiert sie verärgert: Diesen Aufwand um ihre Person, den habe sie doch nicht gewollt, sagt sie.

Am Scheideweg. Es gibt ein Ereignis, von dem er behauptet, daß es mehr als andere über sein Leben entschieden habe. Er selbst war daran nicht beteiligt, er kennt es nur aus den Erzählungen seiner Mutter; und sie hat diese Erzählung häufig und effektvoll eingesetzt. Als sie einmal nach Hause gekommen sei, so schilderte sie, habe sein älterer Bruder, ihr vorher heißgeliebter Sohn Hans, der damals etwa sechs Jahre alt war, fürchterlich nach Parfum gestunken. Und tatsächlich: Die Parfumflasche, nach dem Krieg ein kostbares Gut, sei leer gewesen. Ein klarer Zusammenhang also. Sie habe Hans gefragt, ob er das Parfum benutzt habe. Der habe trotz der eindeutigen Indizien alles abgestritten. Und das sei für sie ein Schock gewesen, ein ungeheurer Verrat. Selten habe eine Lüge sie so getroffen. Fast eine Woche lang habe sie ihren Sohn zu einem Geständnis bringen wollen. In unvermuteten Situationen habe sie ihn darauf angesprochen, mehrere Male habe sie ihn nachts geweckt, um ihn zur Wahrheit zu zwingen. Es habe alles nichts genützt. »Da wußte ich, was ich von ihm zu halten habe und habe ihm nie mehr vertraut«: Die Mutter entzog ihm ihre Liebe und wandte sich ihrem jüngeren Sohn zu.

Für ihn, so sagt er, ist diese Parfum-Geschichte in zweierlei Hinsicht wichtig geworden. Erstens gab es von da an eine Aufteilung in einen bösen und einen lieben Sohn (eine Aufteilung, die die beiden Söhne heute noch zuweilen scherzhaft zitieren); der eine war das Vaterkind, der andere das Mutterkind. Und dies, das geliebte Mutterkind zu werden, sei viel schlimmer gewesen als das Gegenteil. Der Bruder habe sich irgendwann innerlich von der Mutter trennen können, er selber habe das nie geschafft, weil er damit eine Position verloren hätte, die für seinen älteren Bruder schon verlorengegangen war. Zweitens, sagt der jüngere Sohn, war in dieser Erzählung der Mutter (und wohl deswegen wurde sie so oft wiederholt) eine deutliche Drohung enthalten: Wenn du mich verrätst, wirst du verstoßen. Diese Drohung war es, die schließlich das gesamte Verhältnis zu seiner Mutter vergiftet habe. »Im übrigen«, fügt er hinzu, »kenne nur ich diese Geschichte. Mein Bruder erinnert sich nicht an sie und war ganz erstaunt, als ich sie ihm neulich erzählte. Was ja die Frage aufwirft, ob sie überhaupt stimmt.«

Die Geburt des Helden. In den Gerichtsakten über die Scheidung steht auch das Datum des letzten Geschlechtsverkehrs. Als er heimlich, ohne daß es seine Mutter wußte, in ihnen blätterte, fand er dieses Datum, rechnete nach und stellte fest, daß er sozusagen Glück gehabt hatte. Hätte das endgültige Zerwürfnis zwischen seinen Eltern nur ein bißchen früher begonnen, er wäre nicht geboren worden. Ein seltsamer Gedanke.

Über die Zeit der Schwangerschaft erzählte die Mutter Schlimmes: über die Streitereien mit ihrem Mann, über ihre Tränen, ihre Krankheiten, ihre Einsamkeit. Irgendwann habe ihr Mann, sein Vater, dann vorgeschlagen, das Kind doch abzutreiben. Da wußte ich, es war aus, sagte die Mutter später. Sie habe das heftige Drängen des Mannes abgewehrt und ihre Schwangerschaft, trotz aller Schwierigkeiten, zu Ende geführt.

»Sie hat mir also, schon bevor ich auf die Welt kam, das Leben gerettet«, sagt der Sohn, »ich will gar nicht erst darüber nachdenken, warum es für sie wichtig war, daß ich das wissen sollte.«

Frühe Bande. Die Mutter erregt sich über die Erziehung ihrer Enkelkinder, die Eltern seien zu nachgiebig; auf jeden Schrei der Kinder werde sofort reagiert: »Wenn ihr früher nicht aufhören wolltet zu schreien, habe ich euch einfach in das dunkle Schlafzimmer geschoben und die Tür zugemacht. Irgendwann habt ihr dann aufgehört.« Nach dem Krieg habe sie in einer Wohung gewohnt, die sehr hellhörig gewesen sei. Ihr Jüngster, zweieinhalb Jahre alt und seine Bewegungsfähigkeiten ausprobierend, sei immer durch die Wohnung gelaufen, so daß die Vermieter darunter in der Wohnung sich häufig beschwert hätten. Da habe sie ihr zweieinhalbjähriges Kind eben einfach tagsüber, wenn man in der Wohnung gewesen sei, an seinen Stuhl gefesselt, damit es nicht herumlaufe. Der Sohn, der sich daran nicht erinnern kann, denkt darüber nach, wie er wohl auf solche Fesselungen reagiert hat. Die Mutter erzählt diese Geschichte ganz unbefangen, lacht ein wenig darüber. »Was hätte ich denn tun sollen«, sagt sie, »ich war ja ganz alleine.«

Sehnsucht. Freundinnen, mit denen sie hätte Kaffee trinken oder ausgehen können, hatte die Mutter kaum. Arbeiten mußte sie nicht, ein Hobby hatte sie nicht: Sie war immer da. Abends gingen alle früh ins Bett, im Winter besonders früh, um Kohlen zu sparen. Vorher saß man herum. Es gab Hörspiele im Radio: »Zeit der Schuldlosen« etwa oder »Paul Temple...« (und der Fall – Soundso), jede Woche gab es eine neue Folge. Sonst klassische Musik. Die Mutter nähte oder bügelte dabei, manchmal legte sie eine Patience oder las in einem Buch. Er machte noch seine Schularbeiten oder übte für die Klavierstunde. Er weiß noch, wie er die anderen Kinder aus der Klasse darum beneidete, daß sie Eltern hatten, die abends manchmal weggingen, ins Theater, zum Essen oder zu Freunden. Die Kinder waren dann ganz allein zu Hause, und er stellte sich vor, wie himmlisch das sein müßte. Wenn sie doch einmal irgendwo hinginge, dachte er oft. Einen Vater, so erzählt er heute, habe er sich damals hauptsächlich deswegen gewünscht, weil der ihn doch manchmal von der Mutter befreit hätte.

Smoke gets in your eyes. Oft waren sie, sein Bruder und er, unter der Obhut der Großmutter, wenn sich die Mutter im Krankenhaus aufhielt. Diese Zeit nutzte der große Bruder, um das zu tun, was er sonst nicht durfte: Er lud Freunde und Freundinnen ein, um Parties zu feiern, bei denen viel getrunken, getanzt und geraucht wurde. Am frühen Morgen nach einer solchen Partynacht, die Wohnung lag noch in wüstem Durcheinander, fand der Jüngere, er war dreizehn, auf einem Tisch eine halbvolle Zigarettenschachtel und rauchte dann seine allererste Zigarette, genußvoll und mit leichter Benommenheit. Auf dem neuen Dual-Party-Plattenspieler hörte er Billy Vaughns »Wheels«. Er kann sich noch heute an die leichte Berauschtheit bei dieser Mischung aus Musik, Nikotin und überhaupt Verbotenem erinnern und an das Schuldgefühl, das ihn dann überkam: daß es nämlich gemein sei, sich solchen Freuden hinzugeben, während die Mutter doch ahnungslos und leidend im Krankenhaus liegt.

Olet – non olet. Er war zum Einkaufen geschickt worden und hatte etwas von dem Wechselgeld für sich zurückbehalten, um sich Maoams zu kaufen. Die Mutter hatte wohl etwas gemerkt, ihn gefragt, ob das denn auch wirklich alles Geld sei, was er zurückerhalten habe, und er hatte das bejaht. Die Mutter interessierte sich dann nicht weiter dafür. Er aber, so erzählt er später, sei wochenlang von dramatischen inneren Kämpfen heimgesucht worden, in denen er sich immer wieder die Verderbnis beschworen habe, die ihm nun drohe, da er zum ersten Mal seiner Mutter die Unwahrheit gesagt habe. Bei seinem stummen Nachtgebet habe er abends im Bett den lieben Gott um Vergebung angefleht; und deutlich sei ihm diese Lüge als Anfang einer kriminellen Karriere erschienen. Nur die Wahrheit, die seine heimliche Qual hätte beenden können, die habe er seiner Mutter nicht gesagt.

Innen und außen. Eine wichtige Rolle im Leben der Familie spielte die Verdauung, genauer: die Verdauungsstörungen der Mutter. Kurz nach der Scheidung hatte sie sich ein Darmleiden zugezogen, unter dem sie dann ihr ganzes Leben lang litt. Die Sache war sehr geheimnisvoll, denn es gab keinen Namen für diese Krankheit; niemand wußte, wo genau die Ursachen für sie lagen. Die Ärzte zuckten die Schultern und benutzten die Adjektive »nervös« oder »funktionell«, die das Leiden für alle Grade der Gefährlichkeit offenhielten. Periodenweise, wenn es ihr besonders schlecht ging, wurde die Mutter von der Panik erfaßt, es könne ein Krebs sein, den die Ärzte nur nicht entdeckt hätten. Sie lief dann aufgeschreckt durch die Wohnung oder legte sich auf das Sofa und tastete ihren Bauch nach versteckten Geschwulsten ab. Erst ein erneuter Gang zum Arzt brachte kurzfristige Beruhigung.

Der Sohn nahm an den komplizierten Abführritualen, die aus dieser Krankheit folgten, in vielerlei Weise teil. Nicht nur, daß stundenlang das Klo versperrt war und man von draußen die Mutter über Schmerzen klagen hörte. Meist ging dann irgendwann die Türe auf und die Mutter, in herabhängenden alten Unterhosen, schlurfte in die Küche, um sich heißes Wasser für ein Klistier zu bereiten. Dieser schlurfende Körper in den unförmigen Unterhosen, die überall herumstehenden Klistierspritzen, die Salben, mit denen alles eingecremt und glattgemacht werden mußte, diese ganze koprophile Atmosphäre hat für lange Zeit das Bild seiner Mutter bestimmt.

Ebenso schlimm wie die schmerzhaften Verstopfungen waren die plötzlichen Durchfälle. Ganz ohne Vorwarnung, auf friedlichen Spaziergängen, mußte die Mutter plötzlich und unaufhaltsam. Sie kniff dann die Beine zusammen, panisch wurde ein Busch gesucht, hinter dem sie verschwinden konnte. Der Sohn stand dabei und wußte nicht, wohin er blicken sollte. Zumal wenn andere Leute vorbeigingen, versuchte er, ganz besonders beiläufig zu wirken oder ihren Blick von der in der Regel nur schlecht versteckten Mutter abzulenken oder überhaupt so zu tun, als sei er nur ganz zufällig an diesem Ort. Andererseits störte das wiederum sein Gewissen, daß er sich so von seiner Mutter, die ja in wirklicher Bedrängnis war, distanzierte, und er schämte sich seiner Scham.

Erstaunlich war, daß der Sohn, kaum war er in der Pubertät, anfing, unter den gleichen Verdauungsstörungen zu leiden wie seine Mutter. Das gab ihr die besten Gelegenheiten, sich hingebungsvoll um ihn zu kümmern, ihn nach den Details seiner Darmtätigkeiten auszufragen und ihm ihre Klistiers als Allheilmittel aufzudrängen. Erst als er fünfzehn war, konnte er sie endlich davon abbringen, ihn bei entsprechender Gelegenheit sich über den Badewannenrand beugen zu lassen und ihn mit der Gummispritze zu traktieren. Dabei wußte er nie ganz genau, wie er diese Fürsorge finden sollte, abscheulich oder prickelnd angenehm.

Der Bruder, das Vaterkind, blieb von Darmleiden verschont und damit auch von dieser Art des mütterlichen Interesses.

Durch die Wälder, durch die Auen. Er sagt, es sei der schönste Sommer seines Lebens gewesen, aber wenn man nachfragt, weiß er schon nicht mehr genau, welcher es war und ob er nicht vielleicht in der Erinnerung mehrere Sommer zu einem verschmelzen läßt. Jedenfalls war es sehr heiß, und Mutter und Sohn – er war damals vielleicht acht Jahre alt – standen schon sehr früh auf, um vor der Tageshitze in den umliegenden Wäldern zu wandern. Nie mehr später, so sagt er, habe er so beglückende Wanderungen gemacht. Die Luft war klar, zu so früher Stunde waren noch keine Leute unterwegs, und noch nie waren beide so weit in die Wälder vorgedrungen wie damals. Es gab da einsame sonnenbeschienene Lichtungen, auf denen sie sich niederließen und die mitgenommenen Butterbrote aßen. Manchmal sah man ein Tier: einen Hasen, ein Reh, es gab unvermutete Abhänge, plötzlich ganz dunkle und von jedem Geräusch abgeschirmte Tannengebiete. Die Mutter war glücklich, sie sang: »Alle Birken blühen in Moor und Hain« und »Schwarzbraun ist die Haselnuß«, sie erzählte von den vielen Ausflügen, die sie früher, bevor sie geheiratet hatte, mit Kolleginnen gemacht hatte. Und weil die Mutter so glücklich war, war er es auch.

Nachmittags lagen sie im Liegestuhl auf dem Balkon. Und wenn es klingelte und ein Schulfreund vor der Tür stand, ließ er sich von seiner Mutter verleugnen (die das auch ohne weiteres tat), weil er mit ihr allein sein wollte.

Sonntags Kino. Jahrelang, so erinnert er sich, nahm seine Mutter ihn am Sonntag nachmittag mit in das Vorstadtkino, die »Schauburg«, in die Drei-Uhr-Vorstellung. Die Mutter, die mit der Leere der Zeit kämpfte, suchte hier in der Kinodunkelheit nicht nur Ablenkung, sondern auch all das, was ihr die Wirklichkeit vorenthalten hatte. Und er ging gerne mit, freute sich darauf, daß der Kinosaal im Dunkel versank (daß das Licht so langsam ausging, machte ihn immer wieder ein bißchen glücklich) und daß dann die Fanfaren von »Fox tönender Wochenschau« oder »Blick in die Welt« ertönten. Er sah meist Filme, die er kaum verstand. Fast die gesamte deutsche Produktion jener Jahre muß an ihm vorbeigezogen sein, in der Erinnerung zusammengeschrumpft auf einen Bilderbogen aus schönen Landschaften und fröhlichen Menschen.

Genauer erinnert er sich an die »Trapp-Familie«: die beherzte Mutter (die auch noch schön war), die vielen Kinder, die glanzvollen Auftritte als Familienchor. Das Kino war besetzt bis auf den letzten Platz, und die Mutter weinte ein bißchen bei der Hochzeitsszene und am Ende des Films. Er weinte ein bißchen mit, und von da an war Ruth Leuwerik seine Lieblingsschauspielerin, von der er sich später ein Foto kaufte. »Ferien am Wörthersee«, »Königswalzer« oder so ähnlich hießen die Filmträume seiner Mutter, die er mitträumte. Und er malte sich aus, daß das Leben in der Zukunft, die auf ihn wartete, mit Wesen wie O. W. Fischer, Dieter Borsche oder Sonja Ziemann angefüllt sei. Nach dem Kino distanzierte sich die Mutter zwar ein bißchen von dem »Kitsch«, den sie gesehen hatten, aber daß diese Kinobesuche sich immer wiederholten, lehrte ihn, daß es da um andere Wahrheiten ging als um die, die sich mit diesem Wort sagen ließ.

Er behauptet heute, daß alle seine späteren Vorstellungen und Gefühle über Männer und Frauen, Liebe und Familie, Arbeit und Tod im wesentlichen aus der deutschen Filmproduktion der fünfziger Jahre stammten. Und diese Macht über ihn hatte das Kino nur gewinnen können, weil seine Mutter diese gesamte Leinwand-Märchenwelt so widerspruchslos übernahm, vielleicht weil es ein Abbild dessen war, was sie immer gesucht hatte und für das sie genauere Formulierungen nicht fand, weil sie es nicht kannte.

Schuldige Kinder. Die Mutter neigte zu seltenem, aber heftigem Jähzorn. Die Kinder hatten sie geärgert, und sie, in der Regel eine nüchterne und emotionslose Frau, schrie dann plötzlich los und warf mit Dingen um sich, die sie gerade in die Hand bekam. Der Bruder wurde einmal von einem Handfeger am Kopf getroffen und mußte, weil die Wunde nicht aufhörte zu bluten, zum Arzt. Exzessiv waren auch Bestrafungsaktionen mit dem Teppichklopfer, mit dem sie wild auf die schreienden Kinder eindrosch. Schlimmer aber als solche Wutanfälle waren die leiseren Verzweiflungen, die in grenzenlosen Selbstanklagen mündeten und damit endeten, daß die Mutter sich ihren Mantel überwarf und aus der Wohnung rannte mit den Worten: »Ich häng mich auf.« Die Kinder nahmen das zuerst nicht ernst; aber je länger die Mutter wegblieb, desto schweigsamer wurden sie und malten sich, jeder für sich, aus, wie die Mutter kalt und einsam im Regen an einem Baum hing. Zerknirschungen waren die Folge, qualvolle Reue über das, was man da an Verfehlung begangen hatte, Angst vor der schrecklichen Möglichkeit, die sie angedroht hatte, die man sich eine Zeitlang noch mit guten Argumenten auszureden versuchte, die jedoch, je länger die Ungewißheit dauerte, immer mehr in sich zusammenbrachen.

Zum Schluß wurden die Kinder von einer stillen Panik gepackt, und hektisch und hilflos dachten sie darüber nach, was denn zu tun sei. In der Regel kam die Mutter dann, nach diesem Verzweiflungshöhepunkt der Kinder, spät abends nach Hause, lachte flüchtig über die Sorgen, die sie sich gemacht hatten, und berichtete beiläufig, daß sie bei einer Bekannten aufgehalten worden sei: Sie habe doch das Recht, auch einmal alleine auszugehen. Mit zunehmender Wiederholung durchschauten die Kinder natürlich die Inszenierung. Die Angst aber, es könnte doch vielleicht gerade dieses Mal alles ernst gemeint sein, verließ sie nie.

Bettgeflüster. Als er vier Jahre alt war, wurde sein Kinderbett mit großen weißen Gitterstäben, zwischen denen man die Teddybären festklemmen konnte, an eine Cousine verschenkt. Er weinte einen ganzen Abend lang, als die fremden Menschen sein Bett abholten. Von da an mußte er in der freien Hälfte des Ehebetts schlafen, erst elf Jahre später wechselte er in ein eigenes Zimmer über. Schnell entwickelte sich zwischen seiner Mutter und ihm, beide gingen immer gleichzeitig ins Bett, ein Einschlafritual, das über die Jahre hinweg zwar variiert, aber in den Grundzügen beibehalten wurde: Die Mutter streckte ihre Hand aus, er ergriff und liebkoste sie, und beide einigten sich schnell darauf, daß diese Hand eigentlich ein Hund sei, den sie »Fiffi« nannten. Er durfte also vor dem Einschlafen immer mit Fiffi spielen, durfte ihn streicheln, sich von ihm beißen lassen, selber hinter ihm herlaufen bis zum Körper der Mutter hin. Er sagt, daß das alles sehr zärtliche Spiele gewesen seien, weiß aber nicht mehr, worin genau sie denn bestanden haben und wieso für Liebkosungen zwischen Mutter und Kind ein solcher Deckname nötig gewesen sei. Vielleicht habe es da abends im Bett doch noch interessantere Körperberührungen gegeben, die nur durch die Auflösung in eine Spielszenerie unverfänglich gewesen seien.

Weil sie ein gemeinsames Schlafzimmer hatten, sah er seine Mutter regelmäßig nackt. Er erinnert sich nicht daran, sich besonders für ihren Körper interessiert zu haben. Nur, so erzählt er, habe er später einmal eine Frau gekannt, mit der habe er nicht schlafen können, weil ihn deren Brüste schlagartig an die seiner Mutter erinnert hatten. Als er in die Pubertät kam, hütete er sich, selber nackt vor der Mutter zu erscheinen; sie sollte nicht sehen, was da an ihm wuchs. Die Bett-Abende wurden befangener; es gab komplizierte Verrenkungen beim gemeinsamen Ausziehen, denn die Mutter sollte auch nicht denken, er habe da etwas zu verbergen. Vor dem Einschlafen onanierte er dann eine Zeitlang regelmäßig, ängstlich zur Mutter hinhorchend, die hoffentlich schon fest schlief, und ihre regelmäßigen Atemzüge ausforschend und sorgfältig darauf bedacht, ja keine Geräusche zu machen.

Mensch ärgere dich nicht. Heute wundern sich seine Freunde, daß er keine Kartenspiele, Würfelspiele beherrscht. Als er Kind war, so sagt er dann, habe das nie jemand mit ihm gespielt. Die Mutter, zum Spielen aufgefordert, lehnte das regelmäßig ab. Sie sei zu krank, zu nervös, zu erschöpft, sagte sie und zog sich leidend in ihren Sessel und hinter ein Buch zurück. Manchmal sprang dann die Großmutter ein, offensichtlich eher aus familiärem Pflichtgefühl heraus als aus Spaß an der Sache. Sie hörte dann auch schnell wieder auf.

Die Mutter beschäftigte sich auf andere Weise mit ihren Kindern. Mit dem älteren Sohn paukte sie lateinische Vokabeln, weil der zur Schule keine Lust hatte. (Auf diese Weise, so erzählte sie später ein bißchen stolz, habe sie im Erwachsenenalter noch Latein gelernt.) Mit dem jüngeren Sohn gab es solche Schwierigkeiten nicht; dafür ging sie mit ihm täglich nachmittags spazieren und redete dabei auf ihn ein, erzählte die immer gleichen Geschichten aus ihrer unglücklichen Ehe und über die Charakterlosigkeit seines Vaters, so, als müßten all diese vergangenen Probleme jetzt noch einmal gelöst und diese Lösung auch noch einmal gerechtfertigt werden. Anfangs erzählte auch er ein bißchen, aus der Schule, von den Freunden, mit der Zeit verstummte er, weil die Muter sich dafür nur wenig interessierte und seine Geschichten vor ihren dramatischen Erzählungen auch zu Nichtigkeiten schrumpften.

Ohrwurm. Er hat, so sagt er, seine Mutter immer nur leidend, verzweifelt, ängstlich in Erinnerung. Das erste prägnante Bild von ihr, das sein Gedächtnis aufbewahrt hat, zeigt sie in Tränen bei der Rückkehr von ihrem Scheidungstermin. Er sieht ihre verschwimmenden Gesichtszüge, ihre niedergeschlagene Haltung: Sie hat, was ganz selten vorkam, die Haare onduliert und ihr grüngelbes Jäckchenkleid an, in dem sie etwas streng aussah und das nur zu bedeutenderen Anlässen getragen wurde.

Er erinnert sich an seinen Versuch, sie zu trösten über ein Ereignis, das er nicht recht begriff, denn der Vater, von dem sie sich da hatte scheiden lassen, war eine abstrakte Figur; er kannte ihn kaum. Er war damals fünf.

Er wurde zum Begleiter ihrer Krankheiten, ihrer Sorgen, ihrer Paniken, die sie alle nur ihm anvertraute, weil sie mit seinem älteren Bruder ja innerlich gebrochen hatte. Mit der Zeit kannte er sich im Seelenleben seiner Mutter bestens aus, wußte ziemlich genau, an welchen Stellen er was zu sagen und zu tun hatte. Die Mutter reagierte auf seine wachsende Einfühlungsgabe mit einer Art Auszeichnung: Sie erzählte allen Leuten, wie gut sie sich doch mit ihm verstünde. Darauf war er stolz. »Als alle anderen ihre Kindheit erleben durften«, so kommentiert er das heute, »wurde ich in die inneren Widersprüche einer am Leben verzweifelnden Frau hineingezogen. Sie sprach mit mir wie mit einem Ehemann, ich hatte Ratschläge zu geben an Stellen, die ich gar nicht überblicken konnte.« Aber es ging ja auch gar nicht um die Qualität dieser Ratschläge. Sie suchte in ihrer Einsamkeit ein Ohr, das ihr zuhörte, und fand in ihrem Kind jemanden, dessen Existenz daran hing, das gut zu machen.

Als seine Mutter zum ersten Mal in langandauernde Depressionen verfiel, war er zwölf. Mit dem, was da auf ihn zukam, hatte er nicht gerechnet. Die beklemmenden Schweigsamkeiten, die grundlosen Panikanfälle, das irre Getriebensein bei allen Beschäftigungen: das alles verstand er nicht. Er versuchte, so gut es ging, sich auf ihr rätselhaftes Verhalten einzulassen und ihr weiter der mitleidende Lebenspartner zu sein, merkte aber bald, daß sein Trost sie häufig nicht mehr erreichte. Er fühlte sich von der neuen Situation überfordert und zugleich angezogen.
 Denn das Wort »Psychiatrie« löste in ihm nicht nur

Schrecken aus. Er erinnert sich, daß er ein Fehlen in der Schule einmal bei dem Lehrer damit entschuldigte, daß er seine Mutter »in die Psychiatrie« habe begleiten müssen und daß dieses Wort in dem Moment, wo er es ausgesprochen habe, einen Kitzel für ihn gehabt habe, als sei es ein Codewort für eine geheime innere Größe.

Eine Standarderklärung, die ihn zu immer neuen Anstrengungen für seine kranke Mutter antrieb, bestand darin, daß er selbst irgendwie schuld am Leiden seiner Mutter habe: Er müßte sie noch mehr lieben, sich noch mehr um sie kümmern, ihr noch mehr folgen: Dann würde gewiß alles gut.

Je älter er wurde, desto mehr verfiel er selber in depressive Stimmungen, als könne er nur durch Angleichung an die Mutter die Nähe zu ihr aufrechterhalten. Er erinnert sich heute noch an den Schrecken, der ihn erfaßte, wenn sich bei ihr ein neuer Angstschub ankündigte. Das war dann wie ein Strudel, in den er mit hineingerissen wurde und in dem er keinen Halt finden konnte. Er fühlte sich schuldig und verantwortlich der Mutter gegenüber und zugleich ausgelaugt und aufgefressen und sah überhaupt keine Chance, dem zu entkommen.

An dem Tag, als er – schon lange Student – zu seiner Freundin in eine andere Stadt ziehen wollte, brach die Mutter in einem heftigen Angstanfall zusammen und wurde in die städtische Psychiatrie eingeliefert. Er fuhr trotzdem ab, nicht ohne unentwegt aus der anderen Stadt mit ihr zu telefonieren. Da bekam er zum ersten Mal eine Ahnung davon, daß sie auch ohne ihn weiterlebte und er auch ohne sie.

»Eigentlich«, so sagt er, »haben diese Nähe und Intimität unser Verhältnis auf Dauer zerstört. Von irgendeinem Zeitpunkt an habe ich nichts mehr so sehr vermieden wie ein persönliches Wort, als könne auch nur die leiseste Andeutung eines Gefühls die Seele freilegen und schutzlos machen für ihren überwältigenden Zugriff.« Aber auch der Mutter scheint es so zu gehen. Wenn er sie heute zur Begrüßung küßt, merkt er, wie sie zusammenzuckt und zurückschreckt, als enthielte schon dieses konventionelle Ritual ein Zuviel an Berührung und eine zu große Nähe zu einem zu großen Schmerz.

Über das Grab hinaus. Heute leben sie weit voneinander entfernt in verschiedenen Städten. Regelmäßig ruft er am Sonntagmorgen bei ihr an; sie plaudern dann über alltägliche Dinge und sind offenbar beide froh darüber, daß das gut gelingt. Er besucht sie ein paarmal im Jahr, wird aber nach ein paar Stunden unruhig und will wieder weg. Die Besuche sind also kurz, auch das finden beide in Ordnung. Neulich sagte sie ihm am Telefon, wenn sie stürbe, wolle sie anonym bestattet werden, es kümmere sich ja sowieso niemand um ihr Grab. Das hat ihn erschreckt, nicht so sehr des Vorwurfs wegen, sondern weil dieser Wunsch, von der Welt zu verschwinden und keine Spuren zu hinterlassen, die Wahrheit über ihre Beziehung ausdrückt, die wie immer unbewußte Einsicht, daß es eine familiäre Nähe in ihrem Leben nicht gegeben hat.

Robert Gernhardt

Happy birthday

☆☆☆

Wolfgang Welt

Abschied von der Trümmerfrau

Jeden Morgen, wenn ich von der Nachtschicht nach Hause komme, sitzt meine Mutter im Bademantel in der Küche und studiert die Todesanzeigen oder löst das Kreuzworträtsel in der *WAZ*. Die anderen Seiten der Zeitung überfliegt sie nur. Manchmal, nach dem Ableben eines Prominenten, bring ich ihr eine *Bild* mit. In die *taz*, die ich abonniert habe, hat sie erst zweimal reingeguckt – als Stories von mir drinstanden.

Sie hat mir zwei Joghurts, mein Frühstück, auf den Tisch gestellt. Tausendmal hab ich ihr gesagt, daß sie deswegen nicht aufzustehen brauche. Aber sie läßt sich das nicht nehmen, weil ich nach einer halben Stunde zum Schlafen auf meine Mansarde gehe und sie wenigstens ein bißchen von mir haben will. Dann erledigt sie die Hausarbeit, von der ich vollkommen befreit bin, oder sie geht einkaufen. Manchmal häkelt sie. Ihre Gardinen sind bei der Verwandtschaft begehrt. Für meine Schwester und deren Mann kocht sie mit.

Nach einem Mittagsschläfchen geht sie mit einer etwas älteren Nachbarin zum Friedhof, um das Grab meines Vaters zu pflegen. Fast jeden Tag ist sie da. Wenn es regnet, bleibt sie zu Hause. Sie sieht selten fern. Hans Meiser mag sie als Mann, aber nicht seine Sendungen, von Ilona Christen ganz zu schweigen, da ist ihr Fliege lieber, weil der am sachlichsten ist. Meistens liest sie nachmittags jedoch die Klatschzeitungen, die ihr eine etwas jüngere Nachbarin überlassen hat. Sie hat den nötigen Abstand zu diesen Blättern. Ihre Lektüre ist eine genauso dumme Angewohnheit wie das tägliche »Glücksrad«-Gucken. Damit sie mal auf andere Gedanken kommt, hab ich ihr neulich einen Roman von Ulla Berkéwicz in die Hand gedrückt. Sie hat ihn auch gelesen und sich gewundert, wieso die Autorin so gut übers Dritte Reich Bescheid weiß: »Die ist doch höchstens so alt wie du.« Ich antwortete: »Das weiß die alles von ihrem Mann. Der ist mindestens so alt wie du.«

Auch meine Mutter hat ihre Jugend während der Hitler-Zeit durchlebt. Schlimmer noch sei die Zeit vorher gewesen, als der Vater arbeitslos war und die Familie hungern mußte. Im BdM durfte sie nur hinterherlaufen, weil ihr Vater, ein in sich gekehrter kommunistischer Bergmann, keine Uniform für sie kaufen wollte.

Ihr Pflichtjahr leistete sie bei Verwandten in einer Bahnhofsgaststätte ab, wo sie nach Strich und Faden ausgebeutet wurde. Danach, schon im Krieg, absolvierte sie ihre Lehre im Kaufhaus Kortum, das fünfzig Jahre später als Kulisse für »Bellheim« dienen sollte. Hier, sagt sie, habe sie viel fürs Leben gelernt, und man merkt ihr an, wie gerne sie von der Zeit erzählt.

Zweimal in der Woche ging sie damals ins Kino. Die alten Darsteller kennt sie alle noch, wenn sie heute in alten Streifen im Fernsehen auftauchen. Ihre Lieblinge waren nicht die gängigen Stars Hans Albers und Heinz Rühmann, sondern eher subtilere Charaktere wie Heinrich George, Ernst von Klipstein und Carl Raddatz.

1944 wurde sie dienstverpflichtet in einen kriegswichtigen Betrieb, wo sie für die russischen Zwangsarbeiter kochen mußte. Den Krieg beendete sie als Funkerin in Schleswig-Holstein. Als der Führer starb, mußte sie heulen. Zu Fuß lief sie nach Bochum zurück.

Sie fing auf der Zeche Bruchstraße in der Küche an. Ihre Gefühle waren wohl etwas verwirrt. Kein Wunder in jener Zeit. Jedenfalls verlobte sie sich erst mit jemand anderem, bevor sie meinen Vater heiratete. Bald darauf wurde mein Bruder geboren. Von da an ging sie nicht mehr zurück ins Berufsleben.

Ich kam als zweiter Sohn auf die Welt und sollte eigentlich ein Mädchen werden (eine Annegret). Doch ich hatte nie das Gefühl, unerwünscht zu sein. Ganz im Gegenteil, meine Mutter schickte mich nicht in den Kindergarten, weil sie mich immer um sich haben wollte. Auch dann noch, als meine Schwester als Nachkömmling kam.

Meine Mutter litt darunter, daß ihr Mann auch mit dem Sportverein verheiratet war. Zwar war er kriegsversehrt und konnte nicht mehr aktiv Fußball spielen, machte sich aber im Vorstand unersetzlich und verbrachte viel Zeit bei Sitzungen. Auf'm Pütt, wo mein Vater als Lohnbuchhalter arbeitete, wurde immer gesoffen, vom Betriebsführer abwärts bis zum letzten Schlepper. Meine Mutter haßte den Fußball. Sie weiß bis heute nicht, obwohl auch ihre beiden Söhne Fußballer wurden, was »abseits« ist. Trotzig meint sie: »Das wußte die Frau Herberger auch nicht.«

Richtig glücklich wurde die Ehe meiner Eltern erst, als mein Vater pensioniert wurde und nur noch als einfacher Zuschauer zum Sportplatz ging. Das waren noch schöne fünfzehn Jahre.

Ich hatte mich leider nicht so entwickelt, wie sie sich das gewünscht hatten. Meine Schulzeit verlief problemlos, und meine Mutter ging nie zum Elternsprechtag. Ich machte ihr da wenig Sorgen. Sie brauchte mich nur schief anzusehen, und schon kuschte ich. Über Sex sprachen wir damals nie, und ich klärte mich durch Oswald Kolle auf, den jede Woche der Lesezirkel ins Haus lieferte.

Ich fing spät an zu ficken. Natürlich erzählte ich nichts zu Hause davon. Und meine Mutter fragte mich auch nicht danach, ob ich mit der und der ins Bett ging. Aber ich hatte nicht so viele Frauengeschichten, vielmehr trank ich als eifriger Fußballer eine Menge mit den Kameraden. Nicht nur deshalb ging mein Studium in die Binsen. Ich glaub, das Studium, das für mich geeignet ist, gibt es nicht, wie spätere Fehlversuche zeigten. Statt dessen träumte ich davon, Schriftsteller zu werden, nachdem ich Hesse und Handke gelesen hatte, ich wußte aber nicht, worüber ich schreiben sollte.

Natürlich traf mein Abrücken vom normalen Weg meine Mutter wie ein Schlag. Sie hat mir aber nur kurz Vorwürfe gemacht und auch schweigend ertragen, daß ich erst mal Schallplattenverkäufer wurde.

In diese Zeit fielen meine ersten Veröffentlichungen in dem damals noch kleinen Ruhrgebietsmagazin *Marabo*.

Ich freute mich natürlich riesig, und sie war wohl auch etwas stolz.

Nach zweieinhalb Jahren im Laden bekam ich einen Koller und provozierte meine Kündigung. Auch das erduldete meine Mutter mit Gleichmut. Obwohl ich knapp bei Kasse war, nahm ich mir bei einer Bekannten ein Zimmer. Es war das erste Mal, daß ich richtig von zu Hause fortzog. – Ich war nun schon 28. Trotzdem heulte meine Mutter ein Stückchen.

Mittlerweile war ich Musik- und Literaturredakteur beim *Marabo* geworden und dauernd unterwegs. Ich schrieb jetzt auch für überregionale Blätter wie *Sounds* und *Musik Express*. Nebenbei arbeitete ich schwarz als Diskjockey. Ich war total hektisch und fickte viel rum. Ich nahm kräftig ab, obwohl ich keinen Fußball mehr spielte. Illegale Drogen hab ich nie genommen, sonst wär ich schon mit zwanzig unterm Torf gewesen.

Es hat nicht lange gedauert, und ich war so pleite, daß ich zurück zu meinen Eltern ziehen mußte. Meine Mutter war's zufrieden. Selbstverständlich übernahm sie meine Schulden bei der kleinlichen BfG.

Ein Jahr später stand ich auf und dachte, aus meinen Eltern seien Herbert Wehner und Marilyn Monroe geworden. Auf einmal war ich verrückt geworden und mußte nach einigen Slapsticks in die Psychiatrie. Meine Mutter war natürlich fertig, aber sie ließ es mich in der Klinik nicht fühlen. Ich kann mir vorstellen, daß sie abends im Bett geweint hat. Andererseits machte ich ihr auch keine Vorwürfe. Man ist ja leicht bei der Hand, psychische Schädigungen der Mutter in die Schuhe zu schieben. Aber ich weiß nicht, wo sie an mir versagt hätte, auch nicht später, als ich einen schweren Rückfall erlitt. Vielleicht war sie zu lieb zu mir.

Ich hätte mich bei ihr für diese Zuneigung gern mit einem Hit bedankt, aber mein Roman *Peggy Sue* verkaufte sich nur 800mal. Immerhin kam das Fernsehen angerückt, und Mutti durfte öffentlich sagen, daß sie es lieber gesehen hätte, wenn ich Lehrer geworden wäre. Ich hab aber keine Schuldgefühle deshalb, höchstens, daß ich mit meinem Opus magnum noch nicht fertig bin, das ich ihr gerne präsentieren möchte, bevor sie mich für immer verläßt. Damit sie sieht, daß ich doch auf dem rechten Weg bin.

Irgendwann einmal hat meine Mutter gesagt, sie würde gerne hinter mein Geheimnis kommen, solange sie noch lebt. Ich weiß nicht, was das sein soll. Vielleicht schreibe ich darüber in meinem nächsten Buch.

Heute, nach dem Tod meines Vaters, bin ich der Herr im Haus, auch wenn ich als Nachtwächter tagsüber meistens schlafe. Gekocht wird, was ich gerne mag. Manchmal gehe ich mit zum Friedhof. Ein besonderes Fest ist für uns beide, wenn ich mal frei habe und wir in den Ruhrpark einkaufen fahren. Da spendiere ich Espresso und Cappuccino bei Tchibo. Darüber hinaus drücke ich eine eher symbolische Summe als Kostgeld ab. Die größte Freude bereite ich ihr, wenn wir zusammen irgendwo essen gehen. Daß ich, solange sie lebt, noch mal wegziehe, kommt nicht in Frage, zumal ich keine Freundin habe, die mich drängt.

Gegen neun Uhr abends geh ich zur Arbeit. Sie guckt irgendwas im Fernsehen. Nur keine Gewalt oder Sex. Sie will sich nur berieseln lassen. Bald geht sie ins Bett, aber nie, ohne mir vorher zu sagen: »Kämm dich!« Ich bin 42.

Ernst Kahl

KINDER WERDEN IMMER GRAUSAMER
WAS BISHER GESCHAH:
ALS BRUNOS VATER GESTORBEN WAR, EIN STARKER MANN, VOR DEM ER IMMER GROSSE MANSCHETTEN HATTE, KAM FÜR BRUNO DER TAG DER RACHE.
DENN SEINE MUTTER WAR ALT UND KRANK
ER DURFTE FRÜHER NIE RAUCHEN
Und ich durfte auch nicht in die Schule
Da hättest du auch nix gelernt, hust, hust
Und Bäcker durfte ich auch nicht werden
Aber du hattest es doch gut bei uns, krächz, hust

Und Susi durfte ich auch nicht heiraten
Die war auch nix für dich, mein Kind
Jetzt bist du still, nicht?
Mhh! Mhhh!!
Ihr habt aus mir 'n Wrack gemacht, huh, huh!
Und das ist nun der Dank

Und jetzt wirst du leiden. Das versprech ich dir!
Mhh! Mhhh!
Vorfreude ist die schönste Freude
Mhh! Mhhhh! Mhhhh!!
Ha, ha, das wird hart für dich, Mutti
Mhhh! Mhhh!!!

Eins, zwei, drei
Ich mag da gar nicht hingucken
Plorr
Oh, Gott!
Bröarrr
Auch das noch!

EINEN TAG SPÄTER......
Mhhh! Mhhhh!!
ZWEI TAGE SPÄTER.....
Ich krieg langsam Hunger
DANN LÄUTETE DIE TÜRGLOCKE
PLING PLONG
Mhh! Mhhh!
UND DANN WAR'S WIEDER STILL

Götz Dahlmüller

Eins zwei drei und du bist frei

Die Grundversorgung jedenfalls hat geklappt, Mutter. Selbst in den schlechten Zeiten ließest du mich nicht darben. Alles vom Munde abgespart. Auf daß der Stammhalter groß und stark werde! Der schlechte Esser. Immer nur rein mit der Butter, der Milch, dem Haferschleim, dem Lebertran!

Manchmal kam's wieder raus. Manchmal mußte die Oma ran. Ein Genrebild: die Oma, ich und der Warmhalteteller. Ein Löffel für die Mama, ein Löffel für den Papa, ein Löffel für die Oma, ein Löffel für Onkel Kurt, ein Löffel für Tante Lilly, guck mal, da kommt gleich der Bär raus!

Hier wird gegessen,
was auf den Tisch kommt!

Lieber mochte ich die Oma beim Stopfen. Ein paarmal in der Woche kam sie zu uns, um sich durch Stopfen, Flicken und Nähen das Mitessen zu verdienen. Bei uns mußte man sich nämlich alles verdienen.

Ohne Fleiß
kein Preis!

Beim Stopfen hat mir die Oma viele Märchen erzählt. Sie hat mit mir alle Volkslieder, die sie kannte, unendlich viele Lieder gesungen. Geschichten gab's bei uns sonst nicht. Lieder nur zu Weihnachten. Bei uns gab's in erster und zweiter Linie DAS GESCHÄFT. Von der Oma hab' ich auch viele Sprüche gelernt.

Morgen, morgen, nur nicht heute,
sagen alle faulen Leute.

Noch mehr Sprüche hab' ich allerdings von dir, Mutter. Jedenfalls hast du mich und Vater gut durchgebracht. Durch die schlechten Zeiten und durch die besseren. Du warst Eintopf-Künstlerin. Du warst Weltmeisterin im Verlängern nicht aufgegessener Speisen. Deine dicken weißen sämigen Soßen werde ich niemals vergessen. Du hast das Geld zusammengehalten. Du bist morgens alle Märkte abgelaufen und hast alle Preise verglichen, und wenn du Pech hattest, mußtest du hinterher wieder zum Oberbilker Markt zurücklaufen, weil da die Äpfel zwei Pfennige billiger waren. Das Kilo. Zwei Pfennige das Kilo. Deine Sohlen hast du nicht mit eingerechnet.

Wenn es darum ging, für mich neue Schuhe oder Kleider zu kaufen, mußte ich leider mitlaufen. Die Einkaufsstraßen, die elend langen, rauf und runter, von Geschäft zu Geschäft. Wo gibt's die günstigsten Angebote? Sonderangebote? Schnäppchen? Am besten Schlußverkauf!

Wer den Pfennig nicht ehrt,
ist des Talers nicht wert.

Das galt auch in erster und zweiter Linie für Das Geschäft. Das uns ernährt hat. In das du eingeheiratet hast. Ganz unstandesgemäß. Eigentlich hättest du eine höhere hanseatische Tochter werden müssen. Klavier spielen, Abitur machen, eine gute Partie sein. Etwa für den Sohn von Konsul Stolterfoht. Doch dann kam die Inflation dazwischen, die Wirtschaftskrise, Schluß mit dem Klavierunterricht, kein Abitur, nur schnöde Arbeit. »Eigentlich« sollte nicht sein. Du wurdest mit einem rheinischen Bierverleger verkuppelt, der auch kein Abitur hatte, dafür aber ein Haus und Das Geschäft.

Eig'ner Herd
ist Goldes wert.

Das Geschäft: Biergroßhandel, auch Limonade, Mineralwasser und Obstsäfte. Das war euer Leben. Du im Haushalt und im Büro, Schreibmaschine, Schriftverkehr, Telefonate, Rechnungen, doppelte Buchführung und so weiter. Vater im Lager mit seinen Arbeitern, Flaschen reinigend, Bier und Limonade in Flaschen füllend, Lieferantenverkehr, mit dem Lieferwagen unterwegs, mit den Verkaufsfahrern beschäftigt und so weiter.

Das Geschäft war für mich erst einmal Limonade. Die gab's umsonst, die mußte ich mir nicht kaufen, Sinalco, die lernten auch meine Freunde zu schätzen, dafür kamen sie gerne auf den Hof und spielten mit mir. Manchmal gab's beim Spielen Streit, aus unerfindlichen Gründen war immer ich dran schuld, worauf du, Mutter, mich Missetäter in die Küche zitiertest, mir die Hose runterzogst und mit dem Kochlöffel den Hintern verdroschst. – Schwamm drüber, du hast es nur gut gemeint, dein Sohn sollte kein Streithammel werden.

Wer nicht hören will,
muß fühlen.

Das Geschäft war für mich auch sonst interessant. Da war immer was los. Aufregung gab's auch. Eines Tages drohte der erste Verkaufsfahrer dem Vater, in die Gewerkschaft einzutreten. Der Lohn sei zu niedrig. Da ist Vater aber richtig böse geworden: ›Den schmeiß ich raus! Die Gewerkschaft ruiniert uns! Sowieso alles Bolschewisten!‹

Politik
verdirbt
den Charakter.

Auf einmal politische Gespräche nach Feierabend. Ich frage nach. ›Vati war nie in der Partei!‹ ›Wenn du später mal die Sozis wählst, wirst du enterbt!‹ ›Salonbolschewist!‹ ›Unter den Nazis war nicht alles schlecht.‹ ›Hitler hat schließlich die Autobahn gebaut.‹ Und dann dein Spruch, Mutter:

Unter Hitler konnte man
als Frau
abends
allein durch dunkle Parks gehen.

Das Geschäft hat euch beschäftigt. Im Krieg und danach. Es hat euch zusammengeschweißt. Du, Mutter, hast zeitweilig vergessen, daß Vater nur zweite Wahl war. Du hast ihn wohl zeitweilig geliebt. Du hast drei Kinder mit ihm gehabt. Du hast ihn manchmal zärtlich ›Wimm‹ genannt. An Umarmungen oder gar Küsse kann ich mich allerdings nicht erinnern.

Dann begann Vater zu saufen. Du begannst zu lamentieren. Unter vielen ›Szenen‹ hier diejenige, nach der mir dämmerte, daß mich nur eines retten könnte: abhauen. Aber das Abitur lag noch in weiter Ferne. Vater kam besoffen nach Hause und beschimpfte dich. Ich wollte dich verteidigen, stellte mich vor dich und schimpfte zurück. Ich beschimpfte Vater derart unflätig, daß er in sich zusammensackte und keinen Pieps mehr sagte. Du hast mir eine gescheuert, was du immer besser als Vater konntest, und mir befohlen, mich bei Vater zu entschuldigen.

Das hätte ich mir
früher
nicht erlauben dürfen.

Jaja, ich hab's gelernt, ich soll Vater und Mutter ehren, ihr kommt gleich nach dem lieben Gott, Vater und Mutter und dann in gebührendem Abstand die Onkels und Tanten, ich hab' mir euch nicht ausgesucht, am liebsten hätte ich Tante Lilly als Mutter, aber dann müßten wir erst den Onkel Kurt abschaffen und uns einen neuen Vater suchen.

›Du sollst nicht rülpsen!‹
›Vati rülpst ja auch!‹
›Vati rülpst nicht,
Vati macht Bäuerchen.‹

Spät erst habe ich das Spiel durchschaut, Mutter. Ich sollte dein Erlöser sein.

Ich weiß, daß mein Erlöser lebt.

Ich sollte dich von deiner gescheiterten Höheren-Tochter-Karriere erlösen. Ich sollte all das einlösen, was dir entgangen ist. Ich sollte Klavier spielen, Abitur machen, studieren, dann am besten Beamter werden, Nahrungsmittelchemiker wie Onkel Kurt. Dann eine gute Partie an Land ziehen und eine richtig tolle Familie gründen. Deshalb deine Strenge, deine Schläge, du hast es ja nur gut gemeint, aus mir soll was Besseres werden, nicht so ein depperter, versoffener Bierverleger wie Vati, und vielleicht könnte ich ja sogar Vati mit erlösen.

Also los! Aufs Gymnasium, altsprachlich, mit neusprachlichem Zweig für die Doofen, das elitärste, das es in unserer Stadt gab. Das hieß, ich durfte von einem Tag auf den anderen nicht mehr mit Manfred spielen. Manfred mit den tollen Sprüchen, Geheimnissen und Witzen, Manfred, der Organisator aufregender Onkel-Doktor-Spiele, bei einem dieser Spiele hab' ich mein ganzes Spielzeug, viel war's nicht, schlechte Zeit, aber immerhin mein ganzes Spielzeug verschenkt, um bei Gerhild ganz genau gucken zu können, ob sie wirklich kein Kränchen hat. Manfred war Arbeiterkind und deshalb kein Umgang mehr für Gymnasiasten. Hab' ich gemacht. Du sollst Vater und Mutter ehren. Rheinisch durfte ich auch nicht mehr sprechen. Nur noch Hochdeutsch. Hab' ich auch gemacht.

Was Hänschen nicht lernt,
lernt Hans nimmermehr.

Gymnasium hieß auch: Ich mußte mich durchsetzen gegen die ganzen Bonzenkinder, ich, Kind eines Bierverlegers, gegen die Kinder von CDU-Spitzenpolitikern, Anwälten, Ärzten, Intendanten, Direktoren, Professoren und so weiter. Ich hatte Glück. Lernen war für mich kein

Problem. Bis zur Pubertät war ich Primus. In der Hackordnung waren unter mir noch ein Flüchtlingskind und ein Arbeiterkind (eine Sensation damals). Ich setzte mich durch mit kabarettistischen Einlagen und jovialem Primusgehabe: Alle konnten von mir abschreiben.

Aus mir sollte was Besseres werden. Ich sollte gute Noten nach Hause bringen. Dafür gab's Sonderprämien beim Taschengeld. Dann kam die Pubertät: kein Primus mehr, gute Noten Mangelware, kaum noch Sonderprämien, dafür nur EINS im Kopf:

Was machst du mit der Hand
unter der Bettdecke?

Ich hab' dich nie nackt gesehen, Mutter, noch nicht einmal durchs Schlüsselloch, wie mein Freund Dieter seine Mutter. Ich wollte dich auch gar nicht nackt sehen. Für mich warst du einfach die Mutter, du sollst Vater und Mutter ehren, aber irgendwie keine Frau. Du hattest irgendwie kein Geschlecht. Du hattest irgendwie auch keinen Körper. Du schobst deine eingeschnürten unförmigen Fleischpakete vor dir her, mit rastlosen Trippelschritten. Und dann warst du so steif und kalt, verkehrte Welt, Vater weich, Mutter hart, ein Grund mehr für dich, Vater zu verachten. Vater war zu weich, ein wachsweicher Bierverleger, jeder Penner konnte sich bei ihm was erbetteln, das Geld mußtest du zusammenhalten, sonst wären wir bald am Krückstock gegangen, außerdem kein Abitur, keine Kultur, und dann noch der Suff, nein, einer muß das Geld ja zusammenhalten, eine, die eigentlich was Besseres verdient hat.

Fluche keinem deiner Tage.
Was du tragen mußt, ertrage!

Ich: nur noch EINS im Kopf. Auf dem Gymnasium in allen Fächern um zwei Noten abgerutscht, in einem Jahr. Das hat in unserer Klasse keiner geschafft! Mädels gab's auf dem Gymnasium nicht. Sie existierten nur als Schwestern von Mitschülern. Das waren höhere Wesen. Stundenlang hinter den Mädels hergeradelt, immer um den Fürstenplatz herum, das Maul nicht aufgekriegt, vielleicht spricht mich ja mal eines an, dann zeig' ich ihm meine Eisenbahn.

Es begann eine Orgie der Heimlichkeiten und Ängste.

Lügen haben kurze Beine.

Am Schulweg das Varieté mit den schlüpfrigen Bildern in den Schaukästen. Halbnackte Weiber mit Tüddelkram. In anzüglichen Posen. So was gab's in der *Hörzu* nicht. Bloß nicht stehenbleiben! Nur mal kurz im Vorbeigehen unauffällig den Blick schweifen lassen. Vielleicht noch mal zurück zu Spielwaren Lütgenau, Eisenbahn gucken, dann wieder locker schlendernd am Varieté vorbei, den Blick noch einmal schweifen lassend. Die Leute sollen nicht merken, was ich für ein Schwein bin! Dann ein Gerücht im Gymnasium: in der »Alhambra« gibt's einen Film, da kann man sehen, wie die Rehe ficken! »Der Förster vom Silberwald«. Mit Anita Gutwell und Rudolf Lenz. Nichts wie rein! Jugendfrei. Heimatfilm. Große Pleite: da springt mal kurz ein Reh auf ein anderes, zwei, drei Sekunden lang, das war's. Das soll Ficken sein?

In den Sommerferien im Kinderheim einen tollen Witz gelernt, alle Kinder haben sich kaputtgelacht: ›Sag mal: Die Hühner picken.‹ ›Die Hühner picken.‹ ›Jetzt zieh mal den Mund mit den Fingern gaaanz weit auseinander und sag noch mal: Die Hühner picken.‹ Gesagt, getan. Riesengelächter. Zu Hause gleich den Witz mir dir, Mutter, ausprobiert, bei uns wird sowieso viel zuwenig gelacht: ›Mutter, sag mal: Die Hühner picken.‹ ›Was soll der Blödsinn?‹ ›Sag's doch einfach!‹ ›Also gut: Die Hühner picken.‹ ›Jetzt zieh mal den Mund mit den Fingern gaaanz weit auseinander und sag noch mal: Die Hühner picken.‹ ›Also gut: Die Hühner f...‹ Attacke! Wie ein Blitz aus heiterem Himmel. Ich konnte gar nicht so schnell gucken, wie ich rechts und links und links und rechts ein paar gescheuert bekam.

Das hast du bei uns aber nicht gelernt!

Alles Schweinkram also, Geschlecht, Trieb, Mädels, fikken, gar nicht zum Lachen, was für die Gosse, Dreck, da gehört das hin, in die Gosse, und da bin ich auch ›aufgeklärt‹ worden, ich weiß noch genau wann, in Indochina war Krieg, da hatten die Franzosen gerade in Dien Bien Phu eine vernichtende Niederlage kassiert, das war spannend, das war lustig, das war interessanter als das ewige Indianer-und-Cowboy-Spielen, das stand in der Zeitung, und im Lexikon von Eberhards Eltern stand was über die selbstzerstörerische Sünde der Onanie, Rückenmarkschwindsucht und so.

Die Hände gehören über die Bettdecke!
Die brauchen immer frische Luft!

Das Geschlecht also. Nicht nur Schweinkram, sondern auch noch Schwindsucht. Aber irgendwoher müssen die kleinen Kinder ja kommen!

Licht aus, Messer raus,
fertig ist der kleine Klaus.

Um auf bessere Gedanken zu kommen, gab's DIE KULTUR. Das war dein Reich, Mutter. Das war die bessere Welt.

Du holde Kunst; in wieviel grauen Stunden,
wo mich des Lebens wilder Kreis umstrickt,
hast du mein Herz zu warmer Lieb entzunden,
hast mich in eine beßre Welt entrückt,
in eine beßre Welt entrückt!

Oft hat ein Seufzer, deiner Harf entflossen,
ein süßer heiliger Akkord von dir
den Himmel beßrer Zeiten mir erschlossen, –
du holde Kunst, ich danke dir dafür,
du holde Kunst, ich danke dir!

Das war das Gegenteil vom GESCHÄFT. DIE KULTUR war das, was die meisten Leute nicht hatten, auch Vater nicht, sondern nur du. Ich sollte das auch kriegen. Zur KULTUR gehörten: das Opernabonnement, die Schallplatten mit den Opernquerschnitten, Gustaf Gründgens und das Schauspielhaus, die Mona Lisa an der Wohnzimmerwand (Kunstdruck, 5 Mark, wuchtig eingerahmt und nachbearbeitet mit Pseudofirnis, damit sie wie echt aussah, für 50 Mark), der Bertelsmann-Lesering, die Rheinische Post, die Klassiker, nicht der Hindemist, die endlosen Besichtigungen von Kirchen und Schlössern, das Buffet, die erste Anschaffung nach dem Krieg, Eiche furniert, da stapelten sich unten die Bücher in Dreierreihen, oben prangte hinter Glas das Tafelservice.

Bei mir begann DIE KULTUR mit der Blockflöte. Dafür hast du gesorgt. Dann stand eines Tages ein Klavier im Haus. Bald reichte es schon zum Vorspielen, bei der Klavierlehrerin, Frl. Schädel, auch bei der zweiten Klavierlehrerin, Frl. Friedrichs, die war schon sechzig und hatte immer noch keinen abgekriegt, also Fräulein bis zum Grabe. Es reichte also zum Vorspielen, bei der Klavierlehrerin, im Gymnasium, zu Hause. ›Spiel doch mal dem Onkel Adi was vor!‹ ›Spiel mal der Oma was vor!‹

Mach mal einen Diener!

›Spiel doch mal dem Herrn Direktor Firmenich was vor!‹ ›Spiel mal dem Onkel Kurt was vor!‹ Überhaupt der Onkel Kurt! Dr. Kurt Borkel, Nahrungsmittelchemiker, städtischer Beamter, Gesundheitsamt, der hat's zu was gebracht! Der war dein großes Vorbild. Der sollte auch für mich Vorbild sein. Das sollte ich auch werden: Beamter, am besten gleich Nahrungsmittelchemiker. Auch sonst wart ihr seelenverwandt. Gleich kalt, gleich geizig, die gleichen Schnäppchenjäger, gleichsinnig das Geld zusammenhaltend.

Vor allem aber hatte Onkel Kurt KULTUR. Er liebte die Opernquerschnitte. Schlief nicht wie Vater während der Götterdämmerung ein. Seine Lieblingsoper war Hoffmanns Erzählungen. Die kannte er auswendig. Da mußte doch in seinem Studium mal was gewesen sein. Den Querschnitt mit Rudolf Schock hat er sich bei uns immer wieder angehört. Die Platte war irgendwann völlig zerkratzt.

Onkel Kurt ist nicht mein Vorbild geworden. Ich bin nicht Nahrungsmittelchemiker geworden. Tante Lilly, seine Frau, Vaters Schwester, hätte mein Vorbild sein können. Aber die war ja nur eine Frau, nichts gelernt, keine gute Partie, konnte froh sein, Onkel Kurt abbekommen zu haben. Tante Lilly hat mich verwöhnt, wie du es tadeltest, Mutter. Tante Lilly hat mir immer was mitgebracht. Das muß sie sich vom Haushaltsgeld abgeknapst haben. Sie hat mich umarmt und geherzt.

Onkel Kurt hat das Geld so gut zusammengehalten, daß Tante Lilly buchstäblich auf ihrer Matratze verreckt ist. Ein Arzt hätte ja Geld kosten können. Das hast selbst du getadelt. Aber sie wäre ja sowieso gestorben, vielleicht ein bißchen später.

Spare in der Zeit,
so hast du in der Not.

Bald schon reichte meine KULTUR nicht nur zur Begleitung der Weihnachtslieder, sondern zur künstlerischen Ausgestaltung des Festes. Ich hab' fehlerfrei Gedichte aufgesagt und Bachpräludien gespielt. Oma begann regelmaßig zu weinen, weil sie das so schön fand.

Wenn der Freude Tränen fließen,
lächelt Liebe dem Geliebten holde...

Du hast Oma angezischt, sie soll mit dem Flennen aufhören. Heute ist das Fest der Liebe und der Freude. Oma hat noch lauter geweint, weil sie mein Spiel so schön fand und vor deinem Tadel erschrak. Vater mischte sich ein. Der Weihnachtskrach begann. Manchmal hab' ich versucht, Oma zu verteidigen. Wurde gar aufsässig. Der Weihnachtskrach bekam eine völlig neue Dimension, du sollst Vater und Mutter ehren.

Dummheit und Stolz
wachsen aus einem Holz.

Am schönsten war's noch in der schlechten Zeit, wie du die Nachkriegszeit später immer nanntest. Da war ich dich und Vater los. Ihr mußtet aufbauen, wiederaufbauen, DAS GESCHÄFT in Schwung bringen. Ich konnte spielen, mit wem ich wollte, auch mit Manfred, dem Arbeiterkind, den ganzen Tag spielen, während der Volksschulzeit leider nur noch den halben, aber immerhin, wilde Spiele, Trümmerspiele, Straßenspiele, gefährliche Spiele, heimliche Spiele, nur zum Essen mußte ich bitteschön pünktlich zu Hause sein.

Wer nicht kommt zur rechten Zeit,
der muß seh'n, was übrigbleibt.

Auf dem Gymnasium begann die Zeit der Schreckensherrschaft. Lauter kleine Robespierres. Lateinrobespierres, Matherobespierres, Griechischrobespierres, Deutschrobespierres. Alle wußten genau, was gut ist für uns ungezogene und faule Kinder. Zunächst ihr eigenes Fach. Dann die Klassenarbeiten, die Hausaufgaben, die Strafaufgaben, das Nachsitzen, die Schläge. Alles Kinderschänder. Die Lehrer: unsere natürlichen Feinde. Stilsitzen, nicht schwatzen, melden, mündliche Beteiligung, nur reden, wenn man gefragt wird, richtige Antworten, falsche Antworten, Bloßstellungen. Die Sprüche wurden vornehmer.

Was du nicht willst, daß man dir tu,
das füg' auch keinem and'ren zu!

Kants Kategorischer Imperativ in Oberlehrer-Version, wir sind schließlich auf einem altsprachlichen Gymnasium, mit neusprachlichem Zweig für die Doofen.

Wie werde ich mit meinen Feinden fertig, wenn sie mächtig sind und ich klein und mickrig bin? Dem blinden Religionslehrer sei Dank!, die Geschichte von David und Goliath hat mich erleuchtet: Durch List und Tücke sind sie zu bezwingen. Also, geschummelt und gepfuscht und abgeschrieben und abschreiben lassen bis zum Abitur.

Problem Nummer zwei: Die Erziehung am Vormittag reicht mir, wie vermeide ich, am Nachmittag und an den Wochenenden und in den Schulferien auch noch von dir, Mutter, erzogen zu werden? Sicher, du meinst es nur gut mit mir, aus mir soll was Besseres werden, dagegen hab' ich auch gar nichts, nur: Ich will nicht mehr erzogen werden. Nur noch das Nötigste. Ich habe genug von der Erziehung.

Politik der kleinen Schritte: abhauen, immer ein bißchen mehr. Also erst Wochenendwanderungen mit meinen Freunden. Wandern ist gesund, Wandern bildet, man kommt in der Welt herum. Die Sommerferien war ich sowieso im Kinderheim. Das war immer eine schöne Zeit, Spiele und Heimlichkeiten in Wald und Flur, im Kinderheim kamen auch Mädels vor, die konnte man lange angucken, denen hab' ich lange Geschichten erzählt, Geschichten, aus denen unmißverständlich deutlich werden mußte, was für ein toller Kerl ich bin.

> Wer angibt, hat mehr vom Leben.
> Aber Achtung!
> Hochmut kommt vor dem Fall!

Später dann in den kleinen Schulferien mit den Freunden durch die deutschen Lande gewandert. Wandern ist gesund, Wandern bildet, Jugendherbergen sind billig. In den Jugendherbergen konnte man auch Mädels angucken, manchmal sogar mit ihnen schäkern. Allerdings, kleiner Wermutstropfen, gab's in den Jugendherbergen Erziehung für die frechen Kinder. Die Erziehung hing sogar gereimt und gerahmt an der Wand.

> Mädel, zieh dein Röcklein an!
> Die Hose zieret nur den Mann.

Blieben bloß noch die Nachmittage während der Schulzeit. Lange Schulzeit, kurze Nachmittage, von Montag bis Freitag viel zu kurze Nachmittage mit viel zuwenig Zeit zum Spielen. Wie entgehe ich deiner Erziehung, Mutter? ›Hast du schon die Hausaufgaben gemacht?‹ ›Mach' ich morgen früh!‹

Was du heute kannst besorgen,
das verschiebe nicht auf morgen!

Also, die meisten Schulaufgaben habe ich schon in der Schule gemacht. Beim blinden Religionslehrer oder heimlich unter der Bank bei irgendeiner Nebenfachkoryphäe, bei der es reichte, zweimal im halben Jahr eine kluge Antwort zu geben, um seine Drei zu behalten. Die Erwachsenen wollen getäuscht werden, auch du, Mutter, wolltest getäuscht werden, manchmal hast du es gemerkt.

Ein gutes Gewissen
ist ein sanftes Ruhekissen.

Meistens hast du es nicht gemerkt, da hab' ich einfach behauptet, die Schulaufgaben seien fertig oder wir hätten keine auf, irgendwann hatte ich sogar kein schlechtes Gewissen mehr. Irgendwann wurde das Spielen am Nachmittag uninteressant. Wie jetzt deiner Erziehung entgehen? Da schlug dann deine große Stunde! Deine Erziehung trug Früchte!

Wie's die Alten sungen,
so zwitschern's auch die Jungen.

Ich entdeckte DIE KULTUR. Ich begeisterte mich für DIE KULTUR. Meine große Liebe: DIE KULTUR. Die Opernquerschnitte, der Bertelsmann-Lesering, das Klavierspiel, all das hatte bei deinem Sohn endlich gezündet!

Ich las und las. Bergengruen, Wiechert, Schneider, Binding, Goes, Carossa, Seidel, Miegel, Jelusich, Frenssen, alles, was man damals so las. Nur wertvolle Literatur, kein Schmutz und kein Schund. Wertvoll, aber meistens langweilig. Ein Schulkamerad gründete einen Lesezirkel, da lasen wir, heimlich, aus dem Giftschrank seiner Eltern stiebitzt, Stefan Zweig, schwüle Sachen, da kamen wir ganz schön ins Schwitzen, das waren ganz schöne Schweinereien, aber wertvolle Literatur, kein Schmutz und kein Schund.

Unsere Lektüre trug Früchte. Die Deutschaufsätze wurden literarisch bedeutsamer, mal gucken, was der Pauker dazu sagt. Udo schoß in einem Besinnungsaufsatz den Vogel ab. Er hatte doch tatsächlich den Mut, den Aufsatz nicht sorgfältig einzuleiten, den Leser gleichsam unmerklich in die Thematik hineinzuziehen, sondern er begann tollkühn mit einem Paukenschlag, sprang mitten ins Thema (›Einsamkeit – Glück oder Gefahr?‹) hinein: ›Eine glutrote Sonne taumelt am Horizont.‹ Das war Klasse! Der Pauker ließ es auch gleich vorlesen. Die eine Hälfte der Klasse lachte, die andere weinte.

Du hattest es also geschafft, Mutter. Dein Sohn begeisterte sich für DIE KULTUR. Das schönere Leben. Das Wahreedlegute. Dein Sohn rannte in die Oper, ins Schauspielhaus, in Konzerte, hörte wie ein Bekloppter Radio: Konzerte, Hörspiele, Opern.

Opernarien lösten auf den Wanderungen mit meinen Freunden die Volkslieder ab. Ich bestand darauf, einen besseren Klavierlehrer zu bekommen, einen KlavierLEHRER wohlgemerkt, Schluß mit den Frolleins! Ich übte fleißig. Ich machte rasante Fortschritte. Überhaupt schob sich die Musik immer mehr in den Vordergrund, und eines Tages war mir klar: Ich will Musiker werden, Pianist.

Als ich dir das sagte, Mutter, hast du erst einmal tief Luft geholt. DIE KULTUR als Beruf, das ist eine windige Sache, und überhaupt,

Musik ist eine brotlose Kunst!

Vater wurde hinzugezogen, klar, auch für ihn ist das eine brotlose Kunst. Kunst ist was für den Feierabend, Musik allemal. Ich kann Musik hören und Klavier spielen, soviel ich will, ich kann so oft in die Oper oder ins Konzert rennen, wie ich will, aber studieren soll ich gefälligst was Anständiges, was einen Mann und seine Familie ernährt.

Solange du deine Füße
unter unseren Tisch streckst,
bestimmen wir!

Wenn ich schon nicht Nahrungsmittelchemiker werden will, klar, in Chemie war ich immer eine Flasche, dann soll ich wenigstens Beamter werden. War doch eigentlich schon alles klar! Lehrer, Studienrat, das war doch schon so gut wie ausgemacht!

Nichts war ausgemacht, Mutter. Das hast du dir nur so vorgestellt. Niemals werde ich Lehrer! Ich werde kein Pauker! Kinderschänder!

Da hat man sich alles vom Munde abgespart, die Lebensmittelmarken, das Schulgeld, den Klavierunterricht, und dann so was!

Undank ist der Welten Lohn.

Der Kampf um das Musikstudium beschäftigte uns bis zum Abitur. Der Kampf endete für dich, Mutter, mit einem Teilsieg: Ich bin kein Musiker geworden. Er endete aber auch für mich mit einem Teilsieg: Ich bin kein Pauker geworden. Ein Punkt noch mal für dich: Ich bin was Anständiges geworden, Beamter. Und ein Punkt für mich: Ich habe DIE KULTUR als Beruf.

Erstmal aber kam das Abitur und damit die große Flucht vor dir und deiner Erziehung. Möglichst weit weg von meiner Heimatstadt! Meine weiteren Erzieher hab' ich mir selber ausgesucht. Nach Hause kam ich nur noch, wenn es sich wirklich nicht vermeiden ließ. Die Sozis hab' ich nicht gewählt. Enterbt wurde ich trotzdem.

Martin Buchholz

Mutterhand und Vaterland

Der Tatort: ein einsamer Vorort-Bahnsteig. Die Zeit: kurz vor Mitternacht. Es nebelschwadet ordnungsgemäß. Ein paar Lampen befunzeln mühsam die fröstelige Tristesse.

Nur zwei menschliche Wesen, eins weiblich, eins männlich, bevölkern die milchige Szene. Sie stehen dicht beieinander und reden leise. Dann geschieht es. Urplötzlich.

Die Frau fällt über das männliche Wesen her. Sie schreit ihn an und schlägt ihm mit aller Wucht ins Gesicht. Der Attackierte wehrt sich nicht, er hebt die Arme vor das Gesicht, um weitere Angriffe abzuwehren. Die Nase blutet.

Sein erschrecktes, schrilles Gewimmer hat offenbar Signalwirkung: Aus dem Nebel quietscht eine S-Bahn ins Bild. Die Frau schubst ihr Opfer in ein Abteil und steigt dann selber ein.

Eine blecherne Stimme befiehlt: »Zuuurückbleihhhhm!« Wer-auch-immer dies fordert von Wem-auchimmer: Zurück bleiben ein paar Nebelgeister und Nachtgespenster, die wie stets den letzten Zug verpaßt haben. Sonst nichts.

Nichts also deutet darauf hin, daß sich gerade ein fast mythisches Urgeschehen zugetragen hat. Denn wieder einmal hatte es zugeschlagen: das berüchtigte Schicksal. Doch es war keine verhutzelte Urmami, keine der spinnerten Nornen, Moiren oder Parzen, die da mit urmütterlicher Strenge hingelangt hatten. Im geschilderten Fall war ich der vom Schicksal handgreiflich Bemutterte, und also lag die matriarchale Urgewalt eindeutig, weil erziehungsberechtigt, in der Hand meiner eigenen Mutter.

Obwohl seit dieser Backpfeife nun mehr als vier Jahrzehnte ins deutsche Land gegangen sind, wirkt sie bis heute nach. Mit einem Schlag hatte meine Mutter mein künftiges Mannsein verändert. Man kennt solche Fernwirkungen aus der modernen Chaos-Forschung: Da wird uns auch etwas vorgegaukelt von einem Schmetterling, dessen Flügelschlag an einem lauen Sommerabend einen Tornado am anderen Ende der Welt auslösen kann – und das noch Wochen später. In ähnlicher Weise hat wohl die hingeschmetterte Ohrfeige meiner Mutter auf das Chaos meiner damaligen neunjährigen Psyche eingewirkt.

Die Vorgeschichte ist eine deutsche und hat etwas mit meinem Vater zu tun. Den gab es nämlich nicht, zumindest nicht für mich. »Dein Vater ist im Krieg geblieben.« Diese Auskunft gab mir Rätsel auf, denn meine Mutter weinte gelegentlich, wenn sie vom offenbar ungeklärten Verbleib meines Vaters sprach. Aus ihrem Geschluchze entnahm ich, daß es im Krieg wohl ziemlich gräßlich sein mußte. Aber warum waren dann so viele Männer von zu Hause weg und dorthin gezogen? Denn auch die Väter von anderen Kindern in unserer Straße waren, wie es hieß, in den Krieg gezogen, aber die waren inzwischen fast alle wieder aus dem Krieg zurückgekommen. Warum nur war mein Vater dort geblieben? Was hatte er da noch zu suchen?

»Darüber reden wir später einmal, wenn du ein bißchen größer bist. Das kannst du jetzt noch nicht verstehen.« So beschied meine Mutter meine vorsichtig geäußerten Aufklärungswünsche.

Nächste Szene. Eine Rückblende in jenen Vorabend, welcher der mitternächtlichen Ohrfeige voranging. Meine Mutter hatte mich wider meinen Willen verschleppt zur Geburtstagsfeier von Tante Erna. Diese Tante hauste nebst Mann und Kindern am Rande der mir bekannten Welt – in einer winterfesten Laube irgendwo draußen in Lichterfelde. In der guten Stube saß die feiertäglich angehäufte Verwandtschaft in engster Bedrängnis um den ausgezogenen Tisch. Das Abendbrot war reichlich verabreicht worden. Nun setzte eine rülpsige Behaglichkeit ein, die mit einigen Dujardins begossen wurde.

 Gerade die richtige Stimmung, um auch andere Annehmlichkeiten des Lebens ins Gespräch zu bringen. Onkel Karl war der Wortführer, und da er wußte, daß Tante Erna keine Zoten am Tisch dulden würde, wenn die Kinder noch dabei waren, begann er, ersatzweise darüber zu sinnieren, wann wohl der Iwan die Atombombe über Berlin zünden würde und warum der Ami so feige sei, wo doch ein Gegenschlag längst schon fällig wäre, und zwar bevor der Iwan zum Erstschlag ausholen könne. Was zeigt: Mein Onkel Karl war ein Stratege von deutschester Güte. Schließlich haben die Deutschen auch nie als erste geschossen, sondern nur als erste vorsichtshalber schon mal zurückgeschossen.

Diese gemütlichen Überlegungen führten zu einer angeregten Gesprächsrunde über den Iwan im allgemeinen und über das Weiße im Auge des Russen im besonderen. In letzteres hatte nämlich Onkel Friedrich bei Stalingrad geblickt, wie er bei jeder Gelegenheit bekundete. Ich hatte bis dahin gelangweilt dabeigesessen und die Troddeln der gehäkelten Tischdecke zu Zöpfen geflochten, aber die Sache mit dem Russen-Auge regte meine grüblerische Phantasie an. Was war daran so bemerkenswert, wenn man das Weiße sah im Auge des Russen? Und warum hatte Onkel Friedrich nur ein einziges russisches Augenweiß erblickt? Bestimmt lag es daran, daß Onkel Friedrich ein Glasauge hatte? Derart in der Sicht behindert, war es wohl nur zu einer einäugigen Konfrontation mit dem Russen gekommen.

Ich hatte meine Mutter schon früher gefragt, warum Onkel Friedrich einen immer so komisch anstiere, und erhielt die Auskunft, daß er sein Auge »im Feld« verloren habe und daß er deshalb so seltsam blicke und daß man darüber eigentlich nicht redet. Sofort war vor meinem Auge (meinem geistigen, auf dem ich damals noch wesentlich verschärfter sah als heute) ein Kurzfilm abgelaufen, in dem Onkel Friedrich über ein Feld spazierte, plötzlich stolperte und hinfiel. So etwas passierte damals offenbar sehr oft im Felde, denn es war häufig von »Gefallenen« die Rede – auch im Falle meines Vaters; nur, daß Onkel Friedrich damit nicht endgültig hinfällig wurde, sondern wieder aufgestanden war. In meinem Film sah ich nun, wie ihm beim Hinfallen ein Auge aus dem Kopf kullerte, ohne daß er es bemerkte. Erst als ihn jemand fragte: »Wo hast du bloß wieder deine Augen?« (diese Frage wurde in der Schule häufig an mich gerichtet) – erst in diesem Augenblick fiel ihm auf, daß ihm eine Hälfte fehlte an seinem Augenblick. Doch da war es zu spät. So sehr er auch im Felde herumsuchte, er fand das Auge nicht wieder.

Daß man über einen solchen Verlust nicht gerne redet, das konnte ich gut verstehen. Ich hatte das selbst erlebt, als ich einen Zehnmarkschein verloren hatte, mit dem ich zum Einkaufen geschickt worden war. Es war nur eine kurze Strecke – und ich habe den Weg immer wieder abgesucht. Umsonst. Angstbibbernd bin ich nach Hause geschlichen. Meine Mutter – das sei zu ihrer Ehre gesagt – machte kein großes Trara. Sie gab mir nur ihr Portemonnaie mit allem Geld und sagte: »Und jetzt hol endlich die Milch.«

Dennoch saß mir der Schreck noch in den Knochen, und so betrachtete ich Onkel Friedrich mit einigem Mitgefühl, darüber sinnend, was seine Mutter wohl gesagt haben mochte, als er damals nach Hause kam mit dem Geständnis, daß er im Felde aus Versehen ein Auge verloren habe und daß es wohl jemand anders gefunden und behalten habe.

Vielleicht war der Finder sogar jener Russe, in dessen Auge Onkel Friedrich später das Weiße erblickte. Da die Qualität deutscher Optik weltweit bekannt war, hatte dieser Russe möglicherweise eines seiner Sehorgane nun gegen das von Onkel Friedrich ausgetauscht. Dann hätte Onkel Friedrich in sein eigenes Auge geblickt, als er in ein vermeintlich russisches spähte. Und vielleicht wurde deshalb mit dem Unterton des absoluten Grauens von dieser Aug-in-Aug-Begegnung gesprochen, eben weil jener Anblick den letzten deutschen Mannesmut erfordert.

Man sieht: Dank des Glasauges von Onkel Friedrich eröffnen sich völlig neue Perspektiven zeitgeschichtlicher Betrachtung.

(Dieser Onkel ist übrigens zwei Wochen nach diesem für mich merkwürdigen Abend gestorben. Man fand ihn tot im Badezimmer nach einem Schlaganfall. »Wir konnten ihm nur noch die Augen zudrücken«, berichtete Tante Elfriede, seine Frau. Eine stattliche Person, die gewiß kräftig zudrücken konnte. Ob wohl das Glasauge dabei zersplittert ist?)

Jedenfalls – noch immer sitze ich am Geburtstagstisch bei Tante Erna – richtet Onkel Friedrich plötzlich sein halb verglastes Augenmerk auf seinen Sohn Georg, der ihm gegenüber sitzt. Georg war ein stiller, pickliger Junge von damals vielleicht fünfzehn Jahren. Er war oft das Objekt der sadistischen Begierde seines Vaters, der ihn am liebsten vor Publikum, also bei familiären Zusammenrottungen aller Art, zur weinerlichen Minna machte. Georg kam schon zwanghaft ins Stottern, wenn das väterliche Wort an ihn gerichtet wurde – so wie es jetzt geschah:

»Nehmen wir mal an, es käme wieder ein Krieg, was würde mein mutiger Herr Sohn da wohl machen?«

Georg wird blaß und zuckt die Achseln im hoffnungslosen Versuch, einer Antwort zu entgehen. Onkel Friedrich brüllt ihn an: »Ich hab dich was gefragt. Mach gefälligst den Mund auf!«

Georg schluckt und sagt dann leise, seltsamerweise ohne jeden Verstotterer: »Ich würde in den Wald rennen und mich verstecken.«

Schweigen am Tisch. Tante Elfriede hat wohl, wie meist, als erste gekichert. Dann prusteten alle los. Fast alle. Ich nicht. Das muß man mir nachsehen. Ich war erst neun, und selbst heute, da ich in die Jahre gekommen bin, kapiere ich viele Pointen nicht, die andere zum Brüllen finden. Meine Mutter lachte auch nicht. Sie sah ziemlich erschrocken aus. Erst später wurde mir klar, worüber.

Onkel Friedrich wieherte und wieherte und beäugte dabei seinen Ältesten mit glasigem Blick (aus welcher Pupille auch immer). Ich senkte vorsichtshalber sofort meine Augen, denn ich saß neben Georg und wollte nicht miterwischt werden von diesem verachtenden Nicht-Blick.

Dann wieder die Stimme von Onkel Friedrich: »Und du, Ossi, was würdest du machen?«

Ossi war Oswald, Georgs Bruder, um ein Jahr jünger. Ein hübscher, braunäugiger Bengel. Auf seine Verwendbarkeit als künftiger Krieger angesprochen, antwortete er klarstimmig und blankäugig: »Ich würde kämpfen wie du, Vati.«

Einen derart unmöglichen Dialog, ich weiß es, sollte man eigentlich nicht kolportieren. Die Wirklichkeit, unglaubwürdig wie sie nun mal ist, scheut selbst vor den peinlichsten Klischees nicht zurück. Ich habe schon eine abgemilderte Form dieser Äußerung gewählt, denn nach meiner Erinnerung hat Ossi sogar geantwortet: »Ich werde für Deutschland kämpfen wie du, Vati.«

Zurück zur Urszene. Sie erinnern sich: ein einsamer Bahnhof, Nacht und Nebel. Edith Buchholz, die Mutter, und Martin Buchholz, der Sohn, warten fröstelnd auf den Zug. Plötzlich fragt Edith B. den Martin B.: »Und wenn du einmal ein Mann bist, wie wirst du dich verhalten, wenn in Deutschland wieder Krieg ist?« Und der Sohn antwortet, nicht mutig, nur spontan: »Ich würde auch in den Wald rennen und mich mit Georg verstecken.«

Klatschbatsch! Die Mutter langt hin wie eine Furie und schreit: »Dafür ist dein Vater nicht gestorben.«

An den Rest erinnere ich mich nicht mehr – nur daran, daß meine Nase noch mehrere S-Bahn-Stationen lang blutete. Das einzige Blut, das ich jemals fürs deutsche Vaterland vergossen habe. Mehr wird es auch nicht werden. Für das Vaterland bin ich seither endgültig verloren. Der Mutterhand sei Dank.

Meine Mutter war sogar im Recht: Dafür ist mein Vater gewiß nicht gestorben, daß ich eines Tages aus Angst vor einem Krieg in den Wald renne. Wofür er ansonsten gestorben ist... ich weiß es nicht. Für mich, bitte sehr, nicht. Für mich hätte er gefälligst leben sollen. Allerdings war meine Mutter für mich gestorben nach dieser Nacht – und das für eine ziemlich lange Zeit. Irgendwann hat sich mein Herz dann müde gegrollt. Doch so richtig wieder lebendig wurde meine Liebe zu ihr erst sehr spät. Da war sie schon eine sehr alte Frau.

Als sie, wie das Leben so spielt, dann wirklich im Sterben lag, habe ich sie frotzelnd daran erinnert, wie sie mich einst aus der deutschen Art geschlagen hat. Sie verzog den Greisinnen-Mund zu einem ungläubigen Grinsen und setzte sich extra die Zähne wieder ein, um unmißverständlich zu dementieren: »So 'nen Quatsch soll ich gesagt haben? Und dich dann auch noch geprügelt haben? Also nee! Nie und nimmer!«

Ihr entschiedener Ton war für mich eine Warnung, die Angelegenheit wegen Verjährung besser auf sich beruhen zu lassen. Sonst hätte ich mir womöglich noch eine Ohrfeige eingehandelt.

Einsichten

Regula Venske

Ein Ammenmärchen

Er kippte unwirsch auf sein Kissen zurück. Wie konnte sie es nur fertigbringen, ihn so warten zu lassen! Die Seele hatte er sich aus dem Leib gebrüllt vor Verlangen nach ihr, vergebens. Wie lange er schon so lag, hätte er nicht zu sagen vermocht, aber es war doch eine geraume Ewigkeit her, daß er den Schlag der Uhr zuletzt gehört hatte. Einmal hatte sie geschlagen. War es halb eins, eins oder halb zwei? Eine Zumutung, daß er so im unklaren bleiben, hier ausharren mußte, nichts mehr richtig unter Kontrolle hatte! Früher war er nie ohne seine Taschenuhr ausgegangen. Erbstück seines Großvaters, mit diamantbesetztem Zifferblatt. Ah, das letzte Hemd hatte keine Taschen. Nun, das erste auch nicht. Er wollte kichern, brachte aber nur ein leises Schnorcheln zustande. Unwürdige Lage! Er schnaubte wütend und nahm das Rufen wieder auf. Wollte sie ihn ewig ignorieren! Einmal mußte sie ihn doch hören. Jedenfalls hatte die Dame einen gesunden Schlaf, das mußte man ihr lassen. Ob sie bereits ein wenig harthörig war?

Es war sein Pech gewesen, daß er an diese Alte hatte geraten müssen, ausgerechnet er, dem die Jungen stets solche Freude bereitet hatten. Nicht, daß er sich etwas von ihr versprochen hätte. Es war nur die Schönheit, die er hatte bewundern wollen. Rein platonisch, er war ja Junggeselle gewesen. Einem Professor der Literaturgeschichte hatte es sowieso keine so schnell recht machen können. Man wurde da wählerisch, hatte Vergleichsmöglichkeiten. Lucinde, Lulu, Lolita. Nun aber diese hier! Unwillkürlich erhob sich seine Stimme etwas lauter, fordernder. Er wunderte sich selbst, wie durchdringend sie klingen konnte. Mitunter beinahe schrill. Peinlich das, schließlich war er immer Kavalier gewesen. Ganz alte Schule, nicht wie diese jungen Schnösel, die nur noch an sich dachten.

Daß die Frau nicht mehr so ganz jung war, machte die Sache in dieser Hinsicht nur schwieriger. Andererseits hatte sie selbst wissen müssen, was sie sich zumuten mochte. Ob sie ihn jetzt aber einfach schmoren lassen würde, gewissermaßen mir-nichts-dir-nichts?

Der Professor stöhnte in sein eigenes Rufen hinein, und für einen Moment verschlug es ihm den Atem. Er mußte spucken. Weißlich lief es ihm das Kinn hinunter, in den Halsausschnitt hinein. Dort klebte noch eine Kruste in den Halsfalten, Reste der letzten Mahlzeit. Die Frau hatte übersehen, sie abzuwischen.

»Na, was macht denn mein Kleiner? Na, mein Kleiner!« Im Zimmer wurde das Deckenlicht eingeschaltet, ein gurrendes Säuseln erfüllte die Luft. »Eieieieiei, eieieieiei.« Wie immer betonte sie die erste Silbe. Die Frau mußte in der Tür stehen, nur sehen konnte er sie noch nicht. Bei seinem Wüten vorhin war er von der Seite auf den Rücken gesunken, hatte sich noch nicht mit eigener Kraft wieder aufrichten können. Er ruderte mit den Armen durch die Luft.

»Na, Stinkerchen, wartest du schon auf mich? Wartest du schon so sehnsüchtig? Aber ja, ich komme ja schon, Moment-Moment, jetzt geht es gleich los.«

Inzwischen war sie an sein Bett getreten und hatte das Gitter heruntergeklappt. »So, dann wollen wir mal«, gab sie in ihrem Singsang von sich. »Ganz ruhig, mein Dikkerle, ganz ruhig. Keiner hat dich vergessen.«

Mit geübtem Griff nahm sie ihn hoch, seinen herabhängenden Kopf im Nacken stützend. »Ffhiuuu«, keuchte sie dabei, »du bist ja ein ganz schön schwerer Brummer, du. Denkt man gar nicht, wenn man dich so sieht.« Er gab ein lallendes Geräusch von sich, das gleich in ein weinerliches Greinen umschlug – ob aus Frustration über die Unmöglichkeit, ihr in angemessener Weise zu antworten, oder weil er sich wieder seines nagenden Hungergefühls bewußt wurde, hätte er selber nicht sagen können. Die Frau schien jedoch keine Notiz davon zu nehmen, sondern ließ ihn auf die Chaiselongue unterhalb des Fensters plumpsen. »Ffiuuh«, wiederholte sie ihren Seufzer. Sie sah ihn von oben herab an, wie er so hilflos vor ihr lag. Er reckte ihr die Arme entgegen, hob, wenn auch nur andeutungsweise, den Kopf. Dazu machte er mit dem Mund kleine gierige Saugbewegungen. Die Frau lachte. »Na, du weißt auch, was gut ist, nicht? Brummerchen, du!«

Er beobachtete sie, wie sie ihren Nachtkittel aufknöpfte und sich zu ihm herunterbeugte. Gähnend, scheinbar gleichgültig, legte sie sich auf die Chaiselongue rechts neben ihn, dessen Mund jetzt starr offenstand. Er wandte ihr das Gesicht zu, öffnete den Mund weiter und schloß erwartungsvoll die Augen. Als nicht gleich etwas passierte, drehte er den Kopf zur anderen Seite, schlug dann zweimal hin und her mit dem Hinterhaupt auf die Unterlage. Dazu fuchtelte er mit den Armen im Takt. Sein Bedürfnis war ausgesprochen dringlich. Etwas berührte ihn leicht an der Wange, und gleich bewegte er den Kopf wieder nach rechts, ihr entgegen. »Du Schlaumeier, du«, hörte er die Frau murmeln. Dann wurde ihm etwas Weiches in den Mund geschoben, und seine Lippen schlossen sich fest ringsherum.

Eine Zeitlang verging so, während derer er nur mit Schlucken, Schmatzen und Schnalzen beschäftigt war, ganz hingegeben an diese Nachgiebigkeit, die seine Mundhöhle, ja ihn selbst vollständig erfüllte. Er hatte sich früher nicht annähernd vorstellen können, in was für einem gewaltigen Strom Milch aus Brüsten fließen konnte. Natürlich hatte er auch wenig Veranlassung gehabt, sich das auszumalen. Die Milch der frommen Denkungsart hatte ihm in seinen Mannesjahren genügt. O gärend Drachengift! Schiller, natürlich. Und auch Shakespeare, Macbeth. The milk o'human kindness. Moment aber, hieß es denn wirklich Denkungsart? Oder nicht schlicht Denkart? Der Professor stutzte, hielt in seinem Schlürfen inne, um zu überlegen. Ein nadelfeiner, süßer Strahl spritzte ihm auf die Stirn, tröpfelte klebrig über seine linke Augenbraue. Auch dieses war nicht vorhersehbar gewesen, daß es nämlich aus Frauen spritzen konnte. Er hatte das für ein männliches Privileg gehalten. Da fiel ihm ein, daß er es hätte wissen müssen. Wurde nicht die Entstehung der Milchstraße so erklärt, verspritzte Göttinnenmilch? War es womöglich ein Fehler gewesen, die Mythologie nicht auf die Wirklichkeit zu beziehen? Hätte er zu ganz anderen Ergebnissen gelangen, sein Buch »Minnemägde und Männermythen« eventuell umschreiben müssen? »Lululu«, entwich es ihm.

»Was brabbelst du da, Dickerchen?« antwortete die Frau. »Bist du mein kleines Brabbelchen? Kleines Brabbelchen, du?« Sie strich ihm mit dem Zeigefinger über die Schläfe und wischte die Milchtropfen auf, die sie sodann von ihrem eigenen Finger ableckte. »Oder bist du etwa mein kleines Sabbelchen?«

Sie kicherte, ruckelte erst leicht, dann kräftiger an seinen Schultern. Er schaute sie indigniert an. Es war unglaublich, was diese Person sich herausnahm. Überdies roch es etwas nachtschlafen aus ihrem Mund, es hatte ihn schon in den vorigen Nächten gestört. Er hub an zu schreien, indem er einfach die L's wegließ, »u-u-u«, ließ er es aus seiner Brust tönen. Dumme Kuh, dumme Kuh, dumme Kuh, dachte er dabei für sich. Die Frau ließ sofort von seinen Schultern ab und richtete sich auf.

»Ist ja schon gut«, sagte sie beschwichtigend, »geht ja schon weiter.«

Sie zog und schob ihn auf der Chaiselongue an den Rand, dorthin, wo sie selber zuvor gelegen hatte, kletterte dann über ihn hinweg und streckte sich zwischen ihm und dem Fenster wohlig aus. »Ist noch reichlich für dich da«, sagte sie in ihrem zutraulichen Ton. Dabei legte sie den rechten Arm um seinen Kopf. Eingezwängt zwischen ihrer Achsel- und Armbeuge lag er da. Er hätte sie inzwischen an ihrem Geruch erkennen können, und auch das gehörte natürlich zu den Dingen, die er früher nicht hätte zugeben mögen. So unangenehm aber, wie er das als Professor der Literaturgeschichte hätte empfinden müssen, war ihm der Duft eigentlich nicht. Immerhin war es doch sehr entgegenkommend von der Dame, daß sie ihn überhaupt an ihrem Busen nährte. Er hätte so etwas – beinahe hätte er gedacht: zu Lebzeiten – ja nie zu träumen gewagt. Und wie viele in seiner Situation bekamen nur Brei gefüttert, mußten sich mit Wasser- und Chemiepampe zufriedengeben.

Er wollte nicht undankbar sein. Sicher, sie war ein wenig beschränkt in ihren Möglichkeiten, Konversation zu treiben, hatte vermutlich von Hera, Juno und Ops noch nie etwas gehört. Aber sie meinte es doch herzensgut. War sie nicht selber eine Göttin, wie sie sich da von ihm auszehren ließ, Nacht für Nacht auf der Chaiselongue? »Heil dir, oh Hera!« wollte er sie beschwören. »Hei hei, ha-iii! Hei hei-haa!« brach es meckernd aus ihm hervor. Doch das Straffe, Angespannte glitt von ihm, und er ließ sich wiederum fallen in die Befriedigung, die entstand, wenn Bedürfnis und Notwendigkeit eins wurden.

Der Professor war eingeschlafen. Seine Lippen waren nach wie vor um die Brustspitze gestülpt. Gelegentlich ging ein Zittern von ihnen aus, dann machte er wohl einige Kaubewegungen, schlief aber unverdrossen weiter. Er sah aus wie einer, der am Ende seiner Wünsche angelangt war. Hatte er je Sehnsüchte gekannt?

Auch die Frau war eingenickt. Der Mond, hätte er ins Fenster geschienen und besäße er die Fähigkeit zur Wahrnehmung, die ihm in der Literatur angedichtet wird: er hätte über das friedliche Bild gelächelt. Doch bei näherem Hinsehen hätte er bemerken können, daß sein Schein trog. Die Hände des Schlafenden verrieten einen leichten Widerstand in seinem Körper. Seine Fäuste waren, wenn auch locker, geballt, anmutig waren die Zeigefinger über die Daumen gelegt. Im Bauche des Professors befand sich eine Luftblase. Sie war in einer Darmwindung hängengeblieben und dehnte sich dort an Ort und Stelle. Noch ehe er wußte, wie ihm geschah, wurde er durch sein eigenes Wehschreien aus dem Schlummer gerissen. Er kreischte – »oder hätte es ›krisch‹ heißen müssen?« dachte der Professor noch flüchtig – er kreischte Stein und Bein.

»Ach Gottchen, der Rülpser«, drang es von weitem an sein Ohr. Mit einem Schlag hatte das Grimmen seinen ganzen Körper erfaßt. Es schüttelte und krümmte ihn, und er mußte seine Beine an den Leib heranziehen. Als er sie wieder von sich strecken wollte, spürte er, daß die Frau seine Füße ergriffen hatte und ihm die Beine in den Bauch stemmte. Ihm verging die Luft, er schnappte und prustete, doch sie ließ nicht nach, ihn zu drücken. »Ach du armer Kleiner«, rief sie dabei aufgeregt, »du armer armer Kleiner!«

Der Professor brüllte vor Qual. Sein Gesicht lief erst rot an, dann blau und gerade, als er dachte, jetzt müsse er platzen, gab sie seine Beine frei. Ein kleiner Wind entwich ihm in Form eines Tönchens, aber die Erleichterung, die er darüber verspürte, war größer als das Gefühl von Peinlichkeit. Er war anscheinend im Begriff, sich in seine Lage zu schicken. »Armer Kleiner«, wiederholte die Frau. »Eieieieiei, eieieieiei! Und naß bist du auch. Ja, klag du nur dein Leid!« »Eiii«, stammelte der Professor. »Eijjj.« Es war jetzt eh alles einerlei.

»Ei?« schäkerte die Frau. »Wie belieben? Wollen wir mal eine frische Windel riskieren, der Herr?«

Schon fühlte er sich an den Beinen hochgehievt, und ehe er sich's versah, hatte sie ihm die Hose abgestreift. Dies war immer der schlimmste Teil für ihn, er konnte sich eben noch nicht damit abfinden, so behandelt zu werden. »Wie ein Wickelkind«, dachte er, »wie ein gottverdammtes Wickelkind!«

Er ballte die Fäuste und begann erneut zu schluchzen. »Kerlemann, nun gib doch endlich Ruh!« bat die Frau. »Ich tu doch, was ich kann.« Da er jedoch unbeirrt weitertobte, blieb auch ihr nichts anderes übrig, als ihrerseits die Stimme zu erheben.

»Verdammter Schiet, denkst du, mir macht das Spaß, nachts um halb drei! Und mir noch dazu morgen von Frau Kaltschmidt sagen lassen zu müssen, ich solle dich einfach schreien lassen?«

Aus den Augenwinkeln konnte er beobachten, wie sie einen orangefarbenen Gegenstand von der Fensterbank ergriff. Es war ihre schärfste Waffe. Er jaulte auf und strampelte abwehrend mit den Armen, aber da er den Mund zum Schreien geöffnet hatte, gelang es ihr ohne Schwierigkeiten, ihm den Schnuller hineinzuschieben.
 »Äh, äh«, ächzte er, aber es half ihm nichts, schon merkte

er, wie er nuckelte. Dieser vermaledeite Trieb, er war einfach stärker. Der Professor blickte die Frau verbittert an, während sie fortfuhr, an ihm herumzuzupfen. Als sie sich für einen Augenblick von ihm abwandte, nutzte er die Gelegenheit, um das Gerät auszuspucken, doch schon hatte sie es nachgeschoben und seinen Protest wiederum in ein Glucksen gedämpft. »Eines Abends spöte« – Nun fing sie auch noch an zu trällern! – »Wassermaus und Kröte...«

»Goethe!« blitzte es ihm durch den Kopf. Er fühlte sich zurückversetzt in Zeiten, wo er gewohnt war, ein Mikrophon vor dem Mund zu haben. Ah, er war ein versierter Rhetor gewesen, Hörsäle hatte er gefüllt, Neid bei Freund und Feind gleichermaßen erweckt. Er kaute auf dem Gummi herum. »Sehr geehrte Damen und Herren«, dachte er, »und darf ich besonders Sie begrüßen, sehr geehrter Herr Universitätspräsident: Lex mihi ars.«

Er hörte noch das Lachen im Auditorium. Der Präsident, des Lateinischen nicht sehr mächtig, hatte sich über die vermeintliche Anzüglichkeit beschwert. Dem hatte er ein für allemal das Maul gestopft.

Rem tene, verba sequuntur. Warum fiel ihm das ausgerechnet jetzt ein, wo er an diesem Ding zu saugen gezwungen war? Würden je noch einmal Worte von Konsequenz aus diesem zahnlosen Mund vernommen werden?

Ich will küssen, küssen sagt ich!

Die Frau blickte argwöhnisch auf ihn. Manchmal hatte er etwas in seinem Blick, das ihr unheimlich war. »Bist du mein kleiner Lüstling?« fragte sie beruhigend.

»Kleiner Lustbolzen du?«

»Du ahnungsloser Engel du«, dachte der Professor. Er maunzte einige zärtliche Silben in sein Mikrophon, merkte dann, worum es sich in Wirklichkeit handelte, und spie den Stöpsel in hohem Bogen aus. Ein zorniges Kollern folgte, vor dem die Frau einen Schritt zurücktrat. »Mit dem ist heut' nacht wirklich nicht gut Kirschen essen«, seufzte sie. Kirschen! Das war ihr Stichwort. »Das habe ich mir aber redlich verdient«, sagte sie mit trotziger Stimme. Nachdem sie ihren Schützling gesäubert und gesalbt hatte, mußte sie ihn jetzt nur noch zu seinem Gitterbett zurückschleppen. Er versuchte mit aller Kraft, sich dagegen zu stemmen, machte sich sogar in ihren Armen noch ganz steif, aber sie war nun einmal stärker. In seinem Bett fand er sich wieder. »Sie hat mich wieder auf den Rücken gelegt«, kritisierte er im stillen. »Ich werde noch einen ganz flachen Hinterkopf bekommen.«

Die Frau war aus seinem Blickfeld verschwunden. Als sie wieder auftauchte, hielt sie ein Glas in der einen und eine Flasche in der anderen Hand. Unter den Arm hatte sie eine Puppe geklemmt. »Ein kleines Kirschlikörchen ist jetzt wohl angesagt«, erklärte sie. »Kommt dir morgen auch zugute, Schnurzelchen.« Sie zog sich mit den Füßen einen Sessel ans Bett und ließ sich hineinfallen. »Saure Wochen, frohe Feste«, deklamierte sie. »Aber das verstehst du ja noch nicht, Schnurzelpurzel.«

Sie goß sich nacheinander mehrere Gläser ein, die sie in schnellen Zügen leerte. Er hörte sie schlucken und dazwischen einmal aufstoßen. »Prösterchen, Schnuckelchen! Schau mal, was deine Alte hier für dich hat! Ei, schau doch mal!«

Eigentlich hatte er sie keines Blickes würdigen wollen, aber ein Klang drang an sein Ohr und zwang ihn zur Neugier. Sie schwenkte die Puppe über ihm hin und her. Widerwillig folgte er ihr mit den Augen. »Ei, was issas Feines«, nuschelte sie, »issas nich fein?«

Zwischen den Beinen der Puppe wurde langsam eine Schnur aufgespult, dazu erklang im Takt die Melodie, die bei grobem Wohlwollen an das Albumblatt ›Für Elise‹ erinnerte. Schon gestern hatte sie ihn mit der Puppe gepeinigt, um so mehr, als der Faden stets an den unpassendsten Stellen festhakte und die Musik dann unvermittelt hängenblieb. »'n Gläschen für mich un' Musicke für dich«, zwitscherte die Frau. Sie erfreute sich anscheinend wieder bester Laune. »Deine Amme hat 'ne Schramme«, flötete sie, »bläst dir gern eins uff dem Kamme...«

»Äh, ähh-bääh«, gab er zurück. Was zuviel war, war zuviel. »Mensch Süßerle!« rief sie und warf die Puppe in sein Bett, »dir kamann es aber auch garnich rechtmachn.

Willz wollieber 'n Märchen hörn, ja?« »Ein Ammenmärchen«, schoß es ihm durch den Kopf. Was für eine merkwürdige Gattungsbezeichnung! Woher stammte sie wohl? Ob es Abhandlungen darüber gab? Womöglich hatte er eine Forschungslücke entdeckt. »Das Ammenmärchen im Spiegel der Gesellschaft. Untersuchungen zur Genese und Funktion eines volkstümlichen Genres...« Ein grandioser Gedanke! Sobald er nur konnte, hier raus war, wollte er ihm nachforschen. Sein Buch »Minnemägde und Männermythen« würde er um ein Kapitel erweitern. Ammenmärchen oder Märchenammen, das war's!

Er schaute zu ihr hinüber, wie sie da mit geröteten Wangen und aufgelösten Haaren hockte und so arglos wirkte. Eigentlich war sie eine schöne Frau. Und so stolz. Die Frau merkte, daß er sie beobachtete. Lauernd, beinahe lüstern war sein Blick. Sie goß sich ein letztes Gläschen ein und führte es unsicher zum Mund. So fremd sah er manchmal aus, unheimlich. Irgendwie greisenhaft. Es hieß ja hin und wieder, daß Babys schon ganz alt aussehen konnten. Bei ihrem Säugling aber war es extrem. Dieser sah wirklich aus, als wüßte er schon alles.

Regula Venske

»Und der Limbus, der wuchs, wuchs weit über mich hinaus«* oder: Jungenmütter sind stolz

1.

»Später hatte ich ja selbst ein Kind, ich war immer froh, daß es ein Junge war. Mir mußte nicht so sehr bang sein um ihn. Um ein Mädchen hätte ich sicher mehr Angst ausgestanden, aber ein Junge findet sich selbst zurecht, dachte ich mir. Oder war es nicht so? Vielleicht war es später auch anders.

Als ich den Limbus zum ersten Mal sah, war er zwei Zentimeter groß und purzelte quicklebendig in der Gegend herum, die Gegend war meine Gebärmutter. Es rührte mich sehr, daß er noch nichts vom Elend der Welt wußte. Da war er, nur mit Purzeln und Schlucken beschäftigt, und war so für sich, dieses Fürsichsein rührte mich sehr.

Ich habe das nie vergessen, wie sehr für sich er in mir war. Später nannte ich den Limbus manchmal *kleiner Mann*, ich nannte ihn auch *das Wänglein* oder *Wängelchen mein Bengelchen*. Er war ja noch sehr klein, aber er sollte größer werden. Ich hatte ein Foto von ihm in meiner Brieftasche, wie sich das für eine Mutter gehört, und ich zeigte es überall herum, sogar nachts im Schein einer Straßenlaterne, wenn ich auf dem Heimweg vom Theater alten Bekannten begegnete. Auf dem Foto war er einen Tag alt und sah aus, als spielte er noch mit den Engeln.«

* Eigenzitate aus: Regula Venske, Pursuit of happiness oder Die Verfolgung des Glücks, Hamburg 1993

Als meine Freundin Christine das Ergebnis ihrer Amniozentese erfuhr, brach sie heulend in der Telefonzelle zusammen, und Martin, der draußen wartete, dachte, das Kind sei behindert. Es war aber nur ein Junge. Jungen sind nicht so liebenswert wie Mädchen, behauptete mein Mann, ich weiß nicht, ob er aus Erfahrung sprach. Er wünschte sich eine Tochter und meinte, zu mir passe besser ein Mädchen, das wußte ich aber besser. Ich freute mich auf einen Sohn. Früh schon gab er sich mir zu erkennen, ein kleiner Penis wuchs mir im Traum aus dem Bauch. Der durchbohrte meine Bauchdecke und reckte sich in die Höhe wie ein Baum und schlug in mir Wurzeln. Mir brauchte bei der Geburt niemand laut zuzurufen, daß das Baby ein Junge sei, ich hatte es längst gewußt. Was mich verblüffte, war nur, daß er nicht wie mein Mann, sondern wie mein Vater aussah. Erst zwei Minuten auf der Welt, und guckte um sich wie ein kleiner Oberschulrat, das warf mich um.

»Das Wänglein war für lange Zeit das kleinste männliche Wesen in meinem Leben, aber es nahm den größten Raum ein. Im Laufe eines Tages wuchs es und dehnte sich auf Riesenausmaße aus, und erst am Abend, wenn es friedlich, ja wirklich friedlich, in seinem Bettchen schlummerte, schrumpfte es wieder auf die siebenundsechzigeinhalb Zentimeter, die ihm zustanden. Das war natürlich das Grundmuster aller Männlichkeit, sich über Gebühr auszudehnen und dann wieder zusammenzuschrumpfen.«

Als der Limbus neun Monate alt war und ich abgestillt hatte, sollte ich zur Erholung eine Reise unternehmen. Eigentlich hatte mein Mann an Travemünde oder Braunlage gedacht, ich aber fuhr nach China, wo ich aus lauter Sehnsucht nach meinem Kind Dutzende von kleinen Chinesen fotografierte. Hätte ich eine Tochter gehabt, hätte ich mich erst gar nicht so weit fortgewagt. Nicht, daß ich es meinem Mann nicht zugetraut hätte, genauso gut für ein Mädchen zu sorgen. Doch irgend etwas in dem Umstand, daß unser Kind ein Sohn war, machte mir die Abreise möglich. Meine Männer schaffen das schon, sagte ich stolz, oder zitierte auch Fanny Lewald: *Wer frei sein will, darf nicht unentbehrlich sein wollen. (Meine Freiheit war, nächst meiner Liebe, mein größtes Glück!)*

Viele Mütter sind sich ja selber im Weg, im Grunde wollen sie gar nicht, daß *man* es auch ohne sie schafft. Vielleicht gönnen sie es dem Vater nicht, genauso beliebt bei den Kindern zu sein, und vielleicht wäre es mir mit einer Tochter auch so ergangen?

Das Schönste an meiner Reise nach China waren das Nachhausekommen und die süßen Maunzlaute und Gluckser, die das Wänglein ausstieß vor Freude, mich wiederzuhaben. Er hatte mich schon am Flughafen noch durch die trennende Glasscheibe hindurch erkannt – allen Unkenrufen anderer Mütter zum Trotz, die mehrfach prophezeit hatten, das Kind würde mich nach zwei Wochen nicht mehr wiedererkennen.

Und während meiner Abwesenheit hatte er stehen gelernt.

»Wie groß bist du? fragten wir den Limbus später oft, und er reckte sich auf die Zehenspitzen und streckte die Arme aus, als wolle er den Himmel berühren.«

Seine ersten Worte waren Mama, Papa und heiß. Erst hatten wir gedacht, daß unser Kind uns beim Vornamen nennen würde, aber allmählich mußten wir uns dem Druck unserer Umwelt doch beugen.

»Ei, wo ist denn die Mutti? Geh, such deinen Papi!«

Mutter und Vater waren wir gern, eher widerstrebend wurden wir nun zu Mama und Papa. Dann fing die Umwelt aber auch noch mit »Teita«, »Heia«, »Bäbä« und »Baba« an, und da geschah das Erstaunliche. Unser Wänglein, das Mama und Papa schon, im wahrsten Sinne des Wortes, beherrschte, hörte plötzlich auf, Papa zu sagen. Das klang ihm wohl zu sehr nach Bäbä. (Man müßte dem einmal nachgehen, schrieb ich einst: Der Dreck, von Vätern hinterlassen – ein Fall für die feministische Sprachkritik!)

Damals wurden wir *Mapa*.

Später wurde unsere schöne *Mapa*-Einheit wieder in Mama und Papa differenziert, aber manchmal kommt es noch vor, daß mein Sohn mich mit Papa anredet. Ich bin Mama, sage ich dann empört. Und manchmal sagt er Mama zu meinem Mann. Vielleicht wird ein Psycho(analy)tiker, der dies liest, ernsthaft an seiner Mutterbindung zweifeln, ich aber denke, wir bemuttern ihn eben beide. Hier ist ein Sohn, der seinen Vater nicht ermorden will, im Gegenteil, er will, wenn er groß ist, uns beide heiraten.

»Ich sah schwarze Gondeln über die Alster gleiten, auch eine blauweißgestreifte, und ich sah dem Flieger zu, der über dem See Herzen in den Himmel malte.

›Flieger malt‹, sagte der Limbus und reckte den kleinen Zeigefinger hoch, so hoch. ›Flieger Mama lieb!‹«

2.

»Als mein Vater von den Söhnen der Familie K. sprach, korrigierte ich ihn: ›Das sind noch keine Söhne, das sind Kinder!‹«

Als ich ein Kind war, spielte ich lieber mit Jungen, ich fand Mädchen langweilig. Leider finde ich sie immer noch zickig, obwohl ich das als Feministin natürlich nicht laut sagen darf. Und Mädchenmütter sind im Gros braver als Jungensmütter: daß selbst die Mutterschaft sich in unserer Gesellschaft noch teilt, hätte ich nie für möglich gehalten. (Die Teilung in Mütter und Nicht-Mütter wurde mir mit der Geburt meines Sohnes schon schmerzlich genug zum Bewußtsein gebracht; ›heutzutage gibt es doch viele so kinderlose Mütter, wie wir‹, hatte sich allerdings einst eine Kollegin versprochen.)

Als ich noch kein Kind hatte (also eine kinderlose Mutter war?), hörte ich gelegentlich den Müttern zu. Immer waren es Mädchenmütter, die mir erzählten, ihre Tochter onaniere schrecklich viel, nie aber hat sich die Mutter eines Jungen darüber beklagt. Endlich hatte eine Freundin von mir beides, Tochter und Sohn, und sie behauptete tatsächlich, der Sohn mache so etwas nicht...

Mütter von Söhnen, denke ich nun, nehmen manches, was sie nicht berührt, einfach nicht wahr. Als H. ihren Sohn wickelte, bestäubte sie ihn großzügig mit Puder, nur Pimmel und Hodensäckchen sparte sie fein säuberlich aus. ›Da mußt du auch pudern!‹ lachte ihr Mann: ›Denkst du, bloß weil du es nicht hast, muß kein Puder darauf?‹ – ›Ach, den Pimmel auch?‹ fragte sie ganz erstaunt.

Mütter haben es schwer, Jungensmütter haben es schwerer. Die Schauergeschichten, die man an Sandkastenrändern hört, handeln immer von Jungen. Sie haben Blähungen und schlafen schlecht, sie schreien die ganze Nachbarschaft zusammen und beißen ihre Mutter in die Brust, so daß die einen Milchstau bekommt. Sie werden später trocken, dafür seilen sie sich vom dritten Stock an der Hauswand herab oder fahren den neuen Mercedes zu Schrott. Gestern las ich in der Zeitung von zwei Kindern, zwei und drei Jahre alt, die am frühen Sonntagmorgen eine Spazierfahrt mit Vaters Auto unternahmen: Jungen natürlich. Die meisten Autisten sind, laut Statistik, Jungen, die meisten Hyperaktiven auch. Ja, Jungen sind anstrengend. In meinem nächsten Leben werde ich lesbisch und kriege eine Tochter, so lautet mein äußerster Fluch.

Jungensmütter brauchen Nerven wie Drahtseile. Nicht nur geht bei ihnen zu Haus (und anderswo auch) mehr zu Bruch. Die Mädchenmütter hetzen ihre Töchter noch dazu gegen unsere Söhne auf. Als der Limbus anderthalb Jahre alt war, schmiß er in der Sandkiste mit Sand. Sogleich war eine Mädchenmutter zur Stelle, die »Laß dir von den Mackern bloß nichts gefallen!« schrie.

Heutzutage wollen fünfjährige Mädchen keine Jungen mehr zum Kindergeburtstag einladen. Heutzutage gibt es (wieder?) Erzieherinnen, die es für bedenklich halten, wenn ein Junge lieber mit den Mädchen am Tisch sitzt und malt, anstatt mit anderen Jungen zu raufen. Heutzutage sagt ein Erstkläßler: ›Die Schule ist ja ganz schön, wenn nur die Pausen nicht wären!‹ Da spielen ›die Jungen‹

nämlich Krieg. Heutzutage sagt ein Erstkläßler: ›Die anderen Jungen sind gar nicht befreundet, die verbünden sich bloß.‹

Nun, da mein Sohn in die Schule geht, bin ich immer noch froh, daß er ein Junge ist, aber mir ist täglich angst und bange um ihn. Um ein Mädchen müßte ich mich nicht so stark sorgen. Die Mädchen bleiben irgendwo außen vor, was nicht immer von Nachteil sein muß, und die Mädcheneltern ahnen von den Prügeleien nichts, ein Junge aber kommt heulend von der Schule nach Haus. Erst haben drei größere Burschen ihn angegriffen, und als er sich wehrte, hat es die Lehrerin gesehen. Die hat ihn mit einer Strafarbeit in die Ecke gesetzt. Diese Welt stellt sich für einen Erstkläßler nicht besser dar, als sie ist: brutal und ungerecht nämlich.

Mir tun die Jungen leid, ihnen wird schier Unmögliches abverlangt. Mädchen zum Widerspruch, ja zum Frechsein zu erziehen, ist allerorten Programm, nur die Söhne sollen sich anpassen lernen. Dabei sagt ihnen keiner, wer sie sind und wo es lang gehen könnte. Die netten Männer wissen ja selber nicht mehr, was Männlichkeit sei. Es sei denn, im Negativen. Der Konformitätszwang für sie aber zeigt sich schon in den Namen: Als Regula komme ich prima durchs Leben, ein Regulus hätte es schwer. Auf schmalen Kinderschultern ruht die Erblast des Patriarchats, für das die kleinen Kerle aber doch nichts können, es sei denn, man kreidet ihnen – was auch geschieht – ihr genuines Interesse an Autos und Lego-Technik an.

»Warum bist du meine Mutter?« fragte der Limbus, als er drei Jahre alt war. »Weil ich dich geboren habe«, antwortete ich. »Und der Papa, was hat der gemacht?« wollte er wissen.

Und später: »Als du mich geboren hast, hattest du da einen Bohrer?«

Manchmal predige ich Ritterlichkeit, wohl wissend, damit auf verlorenem Posten zu stehen. Schließlich wächst mein Sohn in einem Umfeld auf, in dem Mädchen mehr und Frauen rein alles dürfen – zumindest erscheint es ihm so.

Mittwochs ist auf dem Abenteuerspielplatz Mädchentag, dann ist für Jungen der Zutritt zum Spielhaus verboten. So wird ein netter kleiner Kerl auf die Seite der Rüpel gedrängt. Gelegentlich lese ich in einem Frauenbildungszentrum, nehme an einer Frauenwoche – Motto etwa: *Wilde Weiber* – teil oder werde zu einem *Ladies Dinner* geladen. Ich treffe mich mit den *Sisters in Crime* oder auch mit den *Frauen in der Literaturwissenschaft*. Befreundete Mütter sind im *Journalistinnenbund* oder bei den *Bücherfrauen* engagiert. Und die Männer bleiben zu Hause, was ja, historisch betrachtet, auch völlig in Ordnung ist. Aber soll ich einem Dreikäsehoch etwa erklären, daß seine Mutter zu einer unterdrückten Spezies gehört?

»Es gibt viel schönere Mädchensachen«, stellt mein Sohn regelmäßig fest, wenn er etwas Neues zum Anziehen braucht. »Warum sind die eigentlich bunter?«

Zum Ausgleich hat das Spielzeug für Jungen ab drei fast immer mit Krieg oder zumindest mit Kämpfen zu tun: Cowboys, Power Rangers, Piraten. Immerhin lasse auch ich mich lieber zu einem Ritter von der Tafelrunde schlagen und stelle mich den damit verbundenen historischen oder philosophischen Fragen (»Waren die Wikinger stärker oder die Ritter? Waren das Böse?«), als daß ich womöglich mit Barbiepuppen, die ich schon als Kind nicht leiden konnte, spielte.

Trotzdem, Jungen haben es schwer. Neulich fiel mir ein Pappschild auf, mit Tesafilm war's an einen Telefonverteiler geklebt. *Demunzrazjon über das Jongens kenna so schlau sint wie Metjen*, stand in ungelenken Buchstaben darauf. *Um 17:00 Uhr bei der Esso Tankschtele.* – Die schlauen Mädchen hätten sicher noch ein Datum dazu gesetzt.

3.

»Aber zurück zum Wänglein, beinahe wäre es ein Wassermann geworden, mir seit langem von einer Handleserin prophezeit. Um die Alster bin ich einmal gelaufen, und zweimal von Neumühlen bis Teufelsbrück und retour, eigens, um es zu bewegen, ein Wassermännchen zu werden. Es war ein märchenhaft schöner Sternenhimmel, sicherlich ein phantastisches Horoskop, dachten wir, allein, es hat die Chance vertan und kam im Sternzeichen des Fisches zur Welt. Fische und Zwillinge, hieß es, haben weder Verständnis noch Sympathie füreinander, ich fragte mich also, was aus unserer Mutter-Sohn-Beziehung noch werden sollte. Arthur Schopenhauer war auch ein Fisch... Trösten konnten mich die Chinesen, der Limbus war nämlich im Jahr des Drachen geboren, und jeder wußte, wie fabelhaft Drachen sind. Befremdlich war nur, daß ich der Ziege gleichen sollte, man sagte, sie neige zum Meckern wie zur Schriftstellerei. Egal, ich glaube nicht an Horoskope, und immerhin paßten Ziegenmutter und Drachensohn ganz ausgezeichnet zueinander. Und im Grunde war der kleine Drache ja selbst ein Geißlein, war er doch der Sohn vom großen Widder Wang.«

Die Günderrode, die Droste, Virginia Woolf oder Ingeborg Bachmann waren kinderlos, aber *wenn* große Schriftstellerinnen Kinder haben, so haben sie Söhne. Und die bedichten sie dann. Und – die Schopenhauersche mal ausgenommen – sie sind glücklich mit ihnen.

Franziska Reventlow genießt *das kleine süße herrliche Leben, das jetzt seitdem um mich ist*, als ihr eigenes Werk; Rolf-»Mausi« (»die matriarchalische Maus!«) bringt die Erfüllung, die kein Mann je zu bringen vermochte. Else Lasker-Schüler, die *Pavianmutter, singt ihr Paviänchen in den Schlaf: Schlafe, schlafe, / Mein Rosenpopöchen, / Mein Zukkerläuschen, / Mein Goldflöhchen, / Morgen wird die Kaiserin aus Asien kommen / Mit Zucker, Schokoladen und Bombommen...* Auch Mascha Kaléko widmet ihrem Sohn wunderbare Liebesgedichte: *Dir will ich meines Liebsten Augen geben / und seiner Seele flammendreines Glühn ... Wer du auch seist, nur eines – sei es ganz!* wünscht sie ihm. Gertrud Kolmar beschwört ihren *Sommervogel, mir ans Herz geflogen! Du samtne Biene, meinem Stock gewöhnt! / O Sonnenblume, zu mir hergebogen, / Und Quellenstimme, meinem Fels enttönt ... Mein Kind. Tier. Seele. Kirschbaum über Grüften! / Du trägst die Knospe noch, trägst einst die Frucht*; in einem anderen Gedicht antizipiert sie aber schon den zukünftigen Verlust ihres Sohnes: *Ach, ich weiß schon, er wird sein / Seines Vaters Kraft und meine Schwäche ...* Von Verachtung und Verrat der eigentlich innigen Mutter-und-Sohn-Beziehung wußte auch Marlen Haushofer, zum Beispiel in *Wir töten Stella*, zu berichten, und Helke Sander zeigt am Rande ihres Films *Der Beginn aller Schrecken ist Liebe* das zugrundeliegende Dilemma (Mutter fürchtet zu enge Bindung) und das daraus resultierende Mißverständnis (Sohn fühlt sich zuwenig geliebt) auf.

Wie schwierig die Kommunikation zwischen Mutter und Sohn aber auch sein mag, ein solches Leid wie von den Schriftstellerinnentöchtern ist von den Söhnen nicht bekannt. Sophie von La Roche, die in ihren Artikeln Tausende von *papiernen Mädchen* erzog, lieferte ihre eigene Tochter Luise einer vorhersehbar unglücklichen Ehe mit einem alkoholsüchtigen kurtrierischen Hofrat aus. H. D. (Hilda Doolittle) ließ ihre Tochter Perdita von ihrer gern die Peitsche schwingenden Lebensgefährtin Bryher erziehen. Das unbegreifbar Schrecklichste aber mutete Elisabeth Langgässer ihrer Tochter zu: Um ihre eigene Haut durch Taktieren mit den Nationalsozialisten zu retten, opferte sie Cordelia, die schließlich nach Auschwitz, in Dr. Mengeles Schreibstube, kam.

Selten, daß eine Schriftstellerin Tochter und Sohn bedichtet. Johanna Moosdorf ist eine der wenigen, die für ihren Sohn Thomas Bernstein – *wie glühend wollte ich für dich / die Hieroglyphe des Seins entziffern* – und ihre Tochter Barbara – *unter Schwalbenflügelbrauen / lacht es dich an / bizarre Klangfiguren / Dreiecke blitzende Silberspiralen / tanzen auf der Lackfolie / es rasseln / die Jazztrommeln* – gleichermaßen liebevoll schrieb.

Nicht besonders innig war bekanntlich Ina Seidels Beziehung zu ihrer Tochter; als aber Sohn Georg geboren wurde, machte *Das Wunschkind*, so der Titel des ihm gewidmeten Romans, seine Mutter berühmt.

Ist es mehr als ein Zufall, daß Schriftstellerinnen / Mütter, die Töchter haben – etwa Ingeborg Drewitz oder Christa Wolf – irgendwie ›mütterlicher‹ – um nicht zu sagen: biederer – wirken?

Söhne sind inspirierend. *Mein pflaumenmusbrauner MUSENSOHN*, legt Ginka Steinwachs ihrer *frau in bewegung*, der *frau von stand* George Sand in den Mund.

Als der Limbus drei Monate alt war, schrieb ich *Ein Ammenmärchen*, meinen ersten ›literarischen‹ Text.

4.

»Vielleicht würde der Limbus ein Tenor, Trompeter oder Dirigent, durchfuhr es mich einmal, als ich schwanger war. Dann würde er seine alten Eltern mit Freikarten versorgen...

Aber ich wollte nicht größenwahnsinnig sein, es sollte mir schon reichen, wenn der Limbus nur gesund und glücklich würde. Und wer war das schon?«

Jungenmütter sind stolz.

Sie selbst streckte sich, als sie starb, im Tode noch stolz aus, und noch nie ward ein so langer Frauensarg in die Kirche getragen und der eine so edle Leiche barg zu Seldwyla.

So endet Gottfried Kellers Novelle *Frau Regel Amrain und ihr Jüngster*, in der eine kluge und selbständige Frau ihre Söhne, vor allem aber Fritz, ihren jüngsten, nachdem sich Vater Amrain nach Übersee abgesetzt hat, auf selbstbewußte, besonnene und hochmoralische Weise erzieht.

Nach dieser Regula bin ich benannt.

Katja Leyrer

»Mutti will es so!«

Söhne-Mütter sind anders als Töchter-Mütter

Vorbemerkung

Es beginnt recht harmlos und ohne besondere Auffälligkeiten, jedenfalls soweit das Ereignis einer Schwangerschaft als harmlose Angelegenheit eingeordnet werden kann. Die ersten Symptome treten in der Regel schon im Wochenbett auf, sind aber noch diffus. Sie manifestieren sich meistens im Laufe des ersten Lebensjahres des Kindes und nehmen häufig einen chronischen Verlauf. Betroffen sind Frauen aller Kulturkreise und gesellschaftlichen Schichten. Die Symptome können allerdings regional bedingte Unterschiede aufweisen.

Beobachtungen aus den siebziger Jahren gehen davon aus, daß mehr als 90 Prozent aller Sohn-Mütter in Westeuropa zumindest zeitweise deutliche Anzeichen der Symptomatik zeigen. Neuere Untersuchungen existieren nicht. Ursache für den miserablen Forschungsstand ist vermutlich, daß die hinlänglich bekannten Erscheinungsformen der Sohn-Mutterschaft in medizinischen, soziologischen und psychologischen Fachkreisen, aber auch in der feministischen Forschung, entweder bagatellisiert und verschwiegen oder verteufelt werden.

Auch ich selbst bin erst spät darauf gestoßen, obgleich ich schon lange von Betroffenen umgeben bin und das eine oder andere eigene Erlebnis, insbesondere aber das Verhalten engerer Freundinnen, mich hätten stutzig machen müssen. Aber manchmal ist ja bekanntlich der Wald vor lauter Bäumen nicht zu sehen.

 Früher habe ich die Ursachen einiger deutlich erkennbarer Symptome falsch eingeordnet, sie vor allem auf männliche Unzulänglichkeiten reduziert, manchmal aber auch Böswilligkeit und Ignoranz in männlichem Verhalten unterstellt. Dies entsprach durchaus dem Stand der Forschung bis vor etwa acht bis zehn Jahren.

Heute ist eine differenziertere Betrachtungsweise der Sohn-Mutterschaft überfällig, nicht zuletzt, weil sie unnötige Gefühlsinvestitionen und Enttäuschungen im Zusammenleben erspart. In der Regel ist es klüger, sowohl Männern als auch Sohn-Müttern mit distanzierter Vorsicht zu begegnen. Zwei Fallbeispiele mögen das veranschaulichen:

Auf dem Spielplatz rennt Dennis (3), offensichtlich absichtsvoll, immer wieder in Richtung Sandkiste, um einige dort spielende gleichaltrige Mädchen zu stören, sie zu boxen und ihnen eine kleine blaue Plastikschaufel zu entwenden. Die anwesende Mutter des Jungen greift nicht in das Geschehen ein und antwortet auf Befragen: »Aber er ist doch ein Junge!«

Der 30jährige Hans-Peter, Computerspezialist einer Bank und demnächst Familienvater, gerät in einen Partnerschaftskonflikt, weil seine Ehefrau der Ansicht ist, daß es ihren und auch den Interessen des erwarteten Kindes entspräche, wenn Hans-Peter einige Monate Erziehungsurlaub nehmen würde. Die Mutter von Hans-Peter äußert Bedenken: »Aber er ist doch ein Mann!«

In der Regel können sowohl Töchter Mütter als auch Schwiegertöchter *nicht* mit Solidarität oder wirklicher Sympathie auf seiten der Sohn-Mütter rechnen. Es gibt unbestreitbar bemerkenswerte Ausnahmen von dieser Regel, doch hier soll über durchschnittlich zu erwartendes Verhalten referiert werden.

Symptom Erwartungshaltung bezüglich Hausarbeit

Die »normale« Sohn-Mutter geht davon aus, daß das Geschlecht ihres Kindes naturgegeben dessen soziales Verhalten in eindeutiger Weise beeinflußt. Diese Erwartungshaltung, die symptomatisch für Sohn-Mütter ist, beinhaltet u. a. sehr oft die Überzeugung, daß der Sohn für bestimmte Arten von Hausarbeit nicht tauglich sei. Die Ausprägung dieser Überzeugung ist allerdings in Nuancen vom Strukturwandel der Hausarbeit selbst und gesellschaftlich relevanten Moden abhängig.

Ein Beispiel: Schon bei meinen ersten intensiveren Beobachtungen der Spezies »Mann« gegen Ende der sechziger Jahre war mir aufgefallen, daß zu deren durchschnittlich üblichen Lebensweise offensichtlich gehörte, sogenannte Wochenendbesuche bei der jeweils leiblichen Mutter vorzunehmen. Diese Reisetätigkeit war durchweg mit dem Ziel verbunden, von der blutsverwandten Mutter die während der Woche verschmutzte Wäsche waschen, bügeln und flicken zu lassen. Eine Abwandlung dieses Verhaltens bestand – vor allem bei größerer Entfernung zwischen Studienort des Sohnes und Wohnort der Mutter – gewöhnlich im postalischen Versenden der Schmutzwäsche an die mütterliche Adresse respektive dem wöchentlichen Empfang von Paketen von derselben. Diese Pakete enthielten saubere, gebündelte Wäsche und meist einige beigefügte Süßigkeiten, manchmal aber auch einen in Kohlepapier gefalteten Geldschein in einem Briefumschlag.

Mir erschien ein solches Prozedere außerordentlich umständlich und unverständlich, zudem – das Porto betreffend – auch teuer. Auf Befragen antworteten meine männlichen Versuchspersonen meistens, dies ginge mich nichts an, oder, ihre jeweilige Mutter oder »Mutti« wolle dies eben so...

Ich habe das Beobachtete damals in mehrfacher Hinsicht falsch gedeutet. Begünstigt durch die Tatsache, daß die Mutterfigur zur Zeit meiner Feldforschungen gewöhnlich körperlich nicht anwesend war, hatte ich die Versuchspersonen in erster Linie als im Alltag autonom agierende männliche Wesen wahrgenommen und nicht als Söhne. Daß es sich in Wirklichkeit um Zwitterwesen handelte, die nicht selten sogar hauptsächlich »Sohn« und nur in der Außenwirkung »Mann« waren, wurde mir erst viele Jahre später im Zuge interdisziplinärer und tiefergehender Studien deutlich.

Aufgrund meiner damaligen frühen Beobachtungen hatte ich zu Beginn der siebziger Jahre zwei sich ergänzende Thesen aufgestellt, deren erste zumindest einige Anerkennung und Beliebtheit erlangte:

1. Männer streben nach Ausnutzung weiblicher Arbeitskraft.
2. Vermutlich ist die männliche Haut beim Zusammentreffen mit Waschlauge allergiegefährdeter als die weibliche.

Vom heutigen Kenntnisstand aus müssen beide Thesen weitgehend revidiert werden, da sie zumindest mit einer dritten Variablen korrespondieren, wenn nicht sogar von dieser determiniert werden. Die oben beispielhaft zitierte Aussage »Mutti will es so« muß nämlich, so das Ergebnis meiner Langzeitbeobachtungen zwischen 1967 und 1995, durchaus ernst genommen werden. Sie ist vermutlich sogar ausschlaggebend für die Ausbildung des »normalen« männlichen Unvermögens bezüglich der Erledigung von Reproduktionsarbeiten.

Es handelt sich bei der Aussage »Mutti will es so« meist *nicht* um Zweckausreden oder vorgeschobene Behauptungen; zudem ist sie als Erklärungsansatz für weit mehr geeignet als für typisch männliches Verhalten im Zusammenhang mit Wäschepflege. Dabei ist der Hinweis auf die »Mutti« selbstverständlich variabel und auf die jeweiligen sozialen und kulturellen Bedingungen der beobachteten Personen anzuwenden. Als übliche Variationen können beispielsweise gelten: »Die Alte macht das schon!« oder: »Meine Mami kann das am besten!« oder auch: »Ich gebe meiner Frau Mutter damit das Gefühl, gebraucht zu werden.«

Merkwürdiges Mutterverhalten oder Differenz?

Der alt-feministische Ansatz in der Geschlechter- und Sozialisationsforschung ist vermutlich gründlich zu hinterfragen, auch und vor allem, insoweit er das Verhältnis zwischen Mutter und Sohn berührt. Dabei sind nicht in erster Linie die Beobachtungen an sich in Zweifel zu ziehen, sondern vor allem die Schlüsse, die daraus gezogen wurden. Unter anderen Nancy Chodorow[1], Dorothea Dieckmann[2], Marianne Grabrucker[3] und Christiane Olivier[4] haben in den vergangenen Jahren bahnbrechende Studien zum Komplex des weiblichen Mutterns vorgelegt, die mit meinen eigenen[5] durchaus konform gehen. In unterschiedlicher Absicht und mit unterschiedlichem Ansatz kommen alle zu dem Ergebnis, daß sehr viele Mütter sich augenscheinlich merkwürdig verhalten. Einige dieser Arbeiten sprechen sogar schon die Vermutung aus, daß neben einer allgemein festgestellten Merkwürdigkeit mütterlichen Verhaltens anscheinend auch noch von einer Differenz in den Handlungsstrukturen zwischen Tochter-Müttern und Sohn-Müttern ausgegangen werden muß.

Grabrucker, der das Verdienst zukommt, die Definition der »Sohn-Mutter« eingeführt zu haben, ist sich des Unterschiedes zwischen den Müttern anscheinend durchaus bewußt, wenn sie Mitte der achtziger Jahre fragt: »Warum haben nur Söhne-Mütter ein Gefühl dafür entwickelt, wie schädlich es für die Reifung eines jungen Menschen sein kann, wenn er in der bestehenden Gesellschaft keine sichere Stellung seines Geschlechts findet?«[6]

Olivier beobachtet bereits Ende der siebziger Jahre bei französischen Müttern: »Seht doch, wie sie ihn stolz herumträgt, diesen Sohn, der kommt, um sie zu vervollständigen, wie kein anderer es kann, seht den Zustand der Erfüllung, der in das Gesicht all dieser Madonnen gemalt ist.«[7]

Die Schlußfolgerungen dieser – meiner Meinung nach sehr zutreffenden Beobachtungen – blieben jedoch bei der Beschreibung des unterschiedlichen mütterlichen Verhaltens stehen oder waren nicht selten sogar darauf ausgerichtet, dieses zu verändern. Insbesondere unter dem Einfluß von Ideologien der alt-feministischen Schule wurde häufig der Versuch unternommen, die zweifellos vorhandenen und am Geschlecht des Kindes orientierten Unterschiede mütterlicher Zuwendung mit gesellschaftlich relevanten Vorurteilen oder Sozialisationserfahrungen sowie frühkindlichen Prägungen (der Mutter) zu erklären.[8]

Das Ergebnis blieb immer unbefriedigend. Nicht zuletzt mußten sogar einige der feministischen Forschung nahestehenden Fachfrauen in Selbstversuchen die Erfahrung machen, daß unterschiedliches Verhalten je nach Geschlecht des leiblichen Kindes auch dann nicht immer vermeidbar ist, wenn ein »bewußtes Gegensteuern« beabsichtigt war. Hingewiesen sei auch auf die insgesamt niederschmetternden Resultate sogenannter geschlechtsneutraler Erziehung und verwandter Forschungsprojekte, deren Gemeinsamkeit darin bestand, sowohl die Divergenzen zwischen männlichen und weiblichen Kindern als auch die zwischen Sohn-Müttern und Tochter-Müttern zu negieren oder zu tabuisieren. In den siebziger, aber vereinzelt auch noch bis Ende der achtziger Jahre standen die Arbeiten in diesem Forschungsbereich zudem nicht selten unter dem Einfluß sozialistisch gesteuerter Ideologien, was bis zur Behauptung von anzustrebender Gleichheit zwischen Männern und Frauen führte.

Erst neuere Debatten in jüngster Zeit haben, interdisziplinär angewendet, den Weg wieder frei gemacht für die Annäherung an eine realitätsbezogene Ursachenforschung sowohl für das männliche als auch das weibliche Durchschnittsverhalten und damit auch das der Mütter. Zwei Ansätze haben sich dabei als äußerst hilfreich erwiesen: der sogenannte biologische (die Unterschiede zwischen den rechten und linken Hirnhälften je nach Geschlecht) und die Differenztheorie. Beide zusammen auf mütterliches Verhalten angewendet, ergeben völlig neue Erkenntnisse auch bezüglich der vorliegenden Beobachtungen aus den siebziger Jahren.

Ausgeklammert wird erstaunlicherweise auch heute noch – auch in der feministischen Debatte! – der Einfluß des werdenden Kindes auf das fötale Umfeld. Wenn wir aber einbeziehen, daß es nicht nur ein psychologischer Unterschied ist, ob die Gravide neun Monate einer männlichen oder einer weiblichen Leibesfrucht ausgesetzt war, sondern auch ein biologisch relevanter, der wirksam im Körper der Schwangeren agiert, kommen wir der Beantwortung vieler bislang ungelöster Fragen näher. Dabei ist es – vorerst jedenfalls – nicht von erstrangiger Bedeutung, ob es sich dabei vor allem um einen Einfluß männlicher Chromosomen, männlicher Hormone oder vorübergehend im Frauenkörper weilenden männlich strukturierten Hirnhälften handelt.

Vermutlich haben wir es sogar mit einem Zusammenspiel aller genannten Faktoren zu tun. Ein interessanter Aspekt für weitere Forschungen in diesem Zusammenhang ergibt sich auch aus der Fragestellung, ob unser bisheriger Kenntnisstand über die relative Zufälligkeit der Einnistung »männlicher« oder »weiblicher« Spermien in der Gebärmutter nicht überprüft werden sollte. Nicht definitiv auszuschließen scheint sogar die mögliche Existenz bislang unbekannter Erreger, die nur in der Konstellation der körperlichen Verschmelzung zwischen weiblichem Muttergewebe und männlichem Kindsgewebe aktiv werden, um dann mehr oder weniger chronisch im Mutterkörper auszuharren und zu den uns allen geläufigen Persönlichkeitsveränderungen der Sohn-Mutter führen.

Symptom Persönlichkeitsveränderung

Die meisten Mütter von Söhnen, so die Beobachtungen, machen nach der Geburt des Kindes eine solche Veränderung durch beziehungsweise zeigen eine außerordentliche Bereitschaft dafür. Bemerkenswert daran ist, daß die betroffenen Frauen selbst keinen Leidensdruck verspüren oder sich in irgendeiner Weise gehandikapt fühlen. Es spricht viel dafür, daß die Betroffenen sogar außerstande sind, diese Veränderungen selbst zu registrieren. Viele von ihnen weisen jedenfalls die ihnen gegenüber geäußerten Hinweise auf geändertes Verhalten weit und empört von sich.

Ein typisches Zeichen der Veränderung ist, daß vor Eintritt der Schwangerschaft vehement vertretene Ansichten sowie eigenes Alltagsverhalten radikal ins Gegenteil verkehrt oder abgestritten werden, wenn das männliche Kind geboren ist. Frauen, die beispielsweise gegenüber ersten (männlichen) Beziehungspartnern eher fordernd aufgetreten sind, werden nach der Geburt eines Sohnes nicht selten zu »weichherzigen«, verständnisbereiten, manchmal aber auch von Unsicherheit geprägten Persönlichkeiten. Je nach Stärke der Symptome ist dieser Zustand ein vorübergehender; in der überwiegenden Mehrheit der Fälle ist jedoch eine lebenslange Veränderung in Denk- und Verhaltensmustern zu erwarten.

»Der kleine Mann«

Die klassische Erscheinungsform geht einher mit der inneren, oft unbewußten Überzeugung, daß der Sohn niemals wirklich groß, das heißt erwachsen wird, werden soll oder werden dürfe. Die betroffene Sohn-Mutter versucht indirekt, manchmal aber auch offen aggressiv, den kindlichen Zustand des Sohnes zu erhalten. Sie wird ihm also beispielsweise im Schulalter noch den Po abputzen, ihm jegliche Freiheit im sozialen Verhalten erlauben oder ihm auch im Mannesalter noch Handreichungen zukommen lassen, die er, wäre er weiblichen Geschlechts, selbstverständlich nicht erhalten würde.

Sie wird auch heute noch, um noch einmal auf meine Anfangsbeobachtung zurückzukommen, durchaus nachhaltig darauf dringen, dem studierenden oder berufstätigen Sohn bei der Bewältigung von Alltagserfordernissen und Reproduktionsarbeiten zur Hand zu gehen. Im

Zeitalter der modernen Waschmaschinen bezieht sich ihre stützende Hilfe für den erwachsenen Sohn nicht unbedingt mehr vordergründig auf die Pflege seiner Leibwäsche. Doch sie wird ihm, wenn die Entfernung es erlaubt, vielleicht regelmäßig sein Zimmer respektive seine Wohnung putzen, oder sie wird ihm Kleidungsstücke und Einrichtungsgegenstände aussuchen und kaufen, solange er ihr das nicht ausdrücklich untersagt. Die Äußerungsformen der mütterlichen Liebe sind mannigfaltig: Manche Mütter zahlen die Spielschulden oder die Alimente ihrer erwachsenen Söhne, andere kaufen ihnen lebenslang Spielzeug wie Autos, Motorräder, Bootsausrüstungen oder als Sport-Utensilien umschriebene Wertgegenstände.

Vorübergehend unterbrochen wird dieses als »söhnemütterlich« zu bezeichnende Verhalten manchmal von der periodisch auftretenden Hinwendung des Sohnes zu anderen Frauen. Die normale Sohn-Mutter zieht sich während dieser Phasen entweder mit deutlichen Anzeichen des Gekränktseins zurück oder wird offensiv zu verhindern suchen, daß der Sohn seine Reproduktion nun von »der anderen« überwachen läßt. Nicht selten entsteht eine dauerhafte Rivalität zwischen den beiden Frauen, die sich auch in regelrechten Kochwettbewerben äußert. Mit fast hundertprozentiger Sicherheit wird die Sohn-Mutter aber ihre Mutteraufgaben wieder vollständig übernehmen, sobald der Sohn signalisiert, daß es ihm genehm ist. Dieser Fall tritt häufig ein, wenn es zu Partnerschaftskonflikten kommt; er ist fast zwingende Folge nach einer Ehescheidung des Sohnes.

Weitere Anzeichen söhnemütterlichen Verhaltens

Ein anderes Symptom söhnemütterlichen Liebesverhaltens kann übermäßige Sorge um das Wohlergehen des (halbwüchsigen oder erwachsenen) Mannes sein. Typisch ist aber auch ein scheinbar leichtgläubiges Hinweggehen über dessen Unzulänglichkeiten und manchmal auch schwererer Vergehen. Nicht selten kommt es zur völligen Identifikation mit den Idealen oder der Lebensweise des Sohnes (Soldaten-Mütter, Politiker-Mütter), die zur absoluten Selbstaufgabe eigener Wünsche oder Lebensvorstellungen der zur Sohn-Mutter gewordenen Frau führen kann. Vor diesem Hintergrund wird auch erklärbar, daß Mütter von Vergewaltigern oder Gewalttätern manchmal zu Schuldzuweisungen gegenüber den geschädigten Frauen neigen.

Ausblick

Fazit meiner eigenen Beobachtungen söhnemütterlichen Verhaltens unter Einbeziehung des aktuellen Forschungsstandes ist der manifeste Verdacht, daß wir es bei der typischen Sohn-Mutterschaft mit einer bis heute zu wenig gewürdigten Besonderheit in der weiblichen Biographie zu tun haben. Die pauschale Bezeichnung »Mutter« für geburtserfahrene Frauen bezieht das Geschlecht des Kindes nicht ein und greift deshalb zu kurz. Eine geschlechts-differenzierte Betrachtungsweise von Mutterschaft ist nicht nur von wissenschaftlichem Interesse, sondern auch notwendig, um überholte Ideen der altfeministischen Beauvoirschen Schule zurückzuweisen, die immer noch zur Verunsicherung vieler Sohn-Mütter beitragen. Die Akzeptanz genetisch-biologischer Unterschiede zwischen Männern und Frauen und deren Auswirkung auf die Schwangere und spätere Mutter wird mit Sicherheit zu einer Entspannung des Verhältnisses zwischen Frauen und Männern beitragen.

Anmerkungen

1 Nancy Chodorow: Das Erbe der Mütter. Psychoanalyse und Soziologie der Geschlechter, München 1985
2 Dorothea Dieckmann: Unter Müttern. Eine Schmähschrift, Reinbek bei Hamburg 1995

3 Marianne Grabrucker: »Typisch Mädchen...« Prägungen in den ersten drei Lebensjahren, Frankfurt/M. 1985
4 Christiane Olivier: Jokastes Kinder. Die Psyche der Frau im Schatten der Mutter, München 1989
5 Katja Leyrer: Hilfe! Mein Sohn wird ein Macker, Frankfurt/M. 1990
6 Marianne Grabrucker: a. a. O. Seite 247
7 Christiane Olivier: a. a. O. Seite 54
8 vgl. u. a. Elena Gianini Belotti: Was geschieht mit kleinen Mädchen?, München 1975, sowie Ursula Scheu: Wir werden nicht als Mädchen geboren – wir werden dazu gemacht, Frankfurt/M. 1977. Aber auch: Simone de Beauvoir: Das andere Geschlecht. Sitte und Sexus der Frau, Reinbek bei Hamburg 1968

Ulrike Schmauch

Was geschieht mit kleinen Jungen?

Der weibliche Blick auf Männlichkeit und das Konzept einer »sicheren männlichen Identität«

Wie ein Sohn zu erziehen und was ein richtiger Junge, ein richtiger Mann ist – das schien einmal so klar und einfach, daß Mütter die Frage und ein Nachdenken darüber kaum verständlich gefunden hätten. Inzwischen sind die Zeiten unhinterfragter Gewißheiten in allem, was die Geschlechter betrifft, unwiderruflich passé. Gleichzeitig leben natürlich noch, in Phantasien, aber auch in wissenschaftlichen Theorien, überkommene Männlichkeitsbilder fort. Eines dieser Bilder enthält die Vorstellung einer »sicheren männlichen Identität«. Männlichkeit kann jedoch nach meiner Auffassung ebensowenig etwas Eindeutiges, Identisches und Sicheres sein wie das weibliche Verhältnis zu ihr. Vielmehr ist beides, im historischen wie im individuellen Sinn, widerspruchsvoll und im Fluß.

Beginnen möchte ich aber mit Aussagen, die Jungen in Gesprächen selbst zu ihrer Erfahrung, männlich zu sein, gemacht haben:

Ein Vierjähriger, befragt, wie es ihm gefalle, ein Junge zu sein, sagte: »Nicht so gut. Weil, ich will lieber das haben, was die Frauen haben. Ich will so gern einen Busen haben.« – »Und was gefällt dir gut am Jungesein?« – »Das Flugzeugfliegen, das Rennautofahren, das Motorradfahren, aber das ist so windig. Was mir an der Kuh gefällt, ist der Kuhfladen. Das Pipi gefällt mir und das Kaka, das ich kacke.«

Ein Siebenjähriger antwortete auf die gleiche Frage: »Gut!« Und kichernd, leise: »Ich finde es so gut, daß

Jungs keine Röcke tragen müssen. Mädchen sind puh. Außer Mama.« – »Und welche Männer findest du toll?« – »Meinen Papa. Der kann nämlich Motorrad fahren und Auto und Lkw fahren.«

Ein Achtjähriger: »Ich finde es schön. Aber es ist nicht so schön, weil andere Jungs so wild sind. Die Jungs greifen schneller an, aber ich, ich verteidige die Behinderten.« – »Wärest du gern ein Mädchen?« – »Nee! Sonst hätten die sich gar nicht gefreut, daß ich sie verteidige.«

Ein Elfjähriger auf die Frage, wie er über seinen Körper denke: »Ich glaube, er ist irgendwie ganz schön hart. Ich mein, man kann nicht zu leicht reinschneiden... er ist irgendwie zum Rennen gemacht und zum Schnellsein.«

Ein anderer Elfjähriger: »Ein Junge ist kein Mann. Er hat ein anderes Geschlechtsteil als ein Mädchen und bißchen kürzere Haare. Jungs haben ein größeres Maul und sind lauter. Sie spielen hauptsächlich mit Jungens und haben viel Streit mit Mädchen. Für mich paßt vielleicht der Spruch: harte Schale, weicher Kern.«

Ein Zwölfjähriger: »Ein Junge muß sich viel mehr anstrengen. Mädchen sehen von vornherein so aus, als ob sie eben lieb sind. Und Jungen, als ob sie sowieso prügeln. Dabei prügelt nicht jeder Junge. Gut am Jungesein ist, daß man sich besser wehren kann. Als Junge muß man mehr durchstehen. Sie sagen, die paar Schrammen, das mußt du ertragen. Und das packst du.«

Soviel aus Gesprächen mit Jungen zur Einstimmung aufs Thema.

Zum weiblichen Blick

Bis Ende der sechziger Jahre unterschieden sich weiblicher und männlicher Blick auf Jungen kaum voneinander. Für pädagogische und psychoanalytische Autoren beiderlei Geschlechts, traditioneller, sozialistischer und antiautoritärer Provenienz, ging es um Kinder, de facto jedoch unreflektiert mehrheitlich um Jungen. Normale und gestörte Entwicklung waren um das menschliche Modell, das männliche Kind zentriert, mit dem Mädchen als unauffälliger Randfigur neben dem Normalfall. Dieser Sichtweise in der Theoriebildung entsprach die Praxis in Institutionen wie Erziehungsberatungsstellen und Heimen, die ebenfalls mehrheitlich auf Jungen bezogen war – und es großenteils noch heute ist (vgl. dazu Schmauch 1994a).

Im Zentrum der Theorien standen, so seltsam das klingt, geschlechtsneutrale Jungen, Jungen minus Geschlecht. Nur in Fallgeschichten, als Individuen, gewannen männliche Kinder Umrisse auch als Geschlechtswesen mit spezifischer psychosexueller und sozialer Erfahrung. Insgesamt kann der weibliche Blick dieser »vorfeministischen« Zeit auf Männlichkeit als geschlechtslos, mehr oder weniger stereotyp und nicht zuletzt als aggressionsgehemmt bezeichnet werden.

Mit dem Erstarken der Frauenbewegung änderte sich das. Der Blick wurde immer öfter geschlechtsbewußt und aggressiv. Für die erste Welle feministischer Sozialisationsforschungen gehörte der Junge zum bekämpften, wütend beneideten Herrengeschlecht. Er galt gegenüber dem unterdrückten Mädchen als freier, geliebter und durchgängig bevorzugt (Chasseguet-Smirgel 1974; Belotti 1975; Scheu 1977; Schultz 1978; Grabrucker 1985; Leyrer 1990). So notwendig es war, die entwertenden und beschädigenden Seiten der Mädchensozialisation zu kritisieren und eine Veränderung einzufordern, so einseitig geriet in der zornigen Sicht auf Männlichkeit und erwachsene Männer das Bild der Jungen; ihre Gewinne wurden überzeichnet und ihre Verluste verleugnet. Entsprechend beschränkten sich feministisch-pädagogische Konzepte jener Zeit auf straf- und rachsüchtige Deprivilegierungsprogramme. So hieß es 1986 beispielhaft in der *Emma*: »Wenn wir wirklich wollen, daß es unsere Töchter einmal leichter haben, müssen wir es unseren Söhnen schwer machen« (Rousseau, Emma 1986/6). Für das Hauptmanko dieser Sicht halte ich aber nicht die darin enthaltene Aggressivität, sondern die fortbestehende Idealisierung von Männlichkeit. Denn mit der beharrlichen Darstellung von Jungen als glücklicher, freier und erfolgreicher wurde unbewußt am Bild männlicher Überlegenheit und am Mann als Maßstab festgehalten.

Wie zu erwarten, folgte eine Welle der Entwertung. Männlichkeit erschien nun als erbarmungswürdige Fehlkonstruktion, Jungen als nur mehr defizitär (Chodorow 1985; Olivier 1987; Günzel 1989; French 1992). Er, der Junge, war jetzt das Mangelwesen, ihm fehlte psychisch, sexuell und moralisch alles Wesentliche. Das Mädchen hingegen, wie das weibliche Geschlecht überhaupt, geriet in einem Überschuß an Aufwertung fast zu einer Ikone, zu einem Bild generativer und sexueller, spiritueller und moralischer Überlegenheit.

Neben diesen Sichtweisen entwickelte sich eine psychoanalytisch orientierte feministische Perspektive mit Aufmerksamkeit für Eigenart und Lebenslust von Jungen, für Beziehungserfahrungen, die sie verletzen und zugleich härten, die sie armieren mit machistischer Männlichkeit (Hoeppel 1991; Großmaß 1991; Davis und Banks 1993). Diese Perspektive, die auch ich einnehme, ermöglicht nicht eigentlich einen Standpunkt; sie besteht eher in pendelnden Bewegungen zwischen Einfühlung und Zurückweisung, ja Angriff; zwischen dem Blick nach außen, auf Jungen, und nach innen, auf Gefühle erwachsener Frauen.

Diese Gefühle sind vor allem geprägt durch hohe Ambivalenz. Da das Geschlechterverhältnis immer noch – bei allen bedeutsamen Zersetzungserscheinungen – als gesellschaftliches Herrschaftsverhältnis strukturiert ist, kann der weibliche Blick auf männliche Kinder auch nur in diesem Kontext verstanden werden. In die Wahrnehmung und Beziehung zu Jungen muß das Ensemble schmerzhafter Widersprüche und konflikthafter Gefühle eingehen, das Frauen in jeweils individueller Weise auf der Basis ihrer Unfreiheit gegenüber Männern erleben (vgl. Schmauch 1988).

Es gibt für Frauen ebenso viele Gründe, sich Männern voller Vertrauen zu nähern wie – in eben dieser Unfreiheit – voller Haß, Angst und berechnender Anpassung. Ein Kind, das einen Penis hat, kann für die Frau zum »typischen rücksichtslosen Macho« werden. Es kann passager den imaginierten eigenen Penis verkörpern und »phallische Vollkommenheit« verleihen. Im unbewußten Erleben kann es zum beneideten Bruder werden, zum begehrten bzw. enttäuschenden Vater oder zu einem Kind von ihm. Es kann Rachsucht wecken oder Sehnsucht nach Harmonie mit dem gegnerischen, mächtigen Geschlecht.

Die unvermeidliche Ambivalenz, die Frauen als Angehörige des Geschlechts zweiter Klasse allem Männlichen gegenüber empfinden (müssen), wird häufig geleugnet und in ihre einzelnen widersprüchlichen Aspekte aufgespalten. Sie finden sich auf der wissenschaftlichen Ebene, verabsolutiert zu theoretischen Positionen, wie ich sie oben umrissen habe. Und es gibt sie isoliert nebeneinander auf der Alltagsebene, wenn etwa Erzieherinnen einerseits beschreiben, wie wütend sie über die wilde, rücksichtslose Grobheit der Jungen sind und andererseits betonen, daß sie wilde, kecke Lausbuben oft lieber mögen als »brave, langweilige Mädchen« (vgl. Schmauch 1994b).

Ich halte fest: Die feministische Auseinandersetzung mit Männlichkeit und mit Jungen bewirkt Weiterentwicklung, »wissenschaftlichen Fortschritt«, weil sie die Sicht auf Jungen »sexuiert«, ein für allemal geschlechtsbewußt gemacht hat; sie hat Stereotypien zerstört und das komplexe gesellschaftliche und psychodynamische Bedingungsgefüge, in dem sich Jungen »normale Männlichkeit« aneignen, zunehmend aufgehellt. Der weibliche Blick und feministische Forschungsarbeit sind andererseits immer wieder in Gefahr, sich im Kreis zu drehen und mit den Windmühlenflügeln eigener Projektionen zu kämpfen, wenn die strukturelle Ambivalenz gegenüber Männlichkeit unbewußt bleibt. Wird die Widersprüchlichkeit jedoch deutlich genug gefühlt, reflektiert und in eine bewußte Hin- und Herbewegung übersetzt, kann sie sich als vorwärtstreibende, erkenntnisfördernde Kraft erweisen.

Ein weiteres Element ist in den Blick von Frauen auf Männlichkeit gerückt: das Bewußtsein, Jungen gegenüber nicht nur dem untergeordneten Geschlecht anzugehören, sondern zugleich der übergeordneten Generation. Als Erzieherin, Lehrerin und Mutter verfügen Frauen über Macht Jungen gegenüber, in einem existentiellen Sinn, seelisch und sexuell und physisch, einschließlich der Macht zur Gewaltausübung. Die weibliche Dominanz in den gesamten familialen und primären Sozialisationsbereichen kreuzt sich mit dem ungeordneten Status der Frauen eben dort. In Frauen selbst, darin, wie sie Jungen erleben, sehen und behandeln, durchdringen sich emotionale »Machtfülle«, gesellschaftlicher Machtmangel und Bemächtigungswünsche nach beiden Seiten.

Und schließlich wird *der* weibliche Blick in dem Maße, in dem sich Feministinnen zunehmend ihrer Differenzen untereinander bewußt werden, zu einer Vielzahl unterschiedlicher weiblicher Blicke.

Kann es eine sichere Männlichkeit geben?

Was ich für eine Stärke weiblicher Perspektiven auf Männlichkeit halte – die Fähigkeit, sich der Veränderung, Ambivalenz und Mehrdeutigkeit zu öffnen –, sehen andere als Bedrohung. Männlichkeit ist aus dieser Sicht umso gefestigter, je eindeutiger sie erscheint.

Diese Auffassung von Männlichkeit wird von psychoanalytischer wie von feministischer und männerbewegter Seite vorgetragen: Zunächst wird angenommen, das Mädchen habe es leichter, weil ihr Primärobjekt, die Mutter, gleichen Geschlechts ist wie sie; darum sei weibliche Identitätsbildung stimmiger, stabiler und weniger konfliktreich. (Hier taucht das bekannte Denkmuster »Bevorzugung–Benachteiligung« wieder auf, diesmal spiegelverkehrt.) Ralph Greenson (1968, 1982: 261) schrieb: »Die Weiblichkeit (des Mädchens; U. Sch.) ist praktisch sichergestellt, wenn es von einer weiblichen Person bemuttert wird.« Hingegen muß der Junge »die Identifizierung mit der Mutter beenden und sich mit einer männlichen Person identifizieren, wenn er eine männliche Geschlechtsidentität erwerben will«. (Greenson 1982:

261) Obwohl diese These inzwischen gut 25 Jahre alt ist, begegnet man ihr immer wieder: in Aussagen über den notwendigen Identitätsbruch, über Des- und Kontra-Identifizierung.

Von psychoanalytischen Autoren (Stoller 1974, 1979; Reiche 1990) wird hervorgehoben, wie unsicher und prekär vor diesem Hintergrund männliche Identität sei. Sie resultiere aus sekundären Identifizierungen mit dem Vater, die nie die Tiefe und Verankerung der basalen Identifizierung mit der Mutter erreichten. Der ganze Prozeß der Männlichkeitsentwicklung des kleinen Jungen ist nach Stoller (1974: 358) »vom Tag der Geburt an in Gefahr«, gefährdet nämlich durch die lebenslange »latente Bedrohung«, die vom ursprünglichen Einssein mit der Mutter und dem verführerischen Wunsch nach Regression ausgehe.

Andere (wie Pilgrim 1986, Moeller 1983) werden nicht müde, das Übermaß an Frauen, an »overwhelming mothers« und erdrückend-weiblichen Identifizierungen in der männlichen Kindheit zu beklagen und um die echt männliche Identität des weiblich kontaminierten Jungen zu ringen. Von ihnen wird der »Bruch« mit der Mutter weniger als Verletzung und Verlust denn als Befreiung gesehen, zu der die Lichtgestalt des Vaters das entscheidende Schwert liefern sollte; als Retter aus der Symbiose, vor der verschlingenden Gebärmutter und vor der kastrierend dominanten Frau (Rotmann 1978; Fthenakis 1985). Auch Gilmore (1991: 30) schreibt, Stoller aufgreifend: »Um eine eigenständige Person zu werden, muß der Junge eine große Tat vollbringen. Er muß eine Probe bestehen, er muß die Ketten sprengen, die ihn an seine Mutter fesseln.«

Schließlich gibt es männerbewegte und feministische Ansätze, die die Mutter nicht als Gefängniswärterin und die Tatsache weiblicher Versorgung und Identifizierung nicht entwertend, sondern patriarchatskritisch betrachten, nicht als Katastrophe, aber als strukturelles »Autonomiedilemma« für den Jungen bzw. als Problem einer doppelt negativen Selbstdefinition: »Ich will nicht nichtmännlich sein (vgl. Hagemann-White 1983; Bönisch und Winter 1992; Schnack und Neutzling 1992, 1994).

Gemeinsam ist den Ansätzen die Auffassung, daß es so etwas wie eine »sichergestellte« Geschlechtsidentität, also auch eine stabile männliche Identität geben müsse, welche der Junge eigentlich sollte erwerben können; daß er tatsächlich aber, wegen der universellen und unvermeidlichen Prädominanz weiblicher Versorgung und Identifizierungen in seiner männlichen Identität strukturell labil, gefährdet sei. Darum aber müsse er seine Männlichkeit mit geradezu tragischer Notwendigkeit immer wieder beweisen und gegebenenfalls brachial vorführen. Trotz der Evidenz und Überzeugungskraft, die dieser Position anhaften, habe ich Einwände vorzubringen:

Zunächst läßt sich an der eben diskutierten Literatur erkennen, daß die »stabile männliche Identität« als positiver Begriff genauso eine ideologische Hülse ist wie volkstümliche Vorstellungen vom »richtigen Mann«. Hier wird als anthropologische Konstante ausgegeben, was tatsächlich eine historisch gewachsene Konstruktion ist. Denn der angeblich universell gültige männliche Identitäts-Bauplan wird derzeit auf praktischem Wege außer Kraft gesetzt durch neue Lebensformen, in denen Jungen partnerschaftlich von beiden Elternteilen aufgezogen werden. Zweifellos müssen sich die neuen Lebensformen gegen starke äußere und innere Traditionen behaupten. Erfahrungen mit diesem sozialen Experiment zeigen, daß zur Idealisierung kein Anlaß besteht; es gibt nicht weniger, sondern andersartige, neue Konflikte (vgl. Schmauch 1988; Busch u. a. 1988; Hemmerich 1991; Klees 1992). So wachsen derzeit häufiger als früher Jungen auf, die Mütter und Väter als primäre Liebes- und Identifikationsobjekte erfahren. Es sind, statistisch gesehen, unbedeutende Ausnahmen – vielleicht nur einige tausend; aber sie belegen, daß der oben umrissene Zusammenhang so unvermeidlich und universell nicht sein kann.

Die Psychoanalyse schließlich ermöglicht es, den Jungen als männliches Kind mit einer inneren Welt voller widersprüchlicher Phantasien und Beziehungserfahrungen zu sehen, mit gegensätzlichen Objekt- und Selbstbildern sowie wechselnden Identifizierungen. Im Unbewußten des Jungen – und aller Menschen – gibt es keine Verneinung, keinen definitiven Bruch. Frühes Trieb- und Selbsterleben, frühe Identifizierungen werden nicht beendet – das ist, psychoanalytisch gesehen, eine sinnlose Formulierung; allenfalls ändert sich ihre Besetzung bzw. Gegenbesetzung, sie können dem Bewußtsein weit entzogen werden, bleiben dabei aber lebendig, psychodynamisch wirksam.

Folgt man dieser Sicht, so erscheint das Konstrukt einer »sichergestellten« männlichen Identität als starres Abwehrprodukt. Auf mich wirkt ein solches Identitätskonzept so absonderlich wie die Vorstellung einer ein für allemal geschluckten Identity-card oder eines auf den Körper genähten Cowboy-Kostüms (vgl. May 1991).

Ralph Greenson, der erste »Desidentifizierungs-Theoretiker«, war sich der Problematik noch bewußt und stellte zur Latenz der ursprünglichen Identifizierung mit der Mutter mehr Fragen, als er beantwortete. Er spekulierte sogar: »Vielleicht erkannten die Mütter, die vor fünfzig Jahren ihre Buben in Mädchenkleider steckten, intuitiv, daß man jeder Phase der Entwicklung des Kindes gerecht werden muß, um seine spätere Reifung sicherzustellen. Weil das frühe Bedürfnis des Knaben, sich mit der Mutter zu identifizieren, befriedigt wurde, fiel es ihm leichter, den späteren Schritt zur Identifizierung mit dem Vater zu tun.« (Greenson 1982: 264)

Natürlich sind die Identifizierungen mit der Mutter sehr vielgestaltig. Ein Junge verinnerlicht libidinöse und verletzende Erfahrungen mit der Mutter. Er identifiziert sich mit tröstenden, erregenden und bedrohlichen Seiten. Er bildet verschmelzende und neidisch-räuberische Phantasien darüber, wie sie zu sein, ihre Sexualorgane oder Gebärfähigkeit zu besitzen. Es koexistieren körperliche und nichtkörperliche Identifizierungen. In eher triebfernen Bereichen eignet er sich über zahllose identifikatorische Akte Ichfähigkeiten von ihr an, Sprache, Weltverstehen, Kulturtechniken, Regeln. Er sieht und fühlt das Verhältnis zwischen der Mutter und Männern bzw. dem Vater, und dies ist, wie Enid Balint gezeigt hat, ein »wichtigeres Introjekt als die Funktion jedes Elternteils für sich genommen« (Balint 1973: 123). Dies geschieht auf jeder Altersstufe in immer neuen Variationen und Widersprüchen, mit phasenspezifisch jeweils dominanten Körpergefühlen, Konflikt- und Ruhepunkten. Nie verinnerlicht ein Junge nur die Mutter, so daß aller Exorzismus unsinnig ist. Immer sind da auch Erfahrungen mit anderen, mit Geschwistern, mit dem Vater, wenn er da ist, oder mit seiner Leerstelle, mit Großeltern, Betreuerinnen, Nachbarn und ihren jeweiligen widersprüchlichen Männlichkeitsbildern. Über diese emotional bedeutsamen Personen entwickelt er vielfältige, widersprüchliche, auch identifikatorische Phantasien, auf der Folie der Geschlechterrealität und Geschlechterklischees um ihn herum.

Ich kehre noch einmal zu der von mir kritisierten Position und zu den »universalistischen« Argumenten zurück.

Interessanterweise zeigt die Abfolge »primäre weibliche Identifizierung – Bruch – männliche Gegen-Identität« deutliche Ähnlichkeit mit ethnologischen Befunden zu Männlichkeitsritualen in anderen Kulturen auf (Bettelheim 1982; Lidz und Lidz 1986; Benz 1991; Bosse 1992). Diesen Forschungen zufolge liegen vielen Pubertätsriten der Jungen folgende Vorstellungen zugrunde:

- Männlichkeit sei nicht angeboren und natürlicherweise vorhanden, im Gegensatz zur Weiblichkeit, die von Geburt an einfach da sei und im sexuellen Reifeprozeß sich von selbst entwickle;
- Männlichkeit müsse kulturell und rituell auf komplizierte Weise erst durch die erwachsene Männergeneration hergestellt werden, und zwar durch schmerzhafte und angsteinflößende, zum Teil auch durch beschützende und sexuelle Akte (mit Hilfe der Ahnen, durch Geheimnisvermittlung und viele andere Schritte);
- Männlichkeit sei ein knappes Gut (Samen, Hirn, Mark), mit dem man sparsam umgehen müsse, im

Gegensatz zu den Substanzen der Weiblichkeit, die es im Überfluß gebe wie Menstruationsblut, Muttermilch, Libido;

- Männlichkeit sei labil und jederzeit gefährdet und bedürfe darum besonderen Schutzes – zum Beispiel vor Menstruationsblut, sexuellen und Machtansprüchen von Frauen, vor der eigenen, von der Mutter inkorporierten Weiblichkeit;
- Männlichkeit sei nur mittels gesellschaftlicher Herrschaft von Männern hinreichend abgestützt und immer auf starke Kontrolle über die angenommene generative und sexuelle Überlegenheit von Frauen angewiesen.

Hier zeigt sich ein wiederkehrendes Muster: in den kollektiven Körperphantasien, die den Pubertätsritualen zugrunde liegen, in kindlichen Vorstellungen kleiner Jungen über die gefährliche Verführungskraft und Allmacht der Mutter und schließlich in dem untersuchten Identitätskonzept. Wenn nun eine sozialisationstheoretische Denkfigur kollektiven und infantilen Bildern so ähnlich ist, so weist dies darauf hin, daß die Theorie sich daran beteiligt, Mythen zu bilden statt diese zu analysieren.

Ich erlaube mir also, Zweifel an der genannten universellen Zwangsläufigkeit anzumelden, und stelle folgendes zur Diskussion:

- Männlichkeit muß nicht bewiesen werden. Sie ist, im körperlichen Sinne, von Beginn an in aller Regel sowieso da. Ich setze mich mit dieser Aussage auch in Gegensatz zu Konzepten, für die das Geschlecht ausschließlich Konstruktion und Performance (vgl. Butler 1991) ist, und beharre auf dem Fleisch, dem Körper.
- Weiblichkeit ist ebenso sehr und ebenso wenig natürlich wie Männlichkeit. Weibliche Körpererfahrung und -bedeutung werden ebenfalls in einem psychosozialen und historischen Sinne hergestellt.
- Weibliche Potenzen sind auch nicht unerschöpflich: Blut und Milch fließen nur begrenzte Zeit, zuweilen gar nicht. Kinder können wir auch nicht gebären, so oft und so lange wir wollen, manchmal überhaupt nicht. Weibliche Orgasmen kommen nicht immer und sind

weder bei jeder Frau noch immer multipel. Der Mythos von der körperlichen Unerschöpflichkeit korrespondiert im übrigen mit der Annahme von der unerschöpflichen und kostenlosen, sozialen Verfügbarkeit der Frau, aber sogar diese Ressource wird unter unseren staunenden Augen knapp.

- Nicht die Identifizierung mit der Mutter ist das Hauptproblem des Jungen; nicht, daß sein Primärobjekt weiblich, sondern, daß es unterdrückt ist, erzeugt die Schwierigkeit. Denn dadurch kann sich in die Liebe der Frau so viel Feindseligkeit gegen den Sohn als Repräsentanten des männlichen Geschlechts mischen und so viel Verachtung für sein Schwachsein. Aber auch unterwürfige Bewunderung, passivmachende Verwöhnung im heimlich gepflegten Séparée mit ihm und andere emotionale Elemente fließen ein, die ich in meiner vergleichenden Untersuchung zur frühen Geschlechtersozialisation beschrieben habe (Schmauch 1993, 1994b). Seit langem glaube ich, daß Väter im Familienalltag weder Statisten- noch Heldenrollen, sondern tragende Hauptrollen übernehmen sollten und daß viel mehr Männer, als vermutet, dies auch könnten (natürlich gehören Verhaltensänderungen und Geschlechterpolitik zusammen, wie das Beispiel Schweden zeigt). In den vorhin bereits erwähnten Lebensformen, in denen Söhne von Vater und Mutter wirklich gemeinsam aufgezogen werden, verringert sich das Übermaß an Weiblichkeit – genauer eben, an unterdrückter Weiblichkeit. Andererseits sehe ich alleinerziehende Frauen, die ihre Jungen nicht verwöhnend an sich binden, wenig ungelebte eigene Aggressivität an sie delegieren und deren Idealisierung von Männlichkeit sich in Grenzen hält; ebenso lesbische Mütter, deren Söhne sich anerkannt und unbedroht fühlen. Nicht die absolute Quantität an Weiblichkeit, sondern deren Qualität, deren Grad an Selbstbestimmung bzw. an Unterwerfung ist mitentscheidend dafür, wie ein Junge das Geschlechterverhältnis und seine Männlichkeit erlebt.

- Daß weibliche Entwicklung und Identität ungebrochener seien, ist ein Gerücht. Die Identifizierungen der Mädchen mit der Mutter sind immer mehr oder weniger von Konflikten geprägt, aus oft schmerzhaft widersprüchlichen Anteilen zusammengesetzt und quer durchbrochen von Teilidentifizierungen mit Aspekten von Vater, Bruder, Großvater. Die hypostasierte sichere weibliche Identität gibt es, jedenfalls in den modernen westlichen Gesellschaften, in diesem pauschalen Sinne nicht, weder für Mädchen noch für erwachsene Frauen. Mir jedenfalls ist die »praktisch sichergestellte Weiblichkeit«, von der Greenson spricht, in den letzten Jahrzehnten kaum begegnet. Es gibt im übrigen Frauen, die, selbst nachdem sie Kinder geboren haben, in tiefem Zweifel über ihr Geschlecht sind und in dem Gefühl leben, sich eigentlich nur als Frau zu verkleiden.

Es besteht ein wichtiger Unterschied. Den Mädchen werden Widersprüche nicht nur zugemutet, sondern auch erlaubt. Sie müssen nicht nur, sondern sie dürfen Röcke und Hosen tragen. Ihnen werden Phasen des Langsamseins und des Schwankens zugestanden. Dies geschieht vielfach unter entwertenden Vorzeichen und auch auf festschreibende Weise. Der geringere Entscheidungs- und Polarisierungsdruck ermöglicht aber elastische Identifizierungen und ein Vertrautwerden mit Widersprüchen.

Jungen brauchen nach meiner Auffassung ebensolche Moratorien, sozial anerkannte Übergangsphasen, in denen ihnen ein gewisses inneres Chaos, ein Nebeneinander widersprüchlicher Identifizierungen und Strebungen zugestanden wird. Ich denke an einen sechsjährigen Jungen, der lange Zeit wechselnd »Transformer« und Soldat, aber auch mit Hingabe Prinzessin spielte, ohne daß seine Mutter Panik empfand, er könnte ein sissyboy werden; oder an einen Vierjährigen, der über Monate das Spiel liebte, von seinem Vater aufgespießt, verwurstet und aufgefressen zu werden, und der neben dieser Lust am Überwältigtwerden heftige Kämpfe um seine Unabhängigkeit führte. Ich denke an zwölfjährige Wortführer von Jungencliquen, die gnadenlos einzelne Jungen verhöhnen, die sich nicht an die messerscharf polarisierten Männlichkeitsvorgaben halten und zum Beispiel den Ohrring auf die linke, also die »falsche« Seite stecken, denn: »Dann bist du nicht cool, sondern schwul.« Ich meine, es wäre entlastend, wenn Jungen das Gefühl hätten, nicht unmännlich, sondern unterschiedlich männlich sein zu können, und wenn sie in manchen Zeiten außerdem Ausflüge in Bereiche des »Mädchenseins« machen könnten. Und ich wünsche mir, daß in ähnlicher Weise sich die Theorie einem gewissen Maß an Chaos öffnet und Widersprüche erträgt, anstatt an die »Sicherstellung« von Identitäten zu glauben.

Literatur

Balint, Enid. Gerechtigkeit und gegenseitige Anpassung, Psyche 27, 123–145, 1973

Belotti, Elena. Was geschieht mit kleinen Mädchen?, München 1975

Benz, Andreas. Weibliche Unerschöpflichkeit und männliche Erschöpfbarkeit. Gebärneid der Männer und der Myelos-Mythos. In: Andreas Benz (Hrsg.), Lillian Rotter. Sex-Appeal und männliche Ohnmacht, Freiburg 1989

Bettelheim, Bruno. Die symbolischen Wunden. Pubertätsriten und der Neid des Mannes, Frankfurt/M. 1982

Böhnisch, Lothar und Reinhard Winter. Männliche Sozialisation – Bewältigungsprobleme männlicher Geschlechtsidentität im Lebenslauf, Weinheim 1993

Bosse, Hans. Das Fremde am Mann oder die Sexualität, die »von außen kommt«, Zeitschrift für Sexualforschung 5, 144–162, 1992

Busch, Gabriele, Doris Hess-Diebäcker und Marlene Stein-Hilbers. Den Männern die Hälfte der Familie, den Frauen mehr Chancen im Beruf, Weinheim 1988

Butler, Judith. Das Unbehagen der Geschlechter, Frankfurt/M. 1991

Chasseguet-Smirgel, Janine (Hrsg.). Psychoanalyse der weiblichen Sexualität, Frankfurt/M. 1974

Chodorow, Nancy. Das Erbe der Mütter, München 1985

Davis, Bronwyn und Chas Banks. Zum Mann werden. Die Aneignung männlicher Identitäten – eine Kindheitsperspektive, Psychologie & Gesellschaftskritik 17, Heft 3/4, 5–24, 1993

French, Marilyn. Der Krieg gegen die Frauen, München 1992

Fthenakis, W. E. Väter, Bd. 1. Zur Psychologie der Vater-Kind-Beziehung, München 1985

Gilmore, David D. Mythos Mann. Rollen, Rituale, Leitbilder, München 1991

Grabrucker, Marianne. Typisch Mädchen, Frankfurt/M. 1985
Greenson, Ralph. Die Beendigung der Identifizierung mit der Mutter und ihre besondere Bedeutung für den Jungen. In: Ralph Greenson. Psychoanalytische Erkundungen, Stuttgart 1982, 257–264 (Erstmals erschienen 1968)
Großmaß, Ruth. Der Beitrag der Psychoanalyse zur Sozialisationstheorie. Psychologie und Gesellschaftskritik 15, Heft 3/4, 51–72, 1991
Günzel, Sigrid. Ava und Edam. Ist die Partnerschaft zwischen Mann und Frau überhaupt möglich? In: Psyche 43, 219–237, 1989
Hagemann-White, Carol. Sozialisation: weiblich – männlich?, Opladen 1984
Hemmerich, Wera. (K)eine Chance für ein neues Geschlechterverhältnis? Widersprüche und Ambivalenzen im partnerschaftlichen Alltag, Bielefeld 1991
Hoeppel, Rotraut. Geschlechtsspezifische Sozialisation als Thema der Frauenforschung. Ergebnisse, Probleme, Perspektiven. Frauenforschung 9, Heft 3, 1–14, 1991
Klees, Karin. Partnerschaftliche Familien – Arbeitsteilung, Macht und Sexualität in Paarbeziehungen, Weinheim 1992
Leyrer, Katja. Hilfe, mein Sohn wird ein Macker, Frankfurt 1990
Lidz, Ruth W. und Theodore Lidz. Weibliches in Männliches verwandeln. Männlichkeitsrituale in Papua-Guinea. In: R. M. Friedmann und L. Lerner (Hrsg.), Zur Psychoanalyse des Mannes, Berlin 1991
May, Robert. Männlichkeit aus psychoanalytischer Sicht. In: Friedman, R. M. und L. Lerner (Hrsg.): Zur Psychoanalyse des Mannes, Berlin – Heidelberg 1991, 171–190
Moeller, M. Lukas: Nachwort zu Barbara Franck: Männer, München 1983: 213–238
Olivier, Christiane. Jokastes Kinder. Die Psyche der Frau im Schatten der Mutter, Düsseldorf 1987
Pilgrim, Volker E. Der Untergang des Mannes, Reinbek 1986
Reiche, Reimut. Geschlechterspannung. Eine psychoanalytische Untersuchung, Frankfurt 1990
Rotmann, Michael. Über die Bedeutung des Vaters in der Wiederannäherungsphase, Psyche 32, 1105–1127, 1978
Rousseau, Maria Magdalena. Traumtöchter. In: Emma 1986/6: 56–59
Scheu, Ursula. Wir werden nicht als Mädchen geboren, wir werden dazu gemacht, Frankfurt 1975
Schmauch, Ulrike. So anders und lebendig... Über Mütter und Söhne. In: Hagemann-White, Carol und Maria S. Rerrich (Hrsg.): FrauenMännerBilder – Männer und Männlichkeit in der feministischen Diskussion, Bielefeld 1988, 87–97
Schmauch, Ulrike. Kindheit und Geschlecht. Anatomie und Schicksal – Zur Psychoanalyse der frühen Geschlechtersozialisation, Frankfurt 1993
Schmauch, Ulrike. Feminismus, Psychoanalyse und Erziehungsberatung. In: »psychosozial« 1994/1, 95–105

Schmauch, Ulrike. Wie kommt die Gewalt in den Mann? Thesen zur Jungensozialisation. In: Norbert Sommer (Hrsg.): Überall Haß. Krisen, Kriege und Gewalt – Gründe und Auswege. 317–328, Frankfurt/M. 1994

Schnack, Dieter und Rainer Neutzling. Kleine Helden in Not. Jungen auf der Suche nach Männlichkeit, Reinbek 1990

Schnack, Dieter und Rainer Neutzling. Die Prinzenrolle. Über die männliche Sexualität, Reinbek 1993

Schultz, Dagmar. Ein Mädchen ist fast so gut wie ein Junge. Sexismus in der Erziehung, Berlin 1978

Stoller, Robert. Fact and Fancies – An examination of Freud's concept of bisexuality. In: Strouse, Jean (ed.): Women and Analysis, New York 1974, 343–364.

Stoller, Robert. Perversion. Die erotische Form von Haß, Reinbek 1979

Werner Raith

La madre è sempre la madre…

Italiens Kult der Mutter-Sohn-Beziehung

Telecom, Italiens private Telefongesellschaft, hatte eine glänzende Idee: Man könne doch, so die Marketing-Strategen, die Nachfrage nach Mobiltelefonen, speziell Handies, hervorragend anheizen, wenn man sich den Glukkeninstinkt italienischer Mütter zunutze mache. Da die Söhne (weniger die Töchter) heute nicht mehr so einfach unter Kontrolle zu halten seien wie früher, wo es noch keine Zweitautos und weniger Versuchungen gegeben hat, könne man mit einer Art Zusatzservice zum Kauf der drahtlosen »telefonini« locken: Wer einen Haupt-Handy sein eigen nennt, kann für den halben Preis ein »cellulare familiare« bekommen, ein Zweitgerät, das über eine beschränkte Reichweite verfügt (den Einzugsbereich einer Großstadt oder eine bis zwei Provinzen) und das man dem Filius zustecken könne. Der sei dann mächtig stolz, weil er ein ansehnliches Statussymbol herumzeigen kann – und Frau Mama kann ihn jederzeit erreichen, kriegt heraus, wo er ist, und kann ihm im Zweifelsfall feine Ratschläge geben, wie er sich verhalten solle, ist er in eine Schieflage geraten.

Der Feldzug hatte Erfolg: Mehr als 400000 Zweitgerätebuchungen hat Telecom mittlerweile eingefahren. Zwar sind nicht alle Mütter so ganz zufrieden – viele von ihnen wünschen, daß aus den Geräten jeder Knopf entfernt wird, mit dem man das Telefon ganz abschalten und sich so aus dem Kontrollkreis der Mutter ausklinken kann, doch grosso modo haben Italiens Frauen damit wieder einige Punkte im Kampf um die Beibehaltung ihrer dominanten Rolle bezüglich der »figli« gemacht.

Mütter und Söhne in Italien: ein zum Kopfschütteln, zu unflätigen Bemerkungen oder aber auch feinen Witzen einladendes Verhältnis. Kostprobe: die drei Beweise, warum Jesus ein Italiener gewesen sein muß? Erstens: Er lebte bis zum 30. Lebensjahr im Haus der Mutter; zweitens: er hielt sie für eine Jungfrau, und drittens, sie hielt ihn für Gott.

Das klingt bös, doch wer sich mit Italienern jahrelang befaßt, wird viel Wahrheit darin entdecken – und erkennen, daß selbst präpotenteste Männer Angst vor dieser Konstellation haben. Mafiosi zum Beispiel dürfen nach ihrem Eintritt in die »Ehrenwerte Gesellschaft« ihren Frauen und Müttern absolut nichts aus ihrem verschworenen Leben erzählen: »Wenn eine Frau in ihren innersten Gefühlen getroffen wird«, sagt der bisher höchstrangige Mafia-Aussteiger Antonino Calderone (in *Mafia von innen*, hrsg. von Pino Arlacchi, Frankfurt 1993), »denkt sie nicht mehr vernünftig. Dann gibt es keine Verschwiegenheit mehr und keine Cosa Nostra, keine Argumente und keine Regeln, die sie zurückhalten könnten. Völlig verrückt werden Frauen, wenn man ihre Söhne anrührt, denn es gibt auf der Welt keine größere Zuneigung als die zu ihren Söhnen. Die Bindung zwischen Mutter und Sohn ist stärker als alles andere, stärker als die zum Mann, zum Vater, zum Bruder.«

Das zeigt sich tagtäglich, auch auf weniger gefährlichem Gebiet als dem der Mafia. Ganz selbstverständlich kehrt zum Beispiel der Sohn, dem die Ehefrau davongelaufen ist oder der seine bessere Hälfte verläßt, ins Haus von Mutti zurück. Silvio Z., Politologe und mittlerweile Eigner eines großen Baumarkts, ist ein Musterfall: Er kehrte nach dem Scheitern seiner Ehe zur Mutter zurück und ordnet sich seitdem ohne geringstes Aufmucken dem Tagesablauf seiner Mama unter, obwohl er längst wieder eine Freundin hat, die er heiraten will – wortreich entschuldigt er sich telefonisch bei seiner Mutter, weil er zum Essen bei Freunden bleibt; um zehn Uhr abends ist Zapfenstreich, da muß er nach Hause.

Wie normal derlei seitens seiner Landsleute empfunden wird, zeigt sich, wenn Silvio eine gesellige Runde verläßt und zu Mutti aufbricht: Kein Mensch würde ihn darob hänseln, jeder versteht das nur zu gut – außer uns Deutschen. Silvio lebt eben dort, wo er hingehört, wenn er keine »eigene Familie« hat. – Umgekehrt ist eine Frau, deren Mann auf und davon ist, zu Hause bei ihren Eltern nur selten willkommen, es gilt als Schande, den Gatten (außer durch Tod) verloren zu haben.

Bei den zahlreichen Silvesterfeiern in den italienischen Restaurants macht der ausländische, der Verhältnisse nicht so kundige Besucher immer eine merkwürdige Entdeckung: Kurz vor Mitternacht, also gerade, wenn es auf den Höhepunkt zugeht, verschwinden zahlreiche Gäste von den Nebentischen – und tauchen eine halbe Stunde später, nachdem es null Uhr geschlagen hat, wieder auf: Sie mußten schnell zu Mami heim und das neue Jahr mit ihr beginnen.

Die italienische Armee kann ein Lied von alledem singen. Mitte der achtziger Jahre kam es in den italienischen Kasernen zu einer langanhaltenden Selbstmordserie: Reihenweise brachten sich Rekruten schon kurz nach ihrem Einzug in die Kasernen um. Nach einigem Hin und Her fand der Verteidigungsminister das Rezept dagegen: Er gestattete wöchentliche Besuche der Mütter – und vorbei war es mit der Suizidneigung. Wohlgemerkt: nicht etwa die Frau, die Braut, der Bruder durfte in die Kasernen, sondern nur die Frau Mama.

Das Militär hat sich inzwischen diese Situation zunutze gemacht: Da Rekruten in der Regel dazu neigen, sich gerne mal krankzumelden, und oft wochenlang Spitalbetten belegen, weil der Doktor nicht herausfindet, was nun eigentlich fehlt, schickt man die Frischlinge »lieber gleich mal drei Tage zu Muttern zurück, auch wenn es sich nur um eine harmlose Grippe handelt«, wie entsetzt ein alter österreichischer Haudegen im Fernsehen bemerkte. Doch die Italiener halten dagegen: Frischaufgetankt mit neuer Lebensfreude läßt sich der junge Mann dann wieder besser schleifen. Nackte Ideologie, replizierte der österreichische General a. D.

Katastrophal wird die Sohn-Mutter-Bindung in der Regel für Schwiegertöchter, speziell, wenn alle drei im selben Haus leben. Da spielen sich oft genug Tragödien von antiker Schwere ab: Schwiegermutter und -tochter zerstreiten sich über die Zahl der Unterhosen und die Sauberkeit, über die Anzahl der Basilico-Blätter für die Tomatensoße, über den rechten Zeitpunkt fürs Kinderkriegen – alles Stellvertreterkriege beim Gezerre um den Mann. In vielen Häusern reden Frau und Mutter des Mannes seit Jahren kein Wort mehr miteinander, selbst das morgendliche »Guten Tag« wird mit der Bemerkung »Laß mich in Ruhe« quittiert – und mittenmang sitzen Luigi oder Adriano und schaukeln hin und her. Er sucht es beiden recht zu machen – und büchst zumindest den Tag über und einen Teil der Nacht vor beiden aus, um danach wieder ins heimische Bettchen zu schleichen, das selbstverständlich Frau Mama glattgestrichen hat.

Musterbeispiel ist Gabriele, ein Architekt: Schon bei der Hochzeit wechselten die beiden Frauen kein Wort; er selbst bringt seine Gemahlin nebst Kind jeden Morgen in die Tabaccaia im Nachbarort, in der sie arbeitet und wo sie, mittags, mit ihrer Mutter ißt, während er zu seiner Mama braust, am späten Abend kommen sie nach Hause, grußlos ins Bett, am Sonntag hat die Mutter, als Oma, eine halbe Stunde Berühr-Recht bei der (halbjährigen) Enkelin und darf sie spazierenfahren, dann ist wieder bewaffnete Ruhe. Trennen mag er sich weder von Mutter noch von Frau, und diese beiden auch wieder nicht von ihm, und so erfahren die Wohn-Nachbarn allmorgendlich das Lamento der Mutter über die böse Schwiegertochter, während die Kunden der Tabaccaia über die Hinterhältigkeit der Schwiegermutter aufgeklärt werden – ob sie wollen oder nicht. Gabriele muffelt in seinem Architekturbüro vor sich hin und hat sich inzwischen ein Gewehr gekauft, um auf der Jagd wenigstens ein paar Stunden Ruhe vor den beiden zu haben und sich abzureagieren.

Natürlich haben Psychologen seit Jahrzehnten zu ergründen gesucht, was dahinterstecken könnte. Vergebens – die Wissenschaftler haben allenfalls herausgebracht, was die Folgen solcher Bindung sind, nicht aber die Ursache. Zu den Folgen zählen sie zum Beispiel ein stark vermindertes Ich-Erleben der Männer, sexuelle Probleme, aber auch das Papagallo-Verhalten, das unentwegte Balzen Frauen gegenüber. Die Schwäche wird als eine Art lebenslange Unterwerfung der Mutter gegenüber gedeutet, der Mangel an unverklemmtem sexuellem Erleben als Treue zur »Frau des Lebens« – als die die Mutter begriffen wird –; das Balzen als metaphorischer Versuch, der – trotz ihrer Liebe meist nörgelnden – Mutter auch als Frau zu gefallen oder ihr durch zahlreiche Heirats-Aspirantinnen zu zeigen, daß der Sohn ein »gutes« Produkt geworden ist, ein begehrenswerter Mann.

Sozialpsychologische Interpreten sehen eine Art geschlossenen Kreislauf, bei dem man beginnen kann, wo man will, und immer wieder an derselben Stelle anlangt. Italienische Männer entwickeln statt des Individual- ein starkes Gruppen-Ich; sie bewegen sich am liebsten unter ihresgleichen, fühlen sich nur unter Männern wohl. Daher auch die immense Bedeutung des Mannschaftssportes Fußball, der gruppenweise praktizierte Radsport, aber auch die Vorliebe für den Espresso an der Bar inmitten der Freunde anstelle des – dem Nordmenschen heiligen – Frühstücks im Kreise der Gesamtfamilie: Zahlreiche Lieder besingen diesen morgendlichen, mittäglichen, nachmittäglichen Ritus (»Tre amici al bar«).

Für junge Ehefrauen ist das bald ein mittleres Desaster: Kaum verheiratet, beginnt der Mann sich wieder in seinen Zirkel von Freunden zu integrieren, schaut sich Fußballübertragungen nicht mehr zu Hause, sondern in der Bar dell'sport an, spielt im Hinterzimmer mit Freunden bis spät in die Nacht Billard und gerät in gelinde Wut, wenn ihn seine Frau wegen zu späten Heimkommens zur Rede stellt. Beharrt sie, hat sie unverzüglich die Schwiegermutter auf dem Hals, die ihr eine Lektion in liebevoller Behandlung ihres Gott-Sohnes erteilt. Konsequenz: Langsam sieht die Frau ein, daß auch sie am ewigen Sohnemann-Verhältnis gescheitert ist, nimmt sich einen Liebhaber (mehr als 40 Prozent aller italienischen Frauen haben das in einer jüngsten Umfrage eingeräumt) – oder beschließt, die wahrscheinlichste Folge, möglichst bald auch einen Sohn zu haben, den sie dann so erziehen möchte, daß er ganz ihr gehört.

»La mamma è sempre la mamma« heißt dann der Spruch, an den sie sich ihr weiteres Leben lang halten wird – wie ein weiblicher Pygmalion sucht sie sich im Sohn das zu schaffen, was sie im Mann nicht gefunden hat, und hält ihn in lebenslänglicher Abhängigkeit von sich. Viele Frauen machen dann in relativ jungen Jahren bereits »zu« für ihren Mann, planen ihr Leben mehr und mehr nur noch über ihre Kinder – worauf der Mann sich, abstrus genug, erst so richtig wohl zu fühlen beginnt, denn nun ist eine Art Entscheidung getroffen, die zugunsten seiner männlichen Freunde, bei denen man auch immer ein Herz und eine Seele sein kann. Homosexualität nicht als erotische Neigung, sondern als Ausweichverhalten (in keinem anderen europäischen Land ist der Transvestitenstrich so stark frequentiert wie in Italien), und der regelmäßige Besuch von Prostituierten – die ja nicht als Nebenbuhlerinnen zur Mutter gelten – sind daher in Italien weit mehr als in vielen anderen Ländern ausgeprägt.

Natürlich muß man den Reigen nicht bei den Männergesellschaften, sondern kann ihn auch anderswo beginnen: etwa bei der Gluckenattitüde der Frauen, die die Männer in Männergesellschaften treibt, weshalb ihre Ehefrauen dann unglücklich sind... und so weiter, siehe oben. Was hier Henne ist und was Ei, wird wohl ewig ungelöst bleiben.

Vermutlich muß man für das Mutter-Sohn-Verhältnis eine sozialhistorische Erklärung hinzuziehen: Italien zählt zwar zu den größten Industrienationen der Welt, doch tatsächlich hat das Land in weiten Bereichen den Feudalismus und die Agrargesellschaft mit all ihren kulturellen und gesellschaftlichen Implikationen noch nicht wirklich überwunden. Italien ist aus einer vorindustriellen Epoche nahezu direkt in den Postindustrialismus gesprungen, ohne die Industrialisierung wirklich mitgemacht zu haben. Und so sind viele Werte noch immer dem alten bäuerlichen Denken oder allenfalls der allerfrühesten manufakturellen Organisation entnommen. So etwa die geradezu altertümlich wirkende Aufrechterhaltung des Familienbetriebs (bis hin in die Großindustrie, siehe etwa Fiat, Olivetti, Pirelli), zu deren Überleben sich der gesamte Staat aufgerufen fühlt – und eben auch die Betrachtung der Kinder als materielle Überlebensgarantie, insbesondere der Söhne. Obwohl auch in Italien die Familie mit einem oder allenfalls zwei Kindern im Vormarsch ist, gilt der Sohn als ein unbedingtes Muß – auch wenn man dafür zuerst vier Töchter produziert.

Erst sehr langsam beginnt diese Ideologie abzuflauen. Auf den ersten Blick merkwürdig scheint dabei, daß sich Männer aus ländlichen Gebieten heute im Durchschnitt schon eher von der Familie lösen als die städtischen Männer. Doch die Merkwürdigkeit hängt schlichtweg damit zusammen, daß die starke Flucht vom Land in die – Arbeit oder Studium bietende – Stadt eine mächtige Mobilität erzeugt hat, die die Männer räumlich von der Mutter entfernt und in der Fremde notgedrungen zum Eigenleben zwingt. Anders dagegen die in der Stadt aufgewachsenen Männer; finden sie doch meistens im Einzugsbereich ihres Geburtsortes den Studien- oder Arbeitsplatz und bleiben so länger der häuslichen Kontrolle unterworfen.

Dennoch bedeutet auch diese durch räumliche Distanz erworbene Selbständigkeit noch keinen wirklichen Wandel. Frauen, die ihre Männer fern von deren Elternhaus kennengelernt haben, wissen ein Lied davon zu singen: Kaum besuchen die beiden seine Mutter, beginnt eine Schizophrenie sondergleichen manifest zu werden; da sind plötzlich alle Werte umgedreht, da gilt die Frau absolut nichts mehr, da fordert er bedingungslose Unterwerfung unters Diktat der Mutter.

Das »telefonino familiare«, das sich Telecom ausgedacht hat, wird daher, so vermutet das Politmagazin *L'Espresso*, »den skurrilsten Effekt haben, den man sich denken kann: Mit den Mitteln modernster Elektronik wird nicht etwa eine modernere Struktur menschlicher Bezüge gefördert, sondern eines der altertümlichsten Beziehungssysteme Italiens erneut konserviert – und vielleicht gar noch verstärkt.«

Marie Marcks

Mein kleiner Mann

☆☆☆

Einschnitte

Rüdiger Lautmann

»Du bleibst mein Sohn!«

Homosexuelle und ihre Mütter

Für Luise B.

Eine Mutter, so die Saga und der Anspruch, verzeiht dem Sohne alles – selbst das, was sie nicht versteht oder als sein Versagen empfindet. Kann auch ein schwuler Sohn mit dieser Rückendeckung rechnen, muß die Mutter sie ihm gewähren? In zwei empirischen Untersuchungen, die ich begleitet habe, wurden die Biographien homosexueller Männer erhoben.[1] Die Beziehung zur Mutter kam hier fast stets spontan zur Sprache. Mit diesem Anschauungsmaterial lassen sich Anforderung und Wirklichkeit vergleichen: Kommen Schwule und ihre Mütter tatsächlich so gut miteinander zurecht?

Wie sag ich's meiner Mutter?

Auf die Eröffnungsfrage, an welchem sozialen Ort das Homosexuellsein besonders peinlich gewesen sei, nennt eine Mehrzahl spontan ihre Herkunftsfamilie. Auch ich wüßte keinen schwereren Schritt in jungen Jahren, als »es« den Eltern mitzuteilen. Sitzenbleiben in der Schule, Verweigerung des elterlichen Berufswunsches, Vorstellung einer ungewöhnlichen Partnerin und ähnliches – all das ist überwindbar. Die sexuelle Präferenz erscheint als endgültig und strahlt in viele Lebensbereiche aus.
Michael B., 21, Coming-out mit 16, berichtet: In der Familie hab' ich so meine Probleme, also, wem erzählst du's, wem nicht. Ich wollt's eigentlich nicht erzählen. Meine Mutter hat ständig gefragt, mich bedrängt. ›Ja, wo warst du denn? Ich erfahr wohl überhaupt nichts mehr!‹ Eines Tages ist sie total gerast mit dem Auto, wie die Wilde, was ich überhaupt nicht kannte. ›Ja,

du erzählst mir eh nichts.‹ Dann haben wir uns an dem gleichen Abend zusammengesetzt. Ich hab' angefangen zu heulen, weil ich einfach fertig war. Das war so unvorbereitet, und dieses Drängen: ›Jetzt mußt's sagen!‹ Meine Mutter, also total positive Reaktion, hat mich in den Arm genommen und getröstet.

Das ist völlig problemlos gelaufen, erzählt Franz G., 29, von seiner Familie. Und Jens K., 20: Mama hat es ganz toll aufgenommen.

Wir wissen nicht, ob es den Müttern tatsächlich leichtgefallen ist, diese Mitteilung zu verkraften. Anzunehmen ist das kaum, gibt es doch durchaus Anlaß, besorgt zu sein. Diese Mütter machen es ihren Söhnen leicht, nicht sich selbst. Wenn sie ihre Bedenken zurückstellen und im stillen ausräumen, wenn sie ihn schließlich in seinem Sosein anerkennen, dann bescheren sie ihm eine unerhörte Chance: Der junge Mann vermag seine soziale Identität an einer außerordentlich prekären Stelle, nämlich seiner Geschlechtsidentität, zu festigen. Ein irreversibler Bruch wird vermieden.

Zu diesem kaum überschätzbaren Geschenk ist keine Mutter ohne weiteres in der Lage. Sie benötigt dazu Kenntnisse und Zeit. Im Idealfall nutzt sie die Phase, während derer es im Sohne gärt, ob er tatsächlich schwul ist, und er mit sich ringt, es zu offenbaren. In dieser Vorbereitungszeit beginnen viele Mütter zu ahnen.

Mütter ahnen ja immer sehr viel, weiß ein Pastor, 38, der das Thema aber zu Hause ausklammert. – Das hat sie bislang nicht in Verwirrung gestürzt, daß ich nicht heirate. – An Frank G., 21, der sich schriftlich offenbart hatte, schrieb die Mutter, daß sie das schon immer geahnt und es sie eigentlich gar nicht überrascht habe.

Unsere Familienverhältnisse spannen Mütter und Söhne so eng zusammen, daß Mütter es als ihre Aufgabe ansehen, sogar die sexuelle Entfaltung des Sprößlings aufmerksam zu beobachten. Ein schwieriges Unterfangen, für das sie schlecht ausgerüstet sind! Gleichwohl wird ihnen die Kompetenz zugesprochen.

Mütter haben dafür ja wohl 'ne Ader, sagt Heiner L., 41, und lacht etwas unsicher. – Meine Mutter ist ein absoluter Schnüffel-

typ, findet Jens S., 19; die hat damals überhaupt keine Hemmungen gehabt, in mein Zimmer zu kommen und meinen Schrank auf den Kopf zu stellen. Wenn meine Mutter irgend etwas gesucht hat, dann hat sie's auch gefunden. (In diesem Fall Schwulen-Zeitschriften und intime Briefe.)

Eine gesellschaftlich übertragene Aufgabe muß schließlich erfüllt werden.

Du bleibst mein Sohn!

Der beste Geheimdienst bleibt blind, wenn der ausgespähte Umstand nicht ins Weltbild paßt. Manche Mütter bleiben unwissend oder schieben Hinweise beiseite, weil sie unbedingt einen normalen Sohn haben wollen.

Meine Mutter hat mich noch eine Stunde vor ihrem Tod gefragt: ›Junge, du hast doch 'ne nette Freundin?‹ Da hab' ich ›ja‹ gesagt. Was sollte ich denn noch tun in dem Augenblick? So Theo B., 56.

Aber den Müttern wird auch viel zugemutet: Unausgesprochenes zu erahnen, Entdeckungen zu verarbeiten, Hiobsbotschaften zu verkraften. Sie tragen schwer daran. Kein schwuler Sohn kann sich gewiß sein, seinen Platz an ihrem Herzen zu behalten. Das Verhältnis zwischen beiden, ihre Liebe zueinander wird erschüttert wie durch kein Ereignis zuvor.

Die heutigen Mütter haben die Liberalisierung sexueller Normen um 1970 miterlebt, sicherlich oftmals auch begrüßt. Daher fällt es ihnen theoretisch leichter, das Homosexuellsein ihres Sohnes zu akzeptieren – im Unterschied zu allen früheren Müttern. Gleichwohl wird es kaum eine geben, die es gelassen hinnimmt oder gar begrüßt. »*So* ist er also – auch gut« – das kommt noch nicht vor. Wenn einer unserer Befragten berichtet, von seiner Mutter in die homosexuelle Szene eingeführt worden zu sein, dann bildet das nicht mehr als ein Kuriosum, das hier mitgeteilt sei, um die Bandbreite der Möglichkeiten zu markieren.

Als Jörg T. 16 war, sprach seine Mutter ihn an: ›Ich habe 'ne gute Freundin, die hat ein Lokal, da verkehren nur Männer. Hast du nicht Lust, mal mitzukommen? Ich habe das Gefühl, daß du mehr zu Männern tendierst als zu Frauen.‹ So hat sich das ergeben, daß ich in die Szene kam.

Hierüber die Stirn zu runzeln wäre unfreundlich und auch voreilig. Wir wissen ja gar nicht, was in Mutter T. vorgegangen ist. Ihrem Sohn jedenfalls, der von seinem Schwulsein bereits seit einem Jahr wußte, hat sie den Weg geebnet.

Diesseits dieses Ausreißers liegt ein breiter Bereich von Fällen, in denen die Mütter die Besonderheit des Sohnes hin- oder sogar annehmen. Je nachdem, wie gut sie darauf vorbereitet sind, ringen sie sich langsam oder schnell dazu durch.

Ronald P., 27, hat es den Eltern als letzten mitgeteilt, nach Freundeskreis und Schule, ganz ohne Plan, mit 17: Bin da mal heimgekommen und hab' geschäumt, weil einer von den Lehrern ausgrenzende Sprüche abgelassen hat. Da hat die Mutter gefragt: ›Was regst du *dich so auf?‹ Ich: ›Es ist zum Kotzen, wie hier ständig über die Schwulen hergezogen wird!‹ Sie: ›Das ist zwar wahr, aber wieso regst du dich so sehr darüber auf?‹ Ich: ›Weil ich* betroffen *bin, weil ich das bin.‹ Dann haben wir vier Stunden miteinander geredet. Zuerst kam: ›Ach nein, das ist 'ne Phase, mach dir keine Sorgen, geht wieder vorbei.‹ Ich konnte ihr plausibel machen, daß das keine Phase, sondern ein tatsächlicher Bestandteil von mir ist. Das hat sie dann eingesehen, dann brauchte sie aber 'ne gewisse Weile, um damit zu Rande zu kommen und sich an das zu gewöhnen, weil sie sich das nicht vorgestellt hat.*

Das Band zwischen Mutter und Sohn wird angespannt, meistens wohl nicht bis zum Zerreißen. Wahrscheinlich offenbart ihre erste Reaktion im Kern bereits die Richtung, wohin das Verhältnis sich transformieren wird. Wie immer der Sohn sich präsentiert, sie ist seine Mutter – eine Position, die eine beinahe unbegrenzte Toleranz von ihr zu verlangen scheint. Das wird in vielen Fällen sofort klargestellt, gleichsam wie mit einem Reflex.

Kurt G., 43, konfrontierte seine Mutter vor zehn Jahren so: ›Entweder du kriegst jetzt 'n Herzinfarkt oder wirst wahnsinnig, oder du schluckst das. Auf Enkelkinder warte nicht mehr, ich bin schwul. So schwul, wie's in den Zeitungen steht, schwuler geht's nicht mehr.‹ Wie Mütter so sind, die wissen alles von einem, die haben einen ja auch geboren. Die hat schlicht und einfach dagesessen und gesagt: ›Weißte, Kurt, du kannst machen, was du willst, du bist und bleibst doch mein Kind. Das weiß ich alles, was du erzählst. Mein Gott, ist das denn so schwierig für dich?‹

Liebe? Mutterpflicht? Selbstbeherrschung? Vermutlich laufen hier mehrere Motive in- und gegeneinander; das Resultat wird oft genug ambivalent sein. Für die Mutter zählt: Kann ich in ihm weiter den Sohn sehen? Und für ihn: Bleiben wir einander nahe?

Kopflose Reaktionen

Die Enttäuschung, daß er *so* geworden ist, mag sich heftig äußern. Eine manchmal sehr laute Trauer ist das, mit der eine Mutter Abschied von ihren Hoffnungen nimmt. Sie sieht ein ganzes Stück ihrer Lebensleistung entwertet, ihre Erziehungsarbeit diskreditiert. Mit solchen Verlustmeldungen wird sie sich kaum wortlos abfinden.

Einige Mütter weinen, wenn sie es erfahren (Torsten U., Klaus L.). Das erste war, erinnert sich Paul K., 36, daß meine Mutter schreiend durch die ganze Wohnung lief, von einem Ende ins andere; sie hat nur geschrien. – Am nächsten Tag wollte mein Vater außer Haus gehen, und meine Mutter hat gesagt: ›Laß mich mit ihm nicht allein!‹ Als ob ich jetzt jede Frau anfallen würde. Es hatte was damit zu tun, daß ich Frauen hasse – stellten sie sich vor.

Dahinter stehen nicht unbedingt Ignoranz und Dummheit (beide Eltern von Paul K. haben studiert), vielmehr äußert sich so mütterliche Fassungslosigkeit. Sie sind nicht vorbereitet; sie hätten es nicht für möglich gehalten, daß es sie trifft.

Sie war sehr schockiert, im ersten Moment (Kai S., 27). Meine Mutter ist ziemlich ausgerastet, hat demonstrativ zum Tranquilizer gegriffen und sofort welche eingenommen (Stefan D., 22). Es setzte Ohrfeigen (Norbert C., 40) und Beschimpfungen wie Arschficker, Warmer, Schwuler, krank im Kopf (Roman O., 24).

Das Unheil bricht doppelt herein: Die Mutter hat das Gefühl, mit der Erziehung gescheitert zu sein, und macht sich Sorgen um die Zukunft des Kindes. Überkommene Anschauungen machen den Müttern zu schaffen, etwa zur sogenannten Homosexuellenszene (ein Begriff der Polizei und in den Medien durchaus noch präsent).

›Und wie willst du jetzt leben? Das geht doch nicht! Heute hier und morgen da, übermorgen noch woanders, das kennt man doch von den Schwulen. Da hab' ich keine ruhige Minute mehr.‹ Sie war total aufgebracht, hatte das typische Bild von den Schwulen, wie es vorherrschend ist, erinnert sich Karl M., 28. Und Kai S., 27, bemerkt tiefe Vorurteile: Schwules Milieu ist Bahnhofsmilieu, man trifft sich auf irgendwelchen Toiletten; Schwulsein ist nur Sexualität, ist nur Rummachen in der niedersten Art, an den dreckigsten Orten.

Eine Trennung für kürzer oder länger folgt hier regelmäßig nach; sie geht von ihm oder von ihr aus. Ebenso schlimm, wenn nicht schlimmer, sind vernichtende Kommentare, die die gesamte Existenz des Kindes in Frage stellen.

David D., 25, aus einer Spätaussiedlerfamilie, erfuhr von der Mutter zunächst Geheule und Gejammer. Dann gab es Ausdrücke wie: Man sollte dich kastrieren, vergasen etc. Ich hab' mir gedacht, die Frau meint das gar nicht so. Und dann gab's die Äußerung, die mich wirklich getroffen hat. ›Der Arzt hat mir damals geraten, ich sollte dich abtreiben. Wenn ich gewußt hätte, daß du so wirst, hätte ich dich abgetrieben.‹

Der Befragte, der bis dahin noch gar keine homosexuelle Erfahrung gemacht hatte, kann ihr diese Äußerung bis heute nicht verzeihen. Ebenso vernichtend wie die Negation der Mutterschaft, nur subtiler, wirkt ein Widerruf des Gefühlsbandes.

Axel C., 24: Meine Mutter war fix und fertig, ergriff die Kaffeetasse und wollte sie nach mir schmeißen. Sie hat die Tasse dann fallen lassen und etwas gesagt, was mich wahnsinnig verletzt hat: ›Ich habe dich mal geliebt.‹ Diese paar Wörter haben mich mehr betroffen gemacht als die Schläge meines Vaters.

Haben sie zuviel, zuwenig oder die richtige Mutterliebe genossen? Dieses Thema beschäftigt manche unserer Befragten, als gäbe es Aufschluß über ihre eigene Liebesfähigkeit oder ihr Homosexuellsein. Hier klingen popularisierte Annahmen der Psychoanalyse an.

Rudolf S. beginnt die Schilderung seiner Vorgeschichte mit den Worten: ›Meine Mutter, die sehr wichtig für mich war, wurde von ihren Eltern zuwenig geliebt.‹ Da mehr Kinder geplant waren, Rudolf aber das einzige blieb, bekam er ›ein ganzes Potential an Liebe, das eigentlich für mehrere dagewesen wäre, selber ab‹. Also zuviel! Nun gestaltete sich das Verhältnis ›nicht in dem Sinne herzlich, daß man öfter den Körperkontakt hatte. Es war mehr auf einer abgehobenen seelischen Ebene.‹ Also wohl nicht die gewünschte Art von Liebe! Ratlos steht man vor einem solchen Resümee: Eine Mutter, die anscheinend alles für ihren Sohn tut und all das nach bestem Verständnis – aber das Richtige ist es dann doch nicht. Dieser Mann, von Kindesbeinen an erotisch auf Männer fixiert, hat mit seiner Mutter nie über sein Sosein sprechen können. Dabei hätte sie es wohl akzeptiert, zumindest nach einiger Anstrengung, aber Rudolf glaubte, dem nicht gewachsen zu sein. Mit 18 verläßt er sie. Und als sie gestorben war, ›fing ich an zu leben, mich wohlzufühlen, etwas in Richtung meiner Sexualität zu unternehmen‹. Und findet zu seinem Entsetzen in ihrem Nachlaß einen Liebesbrief, den er mit 14 an seinen ersten Sexualpartner, einen erwachsenen Mann, gerichtet hatte.

Im Verhältnis zur Mutter werden gern die Ursachen des Homosexuellwerdens gesucht, früher psychoanalytisch, neuerdings auch chromosomal. Ich liebe keine Frauen, mag Ödipus sich denken, fixiert auf Jokaste, seine Mutter. So einer mag sich dann Männer als Ersatz nehmen. Pobacken lassen sich vielleicht mit Mutterbrüsten vergleichen, auch am Glied eines Mannes läßt sich Flüssigkeit absaugen, und so weiter. Die Psychoanalyse bietet, Spaß beiseite, das klassische und bis heute differenzierteste Erklärungsmuster dafür, warum ein Junge schwul wird. Nur bleibt ein Problem: Die zahlreichen

Autoren haben stets nur den leidenden Teil der schwulen Menschheit gesehen. Es besteht wenig Anlaß, von den Patienten auf die Gesamtheit zu schließen.

Die Liebe der Mutter zu ihrem Kind hat etwas Elementares; sie ist früher und unmittelbarer zu erfahren als die des Vaters. Und das Neugeborene, in seiner existentiellen Abhängigkeit von einer pflegenden Person, hat allen Anlaß, für diese Person zu entbrennen.

Ein biographisches Interview, selbst wenn es mehrere Stunden dauert, kann die individuelle Entstehung einer gleichgeschlechtlichen Triebrichtung nicht aufhellen. Die Struktur unserer Seele, die Ursachen der geschlechtlichen Orientierung sind eben sehr vielschichtig und tiefliegend.

Immerhin ist bedenkenswert, daß mir an hundert Interviews so wenig Besonderes aufgefallen ist. Die befragten Männer berichten manches aus ihrer Kindheit und Jugend, nur eben nichts, was auf eine überhitzte Beziehung zur Mutter schließen ließe. Symbiotische Verhältnisse werden nicht augenfällig, außer vielleicht in der folgenden, beinahe ins Komische übersteigerten Schilderung.

Heiko R., 30, erzählt, wie sein Vater der Familie genommen wurde, als er fünf war. Hinfort bestand ein besonders nahes Verhältnis zur Mutter. – Als mein Vater dann weg war, habe ich mal zu meiner Mutter gesagt: ›So, jetzt bin ich dein Mann.‹ Das war für mich ganz wichtig. – Ich bin 24 Stunden am Tag mit meiner Mutter zusammengewesen, 19 Jahre lang. – Bis ich 18 war, habe ich gedacht, wenn meine Mutter stirbt, sterbe ich auch. Das war so die Nabelschnur. Ich habe mich davon zu emanzipieren versucht, indem ich ihr gesagt habe, du bist nicht meine Mutter; da hab' ich immer eine gescheuert gekriegt. Das war 'ne ganz heftige Beziehung zwischen mir und meiner Mutter, immer so zwischen Liebe und Haß.

Gleichwohl offenbart dieser Lebenslauf nicht unbedingt ein unaufgelöstes Begehren zur Mutter. Heiko: Ich liebe meine Mutter nicht. Meine Primärbezugsperson war meine Oma. Ich habe mich wahnsinnig ungeliebt gefühlt, unendlich einsam.

Wie überhitzt die Liebe des kleinen Sohnes gewesen sein mag, wie immer die »Ablösung« von der Mutter gelang – eines muß festgehalten werden: All diese Erfahrungen beeinflussen die Sexual- und Beziehungsbiographie des späteren Mannes, sei er nun schwul oder sonstwas. Jedes Einzelschicksal läßt sich in wesentlichen Teilen verstehen und die Narben erlittener Traumata nötigenfalls kurieren. Nur lassen sich keine abstrakten Zusammenhänge oder generalisierbaren Kausalverläufe angeben.

Das Dreieck zwischen Sohn und Eltern

Neuere psychoanalytisch orientierte Autoren betonen, wieviel der Vater für das Befinden und das Sosein eines schwulen Sohnes bedeutet. Selbst wenn der Vater fehlt, wie bei Heiko R. und vielen anderen Schwulen, und ein hinzukommender Stiefvater nicht akzeptiert wird, wirken die Vorstellungen von der Vaterfigur durchaus orientierend. Aus der Beziehung zwischen einer Mutter und ihrem schwulen Sohn kann der Vater nicht hinweggedacht werden.

Die Lage in der Familie und die Vorgeschichte zwischen Mutter und Sohn entscheiden darüber, wie über das Schwulsein kommuniziert wird. Der Vater spielt hier immer mit, sei es als Akteur, sei es als Rechnungsposten.
Klaus L., 46, wird mit zwanzig vom Vater zur Ordnung gerufen. Er solle den Zoff lassen, denn Mutter sei nicht ganz gesund. Der Vater deutet eine schlimme Affäre während der Besatzungszeit an. Infolgedessen kann Klaus auf Jahre nicht über sein Schwulsein sprechen.

Um sich zu offenbaren und Rückhalt einzuwerben, muß der Sohn das Beziehungsgeflecht seiner Familie genauer durchleuchten. Auch seine Geschwister und Großeltern gehören dazu. Ansonsten darf er keine festen Erwartungen über die Reaktionen haben. Die Statistik, nach der meistens die Mütter die Vertrauenspersonen sind, hilft ihm da nicht weiter.

Jens S., 19, hatte Pech: Dann kam die Katastrophe schlechthin. In der Regel ist es ja so, daß der Vater explodiert und die Mutter eher zu einem hält. Bei mir war's aber erstaunlicherweise genau anders herum. Meine Mutter ist heulend ins Bett gegangen an dem Abend, und mein Vater hat versucht, die Wogen zu glätten.

Der schwule Sohn braucht sich nicht auf eine demütige und passive Rolle zu beschränken. Seine Selbstdarstellung trägt in gleicher Weise dazu bei, wie sich das Familiengefüge fortbewegt. Er ist zwar das Kind seiner Eltern, aber als Mensch längst kein Kind mehr, wenn die Entscheidungen und Neubestimmungen anstehen. Bezeichnenderweise kämpft er mit den gleichen Waffen, wie sie die Eltern ihm gegenüber einsetzen: Liebesappelle und Abbruchdrohungen.

Jürgen M., 33, suchte die Auseinandersetzung: ›Mutti, wenn ihr mich nicht so akzeptiert, wie ich bin, wenn ihr mich nicht annehmt und liebt, dann war's das. Ich breche jetzt den Kontakt ab zu euch. Ihr könnt mich wieder anrufen, wenn ihr euch überlegt habt, daß ihr mit mir sprechen wollt und daß ihr mich akzeptieren wollt.‹ Das ging über eineinhalb Jahre so; da war absolute Sendepause.

Jan V., 38, erinnert vom ersten Gespräch nur noch, daß Vater und Mutter geheult haben, ich letztendlich auch. Es war 'ne ganz schlimme Situation. Ich habe ihnen dann einen fünfseitigen Brief geschrieben, knallhart: ›Ich bin schwul, nehmt das bitte ohne Wenn und Aber hin. Wenn ihr mich so akzeptieren wollt, ist es gut, und wenn nicht, bin ich nicht mehr eurer Sohn.‹ Das hatte zur Folge, daß wir eineinhalb Jahre Sendepause hatten; meine Eltern haben sich nicht gemeldet.

Erziehungsziel: Mensch oder Mann?

Zu welchem Wesen soll der Sohn erzogen werden? Weder über das Ziel, noch über die Wege besteht Einigkeit. Die Frage entzweit die beiden Geschlechter, manchmal auch die Eltern. Pointiert ließe sich sagen, daß die Aufgaben gesellschaftlich aufgeteilt sind: Die Mutter muß aus ihrem Sohn einen *Menschen* machen, der Vater hingegen einen *Mann*. Das sind beileibe keine identischen Ziele; zumindest liegen wichtige Akzente anderswo. Selbstverständlich sind die grundlegenden Lernbereiche überhaupt nicht geschlechtsdifferent: allgemeine Handlungsfähigkeit, Sprache, Verstandesleistungen, Bildungswissen usw. Um der Klarheit willen spitze ich noch einmal zu, wo die Unterschiede liegen: Als Mensch wird dem Jungen die Liebesfähigkeit vermittelt, als kommendem Mann die Leistungsfähigkeit auf bestimmten Gebieten.

Torsten O., 23, schildert, was der väterliche Ehrgeiz mit ihm vorhat. Er soll sportlich sein, obwohl er das nicht mag. Dem Vater geht er nicht oft genug ins Schwimmbad, nicht schnell genug ins Wasser. Mit zehn hat er panische Angst, vom Brett ins Becken zu springen – der Vater zwingt ihn. In solchen Situationen begann Torsten, Angst gegen den Vater, fast Haßgefühle zu entwickeln. Die Mutter war zwar teilweise auf seiner Seite, kam aber gegen ihren Mann nicht an.

In ihrem jüngsten Buch untersucht Shere Hite das erotische Klima in der Familie, lesenswert schon wegen der anschaulichen Berichte. Ihr zufolge werden Männer dazu sozialisiert, aggressiv und aktiv zu sein, Frauen hingegen, liebevoll und passiv zu sein. Die Jungen werden ihrer zärtlichen Gefühle beraubt, werden der weiblichen Hälfte der Menschheit entfremdet. Sie sollen ihre Mutter verachten, weil diese schwach ist, sollen alles Weibische aus sich entfernen.[2] So überscharf das herausgestellt ist, so sehr das vielleicht nur für frühere Generationen und bestimmte Milieus gilt – es lassen sich auch heute noch Belege für solche Tendenzen finden.

Bruno C., 22, zählt zu den wenigen positiven Erlebnissen seines Lebens, daß seine Eltern Hühner und Kaninchen hielten, die er gefüttert und gestreichelt hat. Der Vater allerdings, ein Schlachter, hat die Tiere getötet und aufgeschlitzt, hat Bruno damit geärgert, der seitdem keine Wurst und kein Kaninchenfleisch essen mag. Der Vater schnauzt ihn deswegen an.

Gewiß, eine naive Erzählung – aber eben eine aus der Kindheit. Für das Verhalten von Knaben, die nicht wie ein richtiger Junge herumtollen, ist, unnötig pathologisierend, der Begriff Sissy-Boy-Syndrom erfunden worden. Dieses »Syndrom« wird zur Erklärung dafür eingesetzt, warum jemand schwul geworden sei. Tatsächlich handelt es sich bloß um die Beschreibung einer gewissen, sich früh zeigenden Andersartigkeit. Ein homosexueller Erwachsener unterscheidet sich vom sogenannten Heterosexuellen zwar keineswegs in nennenswert vielen Charakterzügen, aber eben doch in mehr als nur seiner Sexualpräferenz.

Nicht wenige Mütter unterstützten es anfänglich, wenn ihr Junge häuslich ist, statt auf der Straße herumzulungern, sich zu raufen usw. Später mag das zu einer Quelle von Selbstvorwürfen werden, etwa in dem Sinne: »Ich hätte ihm nicht die gewünschte Puppe schenken, ihm nicht Häkeln und Stricken beibringen sollen.« Wenn der erste Eindruck überwunden werden kann, »ich habe etwas falsch gemacht« oder gar »ich habe versagt«, dann wird sie einige Vorzüge entdecken.

Denn ist es nicht angenehm, daran mitzuwirken, wie *der neue Mann* entsteht, der sensibel gegenüber Frauen ist, der die vielfältigen Hausarbeiten beherrscht? Auch ich war so ein Sohn, und mein Verhältnis zur Mutter hätte enger und liebevoller nicht sein können – ein richtiges Muttersöhnchen, wie der heranwachsende Mann entsetzt feststellen mußte.

Ein schwuler Sohn wird zum natürlichen Verbündeten der Mutter, wenn diese mit ihrem Mann im Streit liegt. (Auch hier spreche ich aus eigener Erfahrung.)

Das maskuline Aroma kann dem Heranwachsenden nicht durch Frauen vermittelt werden. Vielmehr leisten das andere Jungen und erwachsene Männer, auch der Vater. Damit stimmt überein, daß für eine größere Zahl der späteren Schwulen in wichtigen Phasen ihrer Kindheit kein Vater präsent war – sei es, daß er gestorben, sei es, daß er von der Familie durch Scheidung, Beruf oder Krieg getrennt worden war. In diesen Fällen wurde versäumt, den Jungen von der mütterlichen Gefühlswelt zu entwöhnen.

Wenn die Mutter stark und der Einfluß der äußeren Männerwelt schwach blieb, dann war sie es, die seine erotische Präferenz prägte und ungewollt die Männerliebe auf den Weg brachte. Homosexuelle Jungen halten fest, was sie von ihrer Mutter gelernt haben: daß Männer die erotischen Ziele sind, daß Männlichkeit sexuell anziehend ist. Wahrscheinlich teilen viele Schwule mit ihren Müttern die Attraktivitätsstandards für Männliches.

Das Lernziel Mann verlangt, Schmerzen aushalten und anderen zufügen zu können – und zwar den anderen Geschlechtsgenossen. Zumindest muß man das nach außen hin können, auch wenn der Knabe es innerlich (noch) nicht akzeptiert. Wer die Fassade der Härte nicht zu errichten vermag, der wird mit abfälligen Bemerkungen angefeuert: du Muttersöhnchen, Schwuler, Trottel, Wichser etc. Die Jungmänner zeigen untereinander an, wie sie sein wollen und was sie keineswegs sein dürfen. Die Mutter darf das unterstützen, doch ihr Konzept vom Menschsein hat auf jeden Fall verloren.[3] Mann und Frau bilden polare Gegensätze, zumal in der simplen Gedankenwelt von Halbwüchsigen. Eine Wahl steht ihnen nicht offen, denn das biologische Geschlecht diktiert die Zugehörigkeit, und Mittelwege gelten als lau. Die derzeit aufwachsende Generation hört zwar auch andere Botschaften, aber vorerst wohl nur mit dem Kopf.

Am Anfang stand für mich die Beobachtung, daß schwule Söhne sich mit ihren Müttern relativ gut verstehen, d. h. besser als mit ihren Vätern. Es zeigte sich, wie wenig verläßlich diese Annahme ist. Am Ende und vor dem Hintergrund des Geschlechterkonflikts frage ich: Wenn eine Mutter ihren homosexuellen Sohn »annimmt« – steckt dahinter vielleicht eine Art Genugtuung darüber, eine der männlichen Anmaßungen zurückgewiesen zu haben?

Anmerkungen

1 Zugrunde liegen gut einhundert Interviews aus den frühen neunziger Jahren, freundlicherweise mir zur Verfügung gestellt von Jörg Hutter, Volker Koch-Burghardt und Antonius Scheuermann.

2 Shere Hite, Erotik und Sexualität in der Familie, München 1994, S. 293f.

3 Gewiß nicht zufällig dominieren Frauen in den Unterstützergruppen von Eltern und in der Selbstverständigungsliteratur. Vgl. Dorit Zinn, Mein Sohn liebt Männer, Frankfurt/M. 1992; Andrea Micus, »... und auf einmal weißt du, dein Kind ist anders«, Bergisch Gladbach 1992.

Robert Gernhardt

Hier lacht der Analytiker

Annette Garbrecht

»Ich darf mir nicht wünschen, wie er zu sein hat«

Gespräch mit Catherine S.

Catherine S., 47 Jahre alt, ist verheiratet und arbeitet als Erzieherin in einem Behindertenprojekt. Sie hat vier Kinder: Leo, 25, Lena, 24, und die Zwillinge Olga und Benjamin, 21. Der älteste Sohn Leo ist homosexuell.

Annette Garbrecht: Warum haben Sie sich auf dieses Gespräch mit mir über Leo eingelassen?

Catherine S.: Schlicht aus Neugier! Als ich Leo davon erzählte, wunderte er sich: Weil er es damals als völlig unproblematisch empfunden hat, wie die Familie auf seine Homosexualität reagiert hat. Er mußte sich weder seinen Geschwistern noch uns gegenüber besonders erklären.

Wie haben Sie davon erfahren?

Catherine S.: Ich glaube, Leo war 16, als er uns erzählt hat, daß er schwul ist. Erzählt stimmt so nicht ganz. Ich war an dem Abend gar nicht zu Hause, ich arbeitete, hatte Schichtdienst. Bernhard, mein Mann, rief bei mir an und sagte: »Ich muß unbedingt mit dir sprechen, es ist sehr wichtig.« Er war sehr aufgeregt, konnte mir aber am Telefon nicht sagen, worum es ging. Als ich zu Hause war, sagte er erstmal: »Setz dich hin.« Und dann: »Leo ist schwul – das kann doch nicht wahr sein!«

Leo sollte an diesem Abend, so erzählte Bernhard, nach dem Essen den Tisch abräumen. Er weigerte sich aber mit der Begründung, er würde gleich von einem Freund abgeholt, seinem Freund. Diesen Satz habe er so seltsam betont.

»Hast du nachgehakt«? fragte ich Bernhard, obwohl ich schon wußte, daß er es nicht getan hatte. Das habe ich dann gemacht, später.

Was hat diese Eröffnung an diesem Abend bei Ihnen ausgelöst?

Catherine S.: Ich hatte etwas anderes erwartet, etwas viel Dramatischeres. Dadurch ist, vermute ich, die Brisanz der Nachricht sehr entschärft worden.

Dann waren Sie entweder viel oder gar keinen Kummer mit Ihren Kindern gewöhnt.

Catherine S.: Für mich war das einfach nicht dramatisch. Ich habe immer mit der Möglichkeit gerechnet, daß eines der Kinder homosexuell sein könnte. Bei vier Kindern ist das doch wahrscheinlich!

Statistisch gesehen vielleicht – aber diese rationale Einsicht schützt doch nicht vor Gefühlen, wenn man selbst betroffen ist!

Catherine S.: Vielleicht doch. Ich bin Mitte der sechziger Jahre, mit der Aufklärungswelle, groß geworden. Ich habe dann in den siebziger und achtziger Jahren in Arbeitszusammenhängen gearbeitet, in denen vieles selbstverständlich war, was anderswo außergewöhnlich ist. Ich kannte Lesben, die Kinder hatten. Mir war klar, daß man als Jugendlicher und junger Erwachsener nicht nur den einen Weg gehen kann und daß man als Mutter einen homosexuellen Sohn haben kann. Diese Vorstellung war für mich nicht besonders belastet.

Hatten Sie denn besonders bei ihrem ältesten Sohn Leo immer schon mal an diese Möglichkeit gedacht?

Catherine S.: Nein, bewußt nicht. Wir haben Leo allerdings immer schon als Grenzgänger gesehen; schon als Kind hatte er sehr viele weibliche Anteile. Er war an Kleidung und am Schminken interessiert, hat lange Haare getragen und ist auch immer für ein Mädchen gehalten worden. Wir haben das so hingenommen, haben ihm seinen Freiraum gelassen und ihn nie gezwungen, in ein für Jungen übliches Rollenkorsett hineinzuschlüpfen. Witzigerweise ist seine jüngere Schwester Lena immer für einen Jungen gehalten worden.

 Und dann erinnere ich mich noch an etwas Seltsames:

Eine Zeitlang schenkten wir den Kindern gerne Schülerkalender. Doch dann gab es ein Zwischenalter, in dem diese Kalender nicht mehr paßten und die Erwachsenenkalender noch nicht dran waren. Damals kam zum erstenmal ein Schwulenkalender heraus. Den haben wir Leo geschenkt, als er zwölf oder dreizehn Jahre alt war. Mit dem unausgesprochenen Hinweis: Es gibt auch solche Männer, die Männer lieben und Männer interessanter finden als Frauen. Jahre später habe ich dann gedacht: Warum macht man bloß so was? Ob ich hintergründig was gespürt habe?

Welche Erklärung für die Entstehung von Homosexualität haben Sie?

Catherine S.: Überhaupt keine. Mich interessiert das auch nicht. Zur Zeit ist es ja gerade wieder aktuell, die genetische Bedingtheit zu betonen. Ich beschäftige mich nicht mit solchen Theorien. Homosexualität ist für mich eine Möglichkeit sexueller Orientierung, es gab sie immer, und es wird sie immer geben. Auch für Leos Entwicklung habe ich keine Erklärung. Ich denke, sein homosexuelles Interesse war früh da, war aber nicht eindeutig ausgeprägt.

Haben Sie sich nie gefragt, welchen Anteil Sie als Mutter an dieser Entwicklung haben?

Catherine S.: Nein, nicht grundsätzlich. Ich glaube nicht, daß ich etwas verschuldet oder falsch gemacht habe. Ich denke sowieso nicht, daß Homosexualität etwas Falsches ist. Man kann schwul oder lesbisch sein und trotzdem ein erfülltes Leben haben.

Mein Part in der Geschichte mit Leo bestand darin, ihn nicht behindert zu haben. Wir haben Leo damals nicht gezwungen, sich äußerlich in ein bestimmtes Muster einzupassen. Das hat sicher mit der Zeit, den siebziger Jahren, zu tun. Damals waren die Eltern sehr darauf bedacht, keine Repression auszuüben, man gestand den Kindern eine eigene Sexualität zu und achtete darauf, daß sie sich auch entfalten konnte.

Haben Sie nicht manchmal doch gedacht: Schade, ich hätte mir Leo anders gewünscht?

Catherine S.: Nein, ich darf mir nicht wünschen, wie ein Kind zu sein hat. Ich muß immer zuerst sehen, was das Kind macht. Leo und Lena haben schon im Alter von drei Jahren die Möglichkeit gehabt, sich als Persönlichkeiten von uns Erwachsenen akzeptiert zu fühlen. Gerade Leo habe ich damals als besonders stark empfunden. Zum Beispiel wollte er mit fünf Jahren mit mir über den Erziehungsstil den Zwillingen gegenüber diskutieren. Wir, Bernhard und ich, hatten nie bestimmte Vorstellungen darüber, wie der älteste Sohn zu sein hat und welchen Weg er zu gehen hat. Da wurde immer versucht, sich zurückzunehmen und ihn in seinen Vorhaben zu unterstützen.

Sie haben sich aber sicher vorgestellt, Enkelkinder zu haben.

Catherine S.: Seltsamerweise kamen in der Lebensplanung meiner Kinder eigene Kinder nie vor. Was nicht verhinderte, daß ich jetzt schon Großmutter geworden bin!

Ich selber wollte immer Kinder haben, ich konnte mir das gar nicht anders vorstellen. Ich hätte unheimlich gelitten, wenn ich kinderlos geblieben wäre. Dennoch war mir die Vorstellung, Kinder zu adoptieren, auch nicht ganz fremd. Leo dagegen wird nie erleben, wie es ist, Vater zu sein. Lesben haben es leichter, den Kinderwunsch umzusetzen und weiterhin als Lesbe zu leben – vielleicht findet auch Leo einen Weg, wenn ihm Kinder so wichtig sein sollten.

Sonst wäre das sehr schmerzlich für Sie.

Catherine S.: Schmerzlich eigentlich nicht. Es ist einfach eigentümlich zu wissen, daß er zwar Zweierbeziehungen haben, aber kinderlos bleiben wird. Hätte ich nur einen einzigen Sohn, könnte ich vielleicht nicht so gelassen reagieren und würde mich wahrscheinlich ziemlich mit diesem Gedanken rumplagen.

Plagen Sie sich denn mit anderen Ängsten um ihn und seine Zukunft?

Catherine S.: Ich weiß nicht, wie sich sein Leben gestaltet, wenn er älter wird. Aber ich denke, dieses ist sein Leben. Ich bin weder für sein Glück noch für sein Unglück verantwortlich. So reagiere ich auch auf die Aids-Hysterie: Ich denke, er hat so viel mitgekriegt von uns, daß er offen ist für das Leben, für das Weiterleben.

Trotz aller Aufgeklärtheit: Hat sich Ihre eigene Wahrnehmung von Schwulen seit Leos Coming-out verändert?

Catherine S.: Homosexualität ist inzwischen doch ziemlich akzeptiert. Schwule und Lesben haben es zwar noch schwer, aber es gibt doch eine größere Akzeptanz als beispielsweise noch vor dreißig Jahren. Ich erinnere mich noch, welchen Wirbel es ausgelöst hat, als seinerzeit bekannt wurde, daß ein Lehrer der Kinder schwul war. Diese Geschichte hat damals auch bei uns eine große Diskussion ausgelöst.

Fühlen Sie sich durch Bemerkungen, kleine Spitzen und ähnliches als Mutter von anderen verantwortlich gemacht?

Catherine S.: Die Leute, mit denen ich verkehre, problematisieren das nicht. Jedenfalls nicht mir gegenüber. Ich erinnere mich daran, daß zwei Freundinnen, ganz unabhängig voneinander, den fast gleichlautenden Satz sagten: »Es wundert mich nicht, Leo war immer etwas Besonderes.« Hätte ich nur einen Sohn, wäre das sicher alles problematischer, so aber kann man sagen: Da hat sie eben Pech gehabt; bei dem einen Sohn hat's nicht geklappt, dafür aber bei dem anderen ganz wunderbar! Das macht viel aus – für einen selbst, aber auch für andere. Bei vier Kindern in so geringem Altersabstand kann man erleben, wie unterschiedlich jedes vom anderen ist – und das relativiert viele Erziehungsfragen.

Hat Ihre eigene Familie ebenso gelassen reagiert wie Sie?

Catherine S.: Die Geschwister haben das so angenommen. Das Familienleben ist weitergegangen wie immer, und Leo mußte sich nicht weiter erklären. Ob die Reaktion meiner Eltern so ehrlich war, weiß ich nicht. Aber ihre Betroffenheit ist sicher eine andere, weil die Distanz zu den Enkelkindern natürlich größer ist als zu den eigenen Kindern. Auch im Freundeskreis wurde das nicht wahnsinnig problematisiert. Ich habe auch nicht das Bedürfnis, darüber zu reden: Die Sexualität eines Menschen ist zwar einerseits sehr allgemein, andererseits sehr intim. Ich habe nicht das Recht, das irgendwie herauszustellen.

Hatten Sie denn mit Leo ein intimes Gespräch darüber?

Catherine S.: Was meinen Sie mit »intim«?

In dem Sinne, daß Sie über Ihre und er über seine Gefühle reden konnte.

Catherine S.: Also, so ganz explizit nicht. Meine Gefühle haben sich durch diesen Einschnitt in seinem Leben ja nicht verändert. Er hat mir ab und zu kleine intime Ausschnitte aus seinem Leben gegeben, aber richtige Kopfkissengespräche haben auch die anderen Kinder nie mit mir geführt.

Mir war es immer wichtig, berufstätig zu sein und noch Raum außerhalb des Familienlebens für mich zu haben. So daß sicherlich weniger Zeit für die Kinder übrigblieb.

Und jetzt? Wie ist Ihre Beziehung jetzt, nachdem Leo ausgezogen ist?

Catherine S.: Er ist ja schon vor dem Abitur, mit achtzehn, ausgezogen. Damals hat er sich und uns die Trennung sehr schwer gemacht. Es war einfach schwierig und unangenehm mit ihm, so daß alle Beteiligten nach seinem Auszug sagten: endlich! Seine erste Liebesbeziehung spielte sich noch hier im Haus ab, wir haben mit dem jungen Mann bis heute guten Kontakt. Den nächsten Freund aber brachte er nicht mehr zu uns nach Hause – er wollte sich offenbar abgrenzen.

Mehr als die anderen Kinder?

Catherine S.: Nein, auch sie sind, finde ich, ziemlich auf Abgrenzung bedacht. Sie erzählen zwar viel, aber ihre Beziehungen werden nicht einfach in das Familienleben eingebracht. Das empfinde ich schon als Abgrenzung.

Hat sich Leos Coming-out auf Ihre Beziehung zu Ihrem Mann ausgewirkt? Haben Sie viel darüber geredet?

Catherine S.: Eigentlich wenig. Die Struktur der Beziehung läßt das auch nicht zu. Mein Bedürfnis, über bestimmte Sachen zu reden, ist ab einem gewissen Punkt nicht mehr sehr groß. Ich will dann nicht mehr auf Bernhard eingehen. Er war ja damals sehr getroffen, brachte gleich die ganze Aids-Geschichte ein, was ja vor Jahren, auf dem Höhepunkt der Hysterie, auch verständlich war. Aber vielleicht war diese Objektivierung nur ein Weg für ihn, um mit seinen eigenen Ängsten fertig zu werden. Ich dachte damals nur: Nun ja, so ist es nun mal – und ich lebe!

Ich versuche in solchen Situationen, mit den Dingen umzugehen, aber ich wühle nicht in meinem Kopf danach, was ich falsch gemacht haben könnte. Ich kann mich zwar in die ganze Diskussion darüber einbeziehen, welchen Anteil die Eltern an der Entwicklung ihrer Kinder haben. Aber an einem bestimmten Punkt höre ich auf. Und zwar, wo es für mich zu bedrohlich wird. Wo es um meine Rolle als Mutter geht, darum, was ich hätte tun, was ich hätte anders machen sollen. Ich denke, solche Überlegungen können mir nur schaden.

Ich habe genug Verunsicherung erfahren. Ich habe die Kinder sehr früh bekommen, mit 21 hab' ich Leo zur Welt gebracht. Das war in den siebziger Jahren, in denen man sich dauernd in Frage gestellt hat. Das will ich ohne einen eindeutigen Grund nicht mehr, weil ich fürchte, ich könnte da in ein Loch fallen und nur noch denken: totale Katastrophe!

Etwas anderes ist es, wenn man wirklich etwas tun kann. Als beispielsweise Lena mit vier Jahren anfing zu stottern, war klar, daß etwas unternommen werden mußte. Das hatte etwas mit mir zu tun. Die Sexualität eines Menschen aber – die hat nichts mit mir zu tun.

Und am allerwenigsten schwule Sexualität. Erleben Sie das nicht auch als bedrohlich?

Catherine S.: Doch. Man hat, als Mutter wie als Vater, wilde Phantasien darüber, weil man sich eben nicht vorstellen kann, was man nicht erprobt hat. Man kann sich nicht vorstellen, wie homosexuelle Männer fühlen. Außerdem ist da der Gedanke: Er wird nie Kinder zeugen. Die Fortpflanzung aber ist für mich von existentieller Bedeutung, weil ich mich einem Prozeß zugehörig fühle, der immer weitergeht. Und der Gedanke, daß er mit diesem Sohn aufhört, ist eine Realität, mit der ich mich auseinandersetzen muß.

Jan Feddersen
Süße Vergiftung

Sie wuchs während des Zweiten Weltkriegs auf, Tochter eines Schuhmachermeisters. Sie legte dennoch die Reifeprüfung ab, studieren durfte sie hingegen nicht. Es schickte sich nicht für Mädchen, schon gar nicht für solche aus kleinen Verhältnissen. Ihre Eltern mißtrauten den Wünschen ihrer Tochter – und schnitten sie ihr ab.

Eine Schönheit nannte man sie nicht. Sie wußte das – und verzichtete auf jede mädchenhafte Koketterie. Es wäre nur albern gewesen, sagte sie. Dafür war sie resolut, erfahren, robust und fern aller Lieblichkeit. Sie habe früh lernen müssen, Gefühle zu verstecken, erzählt sie. Arbeiten habe sie müssen im elterlichen Geschäft. Eine Frau mit Gardine sei sie.

Ende der Vierziger lernte sie ihren deutlich älteren Mann kennen, einen Kapitän. Anfang der fünfziger Jahre heirateten sie. Sie erzählt nicht, ob ihr die Ehe Spaß gemacht hat. Aber im Bett habe es gefunkt, wenn er denn mal an Land war. Ob bei beiden, läßt sie offen. Ansonsten war sie traurig, aber auch froh zugleich, ihn nicht immer zu Hause zu haben: So konnte sie ihre Selbständigkeit besser bewahren.

Stefan hieß ihr erstes Kind, der nächste Sohn, Martin, kam drei Jahre später. Ein Stiller, wie sie sich erinnert, ein Lieber stets. Stefan sollte ein Paradestück der Sippe werden. Aber er geriet gerade während der Zeit, als in Berlin die Studenten auf die Straße liefen (und Leuten wie der Kapitänsfrau angst machten), in ein Milieu, wo gute Noten nicht zählten, sondern vor allem ein Lebensgefühl.

Die Mutter war kaum zufrieden, ja, sie stieß ihn sogar von sich weg: Wenn er denn schon ihre mütterliche Milde und ihren guten Willen nicht wolle, dann müsse, dann sollte er aus ihrem Leben, ja, eigentlich aus der Familie überhaupt verschwinden.

Sie steckte also Stefan in ein Internat. Der zweite Sprößling mußte nun das Versagen des ersten ausgleichen, ohne daß er sich diese Rolle hatte aussuchen können. Aber man war ja schließlich wer. Wohnte in einem Viertel, in dem der gute Geschmack noch galt und die Reputierlichkeit sowieso. Eine Enklave der Betulichkeit, des guten Tons und der Leisetreterei. Man war nicht richtig reich, aber eben auch nicht arm.

Die Mutter hörte in einsamen Stunden Hildegard Knef und Juliette Gréco. »Von nun an ging's bergab«, hörte sie besonders gerne, aber auch: »Eins und eins das macht zwei«. Das tat ihrer Seele wohl: Mit der Klassik kannte sie sich nicht aus, die beiden Sängerinnen aber standen, wie sie sagte, für das Gepflegte.

Im übrigen gedieh Martin prächtig. Hätte die Nachbarn gewiß noch in tiefster Bewußtlosigkeit gegrüßt, um Manieren zu beweisen. Auch sonst entwickelte er sich, wie die Mutter es sich nicht schöner hätte ausdenken können. In der Schule unauffällig, im Bekanntenkreis beliebt, denn Martin wußte immer nett zu scherzen. Ein fröhlicher Junge, sagte man. Einer, der freiwillig den Wagen wäscht und auch nicht muckt, wenn das Gras zu hoch steht und ein Wochenende für die Pflege des großen Zierrasens draufgeht.

Der Vater war längst nicht mehr Herrscher aller Reusen, wie seine Frau es ausdrückte. Totgeraucht. Herzinfarkt. Martin gab längst auch den Ehemann. Nicht in allem, aber in vielem, was eben dazu gehörte: Das Nichtsprechen, das Vertraute, die stillen Übereinkünfte. Natürlich hatte die Mutter auch geschlechtliche Bedürfnisse, es waren schließlich die sechziger Jahre. Aber nie hatte einer auch nur die Spur einer Chance gegen Martin, obwohl er sich gewünscht hätte, einmal nicht die Verantwortung als Familienoberhaupt tragen zu müssen.

Das Gift war schließlich doch zu süß, die Liebe zu heftig, die Mutter zu stark, als daß Martin sich gewehrt hätte gegen so viel Hereinnahme in ein Leben, das er sich nicht ausgesucht hatte. Meine Kinder waren mir immer am wichtigsten, sagt die Mutter, wenn sie sich gesammelt hat. Spontan jedoch würde sie eher formulieren: Martin stand immer im Mittelpunkt. Stefan war nur noch ein Posten im Haushaltsbudget – Internate sind teuer.

Ja, was aber hätte ein Liebhaber schon ausrichten können? Wer hätte gegen Martin bestehen können? Haben sie nicht alle Macken? Die Mutter wußte es nicht, sie wollte es auch nicht wissen. Ihr Gehalt war nicht schlecht, die Rente später nicht minder. Und Martin ganz so, wie ein Ehemann es nie wäre: lieb und problemlos. Und er selbst war durchaus einverstanden mit der Rolle, die ihm zugedacht war. Den großen Bruder in die Flucht geschlagen. Mutter machte es bequem. Vielleicht war ich ein einsames Kind, rätselt er heute.

Martin durfte alles, wofür andere Kinder jahrelang kämpfen mußten. Früh ein Mofa fahren, schnell den Führerschein machen, spät ins Bett, fernsehen, soviel er wollte. Keine Verbote. Ein Paradies. Immer stand sie ihm zur Seite. Jeden Kummer hätte er mir erzählen können, sagt sie. Ihre eingekrauste Stirn verrät allerdings den Gedanken, daß sie sich nicht wirklich vorstellen konnte, daß er Kummer hatte, den sie nicht kannte.

Martin war ein Mann, den alle Nachbarn gerne zum Schwiegersohn gehabt hätten. Ein Studierter, Betriebswirtschaft, ein Tüftler, ein Macher, ein Nestbauer, einer, der seine Angetraute auf Händen tragen würde und die Wunschkinder gleich dazu. Immer hilfsbereit, Freiwillige Feuerwehr, Posaunenchor, Kantorei und die Silberne Hochzeit bei den wichtigen Nachbarn gleich nebenan – wo er kellnerte zur Freude seiner Mutter. Aufmerksam sei ihr Sohn, wurde ihr bedeutet.

Seltsam nur, daß Martin erst Mitte zwanzig werden mußte, ehe seine Mutter erfahren durfte, daß er schwul ist. Homosexuell. Nicht im literarischen Sinne, so im Geiste Thomas Manns, nein, genau so, wie sie es sich in ihren Alpträumen ausgemalt hatte, so richtig, streunend durch die Betten mehr oder weniger schöner Männer. Letztlich aber fühlte sie sich als Siegerin. Denn Martin war ihr nun nicht verlorengegangen an ihre Schwiegertochter, die ihr vermutlich irgendwann die Tür gezeigt hätte.

Schade allerdings, daß ein schwuler Sohn nicht so vorzeigbar sein würde, das schmerzte sie ein wenig.

Nun, es ließ sich regeln. In der Nachbarschaft fiel Martin, moralisch gesehen, nicht durchs Rost. Er grüßte schließlich noch immer, wenngleich er inzwischen nicht mehr die Autos wusch, dafür aber mit der virtuosen Handhabung von Steuererklärungsformularen aufwarten konnte. Die Mutter läßt im übrigen nicht mit sich reden: Ihren ersten Sohn will sie, wie in den vergangenen zwanzig Jahren, verlorengeben. Daß er trinkt, nimmt sie hin. Weshalb sollte sie sich darum sorgen? Alkohol war schließlich gelegentlich auch ihr bester Freund, dann, wenn Martin mal wieder nicht seiner Rolle als Quasi-Mann nachkam und seiner Mutter nichts erzählte von seinem Leben außerhalb des Hauses, wo er ein Zimmer bewohnte, das dunkler als eine Höhle gestrichen war.

Die Therapeutin ihres ersten Sohnes hat die Mutter mehr oder weniger zu einem Gespräch mit ihrem Erstling genötigt. Es kam nichts dabei heraus. Man hätte sprechen können, etwa über die Lieblosigkeit der Mutter, über den Ekel vor Körpern, den sie ihren Kindern eingeimpft hatte, über die Gebote des Igitt, die ihre Nachkommen noch heute am eigenen Leibe spüren. Martin und Stefan fühlen sich in ihrer Haut nicht wohl, hat einmal eine Nachbarin gesagt.

Inzwischen ist die Mutter alt. Ihr erster Sohn hätte gern mehr Kontakt mit ihr, doch sie will nicht. Er, der allen Grund hätte, sie zu verfluchen, hängt an ihr. Sie will ihn nicht, da bleibt sie sich treu. Er habe ja keine Zähne, gibt sie zur Auskunft. Stefans Zähne sind in der Tat keine Einladung für strahlende Küsse. Aber hat sie nicht selbst eine schwierige Zahnoperation über sich ergehen lassen, um ihren Vorbiß zu regulieren? Wie sieht das denn aus!, hat sie dazu gesagt.

Stefan hat die Zähne inzwischen von einem Teil des väterlichen Erbes sanieren lassen – doch die Mutter schweigt.

Dumm nur, daß Martin ihr keinen Trost spendet. Er bleibt ihr gegenüber kühl, gibt ihr keine Chance. Es sei zu spät, redet er sich heraus und bringt es fertig, wenn sie gemeinsam im Restaurant sitzen, eine Illustrierte zu lesen und sie reden zu lassen, ohne ihr auch nur eine Geste der Aufmerksamkeit zu schenken. Wofür es zu spät sei, will er nicht sagen.

Möglich, daß er sich so rächt. Er weiß es nicht, spricht nicht darüber. Er redet sowieso nicht viel über sich. Mag sein, daß er keine Lust hat, über das Vergangene zu befinden. Er müßte dann auch über sich sprechen, über seine Charmanz, die an ihm geschätzt wird, und über seine mürrischen Züge, die er gelegentlich annimmt, wenn er privat ist.

Eine Mutter, die vom Leben nicht mehr viel hält. Ein Sohn, der nicht weiß, wie seine Rolle bei ihr aussah. Jedenfalls, als Ehefrau braucht er Mutter nicht mehr, er hat jetzt einen Mann.

Lesarten

Gerburg Treusch-Dieter

»Wir sind auf ewig verkettet«

Aussagen zur Mutter

Fünfzig männliche Jugendliche im Alter zwischen neunzehn und fünfundzwanzig Jahren haben zehn Minuten über ihre Mutterbeziehung assoziiert. Dabei entstand ein verzettelter, gemeinsamer Text auf Ringbuchblättern, ausgerissenen Heftseiten und Konzeptpapieren, bevor ein Wort zu dieser Beziehung gefallen war. In meiner Interpretation, die auf diesen Assoziationen basiert, werden ihre Aussagen im Sinne einer fortlaufenden Rede montiert.

Dabei gehe ich davon aus, daß die Satzfetzen dieser vielstimmigen Rede auf fragmentierte und stereotype Weise die Struktur der Muttererziehung aussprechen, die in den mit Filzern, Kulis und Bleistiften aufnotierten Assoziationen offen zutage liegt. In ihren Aufzählungen, Erzählresten und expressiven Aussagen ist nichts durchgestrichen. Jedes Wort folgt einer Automatik, die gleichzeitig reflexiv funktioniert.

Das Unbewußte der Mutterbeziehung ist gewußt. Ihre Lang- und Kurzzeitmechanismen können dennoch nicht durchbrochen werden, da alle stereotypen Fragmente dieser verzettelt-verketteten Beziehung auf die für unsere Geschichte relevante Weiblichkeits-Konstruktion verweisen, die in die individuelle Erfahrung der Gegenwart als Struktur eingeschrieben ist.

Die entindividualisierte Vorschrift dieser Struktur gehorcht einem jahrhundertelangen Diktat, das sich in der reflexiven Automatik der Assoziationen durchsetzt. Die Mutter heute hat diesem Diktat offensichtlich noch immer zu folgen, und zwar in dem Maß verschärft, wie ihr historisch-kulturelles Ambiente (Haus, kinderreiche Familie) nicht mehr vorhanden ist.

Aus der in den Assoziationen offen zutageliegenden

Struktur geht zumindest hervor, daß die Mutter heute vor allem als Funktionsmechanismus erfahren wird: »Sie arbeitet zu viel. Sie arbeitet viel zuviel. Sie ist berufstätig und hat drei Kinder großgezogen. Meine Mutter ist berufstätige Mutter mit Bedürfnis nach privater Stabilität und Doppelbelastung.«

Auch wenn diese Mutter als »die Frau an sich« bezeichnet wird, die »Beruf, Familie – immer alles in Einklang gebracht« hat, löst ihr Funktionsmechanismus eine Erfahrung von »Gefängnis« und »Entfremdung« aus, die als Schlüsselworte in der vorliegenden Textverkettung wirksam sind. Beides, der distanzlose Zwang »Gefängnis« und die zwanghafte Distanz »Entfremdung«, beides verweist ohne Verschlingung, so könnte man sagen, auf das Problem der Abnabelung.

Zwar war die Abnabelung in der Beziehung zur Mutter immer schon entscheidend, aber die Ambivalenz dieser Entscheidung hat sich heute in dem Maße zum Entweder – Oder verschärft, wie der Funktionsmechanismus ›Mutter‹ durch nichts mehr abgepolstert ist. Die Mütter heute sind bis zur äußersten Perfektion modernisiert, ohne daß die ihnen diktierte entindividualisierte Vorschrift der Geschichte auch nur im mindesten in ihrer Individualität abgegolten ist.

1. *Tabuisierung*

Wird das Problem der Abnabelung auf die Weiblichkeitskonstruktion dieser Geschichte bezogen, dann ist es da plaziert, wo die Herkunft aus der Mutter gestrichen, da, wo sie symbolische Leerstelle ist. Daß diese Herkunft aus der Mutter nichtsdestotrotz gegeben ist, kann täglich erfahren werden. Soweit sich die Struktur dieser realen Erfahrung jedoch symbolisch bestimmt, gilt, daß die Herkunft aus der Mutter nicht existiert. Sie ist tabu.

Wird dennoch, wie in manchen Assoziationen, ein Anfang aus der Mutter vorgestellt, kann er nur eine Ersetzung des Tabuisierten sein. Die Assoziationen weichen in mytho-materielle Metaphern aus. »Am Anfang war ein großer Sternenhaufen. Oder Marmelade, alles, was mit kulinarischen Genüssen zusammenhängt. Fette Brüste, verfließende (Körper-)Grenzen. Nein, so fange ich nicht an. Es gibt keinen Anfang.« Die vorgestellte Herkunft aus der Mutter wird retabuisiert.

Ihre symbolische Leerstelle wird als Grenze akzeptiert. Sie produziert eine Spaltung der Weiblichkeitskonstruktion in ›Mutter‹ und ›Frau‹ unter der Bedingung, daß das tabuisierte Geschlecht der Mutter an der Frau ersatzweise als Sexualität erscheint. Statt nach dem Anfang fragt darum eine weitere Assoziation nach dieser Spaltung: »Als erstes frage ich mich, ob ich von der Frau schreibe, die meine Mutter ist – oder von meiner Mutter.« Zwar sind beide in einer einzigen, gespaltenen Person kombiniert, doch indem die Sexualität der Frau zugewiesen wird, bleibt für die Mutter nichts übrig: »Sie ist ohne Sexualität. Erotik (der Mutter) gibt es nicht.« Jenseits dieses Tabus, dort, wo der vorgestellte Anfang Sterne, Marmelade und Brüste metaphorisierte, ist »ihre Sexualität unvorstellbar – weckt (bei Kindern) Ekel«.

Noch bevor sie Mutter wird, hat die Frau diesen Ekel zu verinnerlichen, der die Herkunft aus der Mutter zensiert, indem er die weibliche Spaltung in ein geschlechtloses Geschlecht garantiert. Sobald sie Mutter ist, wird diese Geschlechtslosigkeit ihres Geschlechts zur entindividualisierten Bedingung ihrer Individualität. Sie entsexualisiert und entpersönlicht sich. Der Name, mit dem die Frau anzusprechen ist, hat ab jetzt ›Mutter‹ zu sein: »Wenn ich sie mit ihrem Vornamen anrede, legt sie den Telefonhörer auf. Deswegen tue ich das ziemlich oft. Es freut mich.«

2. Selbstlosigkeit

Aus der Entpersönlichung der Frau als Mutter resultiert ein selbstloses Selbst, das am Ort seiner Existenz nichtexistent ist. Ihr alltäglicher Ort (Innenräume, Wohnung, Haus) wird zum symbolischen Nichtort: »Ich möchte nicht so einsam sein, wie ich meine Mutter sehe. Sie ist viel zu viel allein, hat keine Freunde: Vater- und Freund / Innenlose Mutter.« Dieser Nichtort schlägt als Leere nach innen: »Starke innere Unzufriedenheit. Heute sagt sie selbst, daß sie mit ihrem Leben unzufrieden ist. Na ja, nicht eigentlich unzufrieden – frustriert.« Die Grundlosigkeit dieser Unzufriedenheit führt in einen Abgrund, wo »sich (die Mutter) sehr stark in ihr Inneres vergraben hat«.

Dort, wo ihr Selbst abwesend ist, »denkt sie zuwenig an sich selbst, sie erzählt zuwenig von sich selbst, sie macht zuwenig für sich selbst, ihr eigenes Leben. Sie nimmt sich selbst zuwenig wichtig, berücksichtigt eigene Bedürfnisse nicht (am besten: kennt sie gar nicht). Sie hat keine Klarheit über sich selbst.«

Ins Dunkel ihrer Selbstlosigkeit, wo »sie nur sich versteht, aber gar nicht in sich geht«, dringt kein Licht. »Sie ist verklemmt. Eine Mutter Gottes mit Klosterallüren, die sich aufopfert und Angst vor Vorwürfen hat. Sie ist sehr leicht verletzbar und verunsichert, was nur versteckt nach außen dringt. Sie ist neidisch, was sie nicht zugibt, launisch mit Depressionen und Wutanfällen. Sie kann nicht zuhören, springt vom einen zum andern.

Immer stellt sie sich dümmer an, als sie ist. Sie hält sich gegenüber ›Wissen‹ und ›intellektuellen Bereichen‹ (mit Angst vor Blamage und Minderwertigkeitsgefühlen) zurück. Obwohl sie scharfsinnig, intelligent ist, Sensibilität und Einfühlungs-Vermögen hat in erhöhter Form (!) – allerdings ohne Distanzmöglichkeit.«

3. Weiblichkeitsbild

Die nicht gegebene Distanz zu sich und anderen läßt kein reflektiertes Verhältnis von Außen- und Innenwelt zu. Als Frau ist die Mutter Reflex des Blicks der anderen. Wie er sie normt, ist sie geformt. »Ihr Weiblichkeitsbild – harmonisch, attraktiv. Sie ist stark auf ihr Äußeres bedacht, stimmungsmäßig stark von der Rezeption durch andere abhängig. Sie fühlt sich immer zu dick und nicht dem Schönheitsideal entsprechend. Ihr Blick auf die Meinung der anderen bestimmt ihr Tun.«

Objekt der anderen, »läßt sie sich alles gefallen, ist zu sehr angepaßt, trägt dick auf (Kosmetik und verbal)«. Sich als Objekt ›Mutter‹ zur ›Frau‹ zu subjektivieren, gelingt ihr nicht. »Besonders sticht mir da ihr Stärke-nach-außen-Demonstrieren und im stillen Kämmerlein Vor-Angst-Zittern ins Auge. Nach außen ›starke Frau‹, nach innen labiles Gleichgewicht.«

Ihre äußere und innere »Unselbständigkeit« verhalten sich deckungsgleich: »Immer ist sie zu kurz gekommen. Immer nur ein Leben aus zweiter Hand. Sie war und ist wohl oft sehr unglücklich, hat sich aber damit abgefunden.«

Ohne die Norm des Blicks der anderen verliert sie ihre Form. »Sie kümmert sich zuwenig um ihren Körper, ist bequem, ißt ungesund, wird immer dicker, ist durch alles ihr ›Fremde‹ (Ausländer –!!) überfordert. Opfer der Umstände? Sie macht sich selbst dazu, holt nicht raus, was in ihr steckt. Verbitterung.«

4. Leistungsfunktion

Um so mehr steckt in der Mutter drin, was aus ihr rausgeholt wird. Die verinnerlichte Norm ihrer äußeren Form bedingen »eine totale Identifikation mit ihrer Funktion bis hin zur Selbstvergessenheit. Sie ist in eine Rolle gepreßt, wird von anderen bestimmt, vom Mann, den eigenen Eltern, dem Kind.«

Aus ihrer Rollenfunktion und Leistung resultiert eine Liebesarbeit auf Zeit: »Ich weiß, daß sie ihr Leben für uns Kinder aufgegeben hat, aber daß sie uns nur so lange liebte, wie wir sie absolut brauchten. Ich weiß, daß sie mich nur liebt, weil sie eben meine Mutter ist.«

Die totale Identifikation mit ihrer Liebesleistung ergibt keine glaubhafte Identität: »Angeblich – vielleicht auch tatsächlich – war sie immer für mich da, aber ich habe es nicht erlebt.« Auch für »die Erinnerung an die Kindheit« gilt: »Rufen nach der Mama! Sie kommt nicht oder spät.« Sie kommt zu spät. Als Liebes-Zeitarbeiterin, die pünktlich zu sein hat, wäre für sie die Kündigung fällig gewesen.

Für die Zeitarbeiterin Mutter ist das Kind der Beweis für ihre Liebesleistung. »Noch eins, noch eins, noch eins und noch eins. Sie dachte, eine gute Mutter sein zu müssen. Und sie war eine gute Mutter – ja, ich glaube ja. Ich erinnere mich an gefühllose Formen des Streichelns, die mir unangenehm waren, aber Trost spenden sollten.«

Liebesleistung und Rollenbeweis vereinen in der Mutter-Funktion »Biologisches und Soziales, wobei ich, ohne verabsolutieren zu wollen, das Soziale an die erste Stelle setzen würde«. Die »erste Stelle« der sozialen Mutter-Funktion wird in dem Maß relativiert, wie die biologische Mutter-Funktion akzeptiert wird. Dabei ist sie es, die auf die kulturelle Tabuisierung der Herkunft aus der Mutter verweist. Indem sie durch ihre ›Biologisierung‹ negiert wird, ist die Mutter sozial zu instrumentalisieren: »Arbeit nur für die Familie. Die Mutter geht in ihrer Arbeit auf.«

Ihre Negierung und Instrumentalisierung an sich selbst reproduzierend, bestätigt die Mutter, daß sie Nutzwert nur unter der Bedingung ihres Unwerts ist. Deshalb »ihr überhöhtes Ideal, ihr Perfektionismus als Eigenwert«. Weil die Mutter ganz das ist, was sie tut, und, falls sie nichts tut, nichts ist, fällt an ihr »das Konsequente« auf: »Es war mir immer ein Graus, daß sie genau das tat, was sie sagte.«

Über die Mutter als Funktionsmechanismus ist damit alles gesagt. Seine in den Assoziationen zutageliegende Struktur kennt keine »tatsächlichen, realistischen Alternativen. Nichts Positives in Sicht. Meine Mutter hat außerdem allem vorgebaut: Du kannst nie hinter die Fassade einer Familie gucken. Sprich: Es ist überall so wie bei uns.«

Die geschichtlich eingeschriebene Struktur aus Tabuisierung, Unwert und Nutzwert der Mutter wird seit Jahrhunderten vom symbolischen Vater diktiert. Er ist es, der die Leerstelle ›Mutter‹ besetzt, indem er sie durch das Abstraktum ›Vater‹ ersetzt. Ihm entspricht, daß auch der reale Vater, trotz seiner Anwesenheit, als »ein räumlich nicht Da-gewesener« erfahren wird. »Ich kann mich kaum an ihn erinnern. Er ist und war nicht anwesend. Immer abwesend, Verhinderung, blinder Fleck, Leerstelle, leblos, stumm.«

Als Anwesender auf seine eigene, »unnahbare Ferne« bezogen, »spielte sich (der Vater) auf wie ›Gott‹. Arsch, weil ich ihn nie so nennen durfte (innerlich und ihm gegenüber). Selbstkritik kennt er nicht, immer aber wertend, besserwisserisch, unfähig von reiner, ›äußerer‹ Autorität zu lassen. In seiner Eitelkeit und grenzenlosen Selbstüberschätzung schien er darauf angewiesen. Sein zorniger Blick – fast schon zum Lachen. Aber wehe, wenn! Dann ist er aggressiv, jähzornig, unberechenbar. Oder er rechnet, ist ein Pedant mit Magenschmerzen, mit nur noch einem Drittel des Magens, der sich gibt, als hätte er die Weisheit mit Löffeln gefressen. Wo er sich nicht als ›Gott‹ präsentiert, kommt die Kehrseite raus. Abgehetzt, unselbständig, unzufrieden. Zwar ist seine Arbeitshingabe in irgendeinem Sinne bewundernswert, aber eigentlich egoistisch, nichts als Legitimation, um der Familie dieses ›Abrackern‹ ständig vorzuhalten. Geld setzt er als Druckmittel ein (erzählt ständig, er habe keines, verdient aber gut – meine Mutter weiß bis heute nicht, wieviel.«

In ihrem Unwert definiert sich die Mutter über den (jeweiligen) Höchstwert des Vaters: »›Es‹, das Geld, ist SEINE Liebe. Er muß sich immer als edler Spender aufführen. Dabei ekelt er sich vor Frauen. Ich weiß von meiner Mutter, daß er ein Frauenhasser ist. Er schlug seine Frauen grün und blau, ist ein Pornokonsument und Gewaltfilmliebhaber. Zwar ist seine Mutter schon lange tot, aber er ist ›Muttersöhnchen‹ geblieben.«

Sowohl das »unnahbar Ferne« wie »die unerträgliche Nähe« des Vaters kann zum Tötungswunsch führen: »Eines Tages habe ich mir seinen Tod gewünscht – und einige Tage später starb er wirklich. Traurig (er starb an Herzinfarkt und ich kannte ihn nur vier bis fünf Jahre).« Dabei war er kein Pedant oder Pornokonsument, sondern ein Vater, der die besetzte Mutter komplett ersetzte: »Ein Hausmann-Vater mit Versorgerkomplex, von dem meine ach so angestrengte Abnabelung nicht klappt (wo endet die Nabelschnur?)«.

6. Frau – Mann

Die Nabelschnur endet nicht. Tabuisiert, was die Herkunft aus der Mutter angeht, kehrt sie am Vater wieder, von dem die angestrengte Abnabelung des »Kindes« (wie die Jugendlichen sich in ihren Assoziationen nennen), und auch die der Mutter als Frau nicht klappt: »Meine Mutter ist an meinem Vater klebengeblieben. Obwohl sie finanziell unabhängig ist, ist sie abhängig von meinem Vater. Ihr Partner spielt eine große Rolle.«

Er, der ihr selbstloses Selbst besetzt und ersetzt, produziert eine Eltern- und Geschlechts-Identitätsdiffusion: »Ja, der (männliche) Partner geht ihr über die Kinder.« Als Frau ist die Mutter offensichtlich auf einen »(männlichen) Partner« fixiert, der zugleich ein weiblicher ist. »Sie hat viel mit ihm gestritten, aber trotzdem nicht erreicht, was sie wollte, warum wohl?!« Offensichtlich, weil er zwar ihre entsexualisierte Opferrolle übernahm, sie aber nicht seine sexuelle Täterrolle: »Masochismus hoch zwei (!!) im ›Dienst an ihrem Partner‹. Selbstverständlich dauerndes ›In-Schutz-Nehmen‹ meines Vaters und seiner Launen. Immer aus Furcht, sich von ihm zu trennen.«

In dem Maße, wie die weibliche Nabelschnur des männlichen Partners zugleich als Enteignung der Mutter und Versorgung der Frau wirksam ist, saugt sie aus und säugt. Der Vater tritt nicht nur als Höchst-, er tritt auch als Tiefstwert auf. Im Widerspruch zu sich selbst als symbolischem Abstraktum geht er als realer Vater und Mann unter die Haut. Der Frau als Mutter bleibt nichts als »die Warnung (an die Kinder), daß schließlich alle Männer so sind wie IHRER. Sprich: Leid, Leid, Leid.

Sie war einfach zu schwach. Ich konnte sie nicht lieben. Trotzdem bewundere ich sie, daß sie nicht komplett durchgedreht (und mit meinem Vater noch immer verheiratet) ist.«

7. *Mutter – Sohn*

»Eines Tages hat sich meine Mutter (doch) von meinem Vater getrennt, und es kam zur vollkommenen Neuordnung unserer Beziehung (als ich sechzehn war). Bis dahin bereit und willens, den Fußstapfen meines Vaters zu folgen, fing für mich die Umstellung meines gesamten Lebens an. Ich erfuhr (von meiner Mutter), daß nahezu alles, was ich von meiner Familie wußte und was bisher das Maß gewesen war, mit dem ich mein Leben messen zu können glaubte, von den verschrobenen, selbstsüchtigen Vorstellungen dieses Patriarchen herrührte – also verließen wir zusammen die familiäre Einheit. Und weil wir es satt hatten, Mutter und Sohn zu sein, wurden wir gute Freunde.«

Sie wurden ein Paar wie Mann und Frau. Aber das Maß des Vaters, inkarniert im Sohn, bestimmte, bei vorausgesetzter, tabuisierter Herkunft aus der Mutter, dieses Paar weiterhin mit seinem Maßstab, der nur *ein* Geschlecht zuläßt, das männliche, und *kein* Geschlecht + ein halbes (= die Frau als ›verstümmeltes Männchen‹).

Gemäß der Homosexualität des heterosexuellen Paars wurden sie »gute Freunde«. Und sollten sie nicht gestorben sein »an den heftigen ›Rollen-Rückfällen‹, die es gab, beispielsweise zur Zeit meiner ersten Partnerschaft, und die es wahrscheinlich wieder geben wird, wenn meine Mutter einen neuen Partner nimmt« – dann, ja dann leben sie noch heute.

8. Mutter – Macht

Es könnte aber auch die Mutter sein, die das Maß des Vaters okkupiert, um dem Sohn seine Maßregel vorzuhalten, an der gemessen er maßlos zu wünschen übrig läßt. Sei es, daß »er so ist wie ER – oder niemals so werden soll (!). Denn darin werden Mütter gemeinhin unterschätzt. Ja, sie nähren dieses Bild auch noch dadurch, daß sie den Vater zum Despoten stilisieren, was nach außen hin verfängt. Es entspricht dem Bild, was alle sich gerne von einer richtigen Familie machen.« Dieses Bild wird nach Maßgabe der Mutter selbst dann noch strukturell aufrechterhalten, wenn die Familie aufgelöst ist.

9. Macht – Mutter

Auch die Umkehrung dieser Maßgabe ist möglich, indem die Mutter sich selbst zum Maß erhebt. Sie verkehrt dann ihren Unwert unter Aufhebung jeglicher Distanz zu sich und anderen (den Kindern) in sein Gegenteil. Nicht das selbstsüchtige Selbst des Vaters, sondern ihr selbstloses Selbst wird zur Despotie. »Mütter dieses Zuschnitts sind wahre Undercover-Agenten. Absolut dominant und übermächtig. Weil ihnen der Gefühlsbereich näher ist, sie mehr interessiert, haben sie die Möglichkeit, den anderen, die Kinder, bis in die letzte Faser zu durchschauen. Sie haben besondere Antennen, haben die Macht, Kinder besonders zu fördern oder zu vernichten. Und sie nutzen diese Macht entsprechend (Muttersöhnchen profitieren davon vor allen Dingen).«

Diesen Typus Mütter umgibt eine Art undefinierbarer Glückseligkeit, deren Auslöser oder Ursache unklar ist, unter Umständen gar nicht vorhanden.« Ihre Nichtexistenz selbst ist es, die zum Absolutum wird. »Ich weiß, daß es sich hierbei um hysterische Frauen handelt, finde aber, daß das die eigentlichen, die typischen Mütter sind – andere kann ich mir gar nicht vorstellen.«

Die Selbstherrlichkeit, ja Unerschütterlichkeit ihres

Liebesmacht-Deliriums ist »überbehütend, Autonomie verhindernd, einengend«. Die Fülle verschärft den Mangel. »Nicht bestehende Bedürfnisse werden über die Maßen befriedigt, vorhandene ignoriert oder nicht erkannt: Zeit meines Lebens bleibe ich Kind, das betütelt, zum Essen gezwungen, abgefüttert wird.«

10. Ambivalenz

Die Despotie des selbstlosen Selbst der Mutter verhindert das Selbst des Kindes: »Ich bin diesbezüglich in einem ständigen Reflexionsprozeß, frage ständig nach dem eigenen ›Selbst‹. Illusion, es doch geschafft zu haben, frei von ihr (der Mutter) zu sein. In Tief-Phasen aber feststellen: Ich bin wie SIE –!« Ohne die Möglichkeit der Despotie wiederholt das Kind das selbstlose Selbst der Mutter. »Das geht so weit, daß ich mich völlig für sie verantwortlich fühle. Denn sie fühlt sich am ehesten von mir ›weitergeführt‹, ›fortgesetzt‹. Dabei demonstriere ich ihr eine Stärke, die ich nicht besitze, so daß ich mich völlig überlastet fühle (und verärgert und wütend).

Sie geht mir auf die Nerven mit ihrer ewigen Nörgelei, wie ich zu stehen, wie ich zu gehen, wie ich meine Wirkung auf andere zu verbessern habe, damit ich ein günstiges Licht auf sie werfe. Wo sie mich doch (umgekehrt) nur idealisiert, weil sie es ist, die mich erzogen hat: Das Kind ist ja so intelligent, mit ihm kann ich über alles reden, es ist so selbständig etc. – aber, natürlich, achte ich nicht genug auf mein Äußeres! Wo ich ihr doch schon äußerlich so furchtbar ähnlich bin!

Sie wird mich nie so akzeptieren, wie ich bin. Nur meine Unterordnung garantiert die Harmonie. Bei Individuationsversuchen kommt es prompt zu Auseinandersetzungen. Konfrontiert mit meiner Ehrlichkeit, schiebt sie feige ihren Partner vor, an den sie uns schon als Kinder verriet. Auf ihre Fürsorglichkeit = ›Liebe‹ (beides nicht zu trennen) ist kein Verlaß. Und sie soll auf keinen Fall erwidert werden. Niemand wird aus der Schuld ihr gegenüber entlassen!« Statt dessen wird die Mutter durch Undank bestätigt, damit sie in ihrer Selbstlosigkeit »jedem seinen Egoismus vorhalten« kann.

»Analyseanforderungen« wehrt sie ab mit »Redetabus«. Ihre »verteidigte Doppelmoral: nach außen scheinen, was ich nicht bin (z. B. spießbürgerlich nach außen, der ›Freak‹ nach innen). Immer bin ich ihrem Geständniszwang unterstellt, aber dann antwortet sie mit Ignoranz.

Sie versteht mich nicht, unsere Gedanken treffen sich nie. Sie treibt mich zum Wahnsinn. Manchmal liebe ich sie, oftmals nicht. Zerrissenheit. Also, das große Problem zwischen uns – die gegenseitige erdrückende Umklammerung. Mach dich frei! Aber verlasse mich nie! Sie hat mich unterstützt und an sich gefesselt. Wir sind auf ewig verkettet. Ich will mich freistrampeln, und doch suche ich noch immer für mein Handeln IHRE Absolution!

Der Tod (der Mutter) ist Alptraum und Befreiung.«

Das Fazit einer Assoziation, mit der hinsichtlich des Anfangs aus der Mutter begonnen wurde, kann für alle verzettelten Assoziationen stehen, die in diese Textverkettung eingegangen sind: »Am Ende eines Treffs mit meiner Mutter ist kein Sternenhaufen. Und auch kein Lachen – kommt selten vor. Weil, sie lacht schon (oft, oder?), aber ich kann nicht. Am Ende meines Treffs mit meiner Mutter ist nur ein Gedanke: Sie war zum Glück nicht ›immer da‹.«

Dieses »Glück« verweist auf die Schlüsselworte »Gefängnis« und »Entfremdung. Ihre Alternative zwischen distanzlosem Zwang und zwanghafter Distanz stellt sich heute, was die Abnabelung von der Mutter angeht, verschärft bis hin zum Entweder-Oder. Entweder Teil ihres ausweglosen Funktionsmechanismus, der, statt Geborgenheit, »Depressionen, Angst, Wut und Verzweiflung« auslöst – oder aber »Glück« eines Auswegs, der dahin führt, wo die Mutter nicht nur nicht »da« ist, sondern dahin, wo sie nie »da« war.

Zweifelsohne reaktivierte sich im Kurzzeit-Takt dieser Assoziation die Langzeitstruktur der tabuisierten Herkunft aus der Mutter. Doch sie reaktiviert sich ohne jede Ambivalenz. Die symbolische Leerstelle ›Mutter‹ wird blank affirmiert, als ob die Mutter heute sich aus der Gesellschaft verabschieden könnte, jetzt, wo sie nur noch zum desaströsen Zwang geworden ist, egal, ob sie sich vom Mann und Vater trennt oder nicht, ob sie Familie und Beruf verbindet oder gar emanzipiert berufstätig ist.

Nur eine Assoziation steht diesem desaströsen Zwang entgegen: »Erster positiver Gedanke – Knuddeln vor dem Schlafengehen.« Wird dieser Assoziation eine weitere, einzig dastehende hinzugefügt, dann könnte doch noch die Ahnung von einem Glück aufkommen, was nicht nur in der Abwesenheit der Mutter besteht: »Und doch gibt es mit ihr eine Übereinstimmung, die nicht gesagt worden ist und nicht gesagt werden kann.« Sie kann nur in der Kindersprache des »Knuddelns« vor dem Schlafengehen gesagt werden. Beim Aufwachen ist eine Sprache angesagt, die diese »Übereinstimmung« sprachlos werden läßt.

Diese Sprachlosigkeit ist in die geschichtliche Langzeitstruktur der tabuisierten Herkunft aus der Mutter als Schweigen eincodiert. Heute aber, wo alles darauf abzielt, die Mutter als »Sozialisations- und Reproduktionsinstanz« technisch zu ersetzen, was sie ihrerseits als »Funktionsmechanismus« vorwegzunehmen scheint – heute wird dieses Schweigen, was immer ein Verschweigen, ein »Totsagen« der Mutter war, tödlich-faktisch wirksam. Das heißt, im »Glück«, daß die Mutter »nicht immer da war«, könnte auch ihr endgültiger, sozialer Tod ausgesprochen sein.

Es sei denn, eine letzte Assoziation käme zum Tragen, die als einzige eine Gabe der Mutter erwähnt: »Mut zum Kämpfen, also letztendlich nicht aufzugeben!« Gekämpft werden könnte darum, daß diese »Übereinstimmung« nicht nur in der Beziehung zur Mutter Sprache wird. Umgekehrt gilt, würde sie in der Beziehung zur Mutter Sprache, dann würde auch die Sprachlosigkeit aller anderen Textverkettungen tangiert, die da zu schweigen beginnen, wo die tabuisierte Herkunft aus der Mutter nicht nur als Bruch, sondern als Abbruch der Beziehung zu ihr, alle anderen gesellschaftlichen Beziehungen bestimmt.

Hilke Rosenboom

Die Konferenz der Babys

1.

Die Babys trafen sich jede Nacht auf der Wiese hinter dem Mondteich. Manche kamen schon um sieben, wenn im Herbst die Sonne noch über die Dächer schielte, andere rollten und krochen erst gegen Mitternacht heran, waren fast nicht fortgelassen worden von ihren Müttern und sahen verheult aus und verschwiemelt. Einige von ihnen waren stundenlang herumgetragen worden, hatten Fencheltee trinken müssen bis zum Erbrechen, waren geschaukelt und geschuckelt worden, besungen und bekekkert, hatten Tropfen gegen Blähungen gekostet und die Tränen ihrer Mütter, hatten Versen gelauscht und dem Klang der Spieluhren und waren immer und immer wieder beschworen worden, nun doch die Äuglein zu schließen, ein braves Prinzchen zu sein, sich ein Träumelein zu fangen und sich im übrigen von den Sternchen bescheinen zu lassen. Doch erst wenn die Mütter müde waren nach langer, langer Zeit, dann durften sie los. Jede Nacht. Bis zum ersten Zahn. Dann nämlich waren sie bereits groß nach Meinung der Konferenz und auf den Versammlungen nur noch in Ausnahmefällen erwünscht.

2.

Da lagen sie nun auf ihren dicken Kissen, die zu jedem Baby mitgeliefert werden, und kicherten und erzählten und knoteten mit den Fingern. Die Babys pinkelten in silbernen Bögen in den schwarzen Himmel, und manche weinten auch ein bißchen. Die Ungeborenen lauschten den bereits Geborenen mit gerunzelten Stirnen, mit Schluckauf und mit kleinen Grunzlauten. In der Ostkurve lagerten die Babys, die sich bisher noch nicht zum Mitbieten hatten entschließen können. Ein paar Dutzend von ihnen platzten schon aus ihren seidenen Wickeltüchern, sie waren madendick und äußerst zufrieden. Jahrelang hatten sie das Geschehen bei den Versteigerungen der Mütter verfolgt, nun lag ein wissendes Lächeln um ihre Münder, sie gähnten und räkelten, unterhielten sich halblaut während der Vorträge der Auktionatoren, und drei oder vier von ihnen pflegten freche Zwischenrufe zu machen oder gelangweilt in ihren Handflächen zu lesen, bis eines der Reizwörter kam. »Das sind doch alles leere Versprechungen, Kollege!« riefen sie dann. Oder: »Wie, bitte schön, will die Mutter denn das finanzieren?« Oder: »Kinderkram!«

In der Westkurve schlummerten die Internationalisten. Sie hatten den Streik auf ihre Windeln geschrieben und dösten in meist stummem Protest. Bis zur Einberufung einer gesamtgeschlechtlichen Baby-Welt-Konferenz wollen sie erstmal gar nichts machen. »Geht doch rüber zu den Mädchen!« riefen ihnen die anderen Babys manchmal zu. Und einige taten das auch. Dort allerdings hatten sie nur die Möglichkeit, als männliches Mitglied eines gemischten Zwillingspaares auf die Welt zu kommen, was natürlich kraß war, selbst wenn es aus politischen Gründen geschah.

3.

An einem Tag im Dezember wurde Maria versteigert. Sie war nicht mehr ganz jung, was als Vorteil galt, sie hatte keinen festen Wohnsitz, was egal war, und sie konnte freihändig fahrradfahren. Der Auktionator, ein zweihundert Pfund schweres Baby mit großen blauen Augen, machte eine kleine Pause. »Und was am tollsten ist, sie hat immer warme Hände. Ach ja, und sie macht oft lange Reisen. Mit Kind selbstverständlich.« Die Babys in der Ostkurve bewegten sich. »Termin ist allerdings schon in drei Stunden, 39. Woche, Chefentbindung, Rooming-In«, fügte der Auktionator hinzu.

Timmy in der ersten Reihe lehnte sich erschöpft zurück. Wahrscheinlich wieder nichts für ihn. Er war winzigklein, hatte Ringe unter den Augen und die Absicht, als Frühchen auf die Welt zu kommen. Vielleicht auch mit einem Freund zusammen, aber einen festen Partner hatte er bisher noch nicht gefunden. Der Auktionator räusperte sich. »Wenn die Herren jetzt vielleicht aufwachen möchten. Maria ist wirklich eine sehr gute Wahl. Ich bitte also um Gebote.« – »Was sind denn die Negativa?« fragten die Aprikosendrillinge wie aus einem Mund. »Es gibt fast keine Minuspunkte, liebe Kollegen«, sagte der Auktionator und tippte etwas auf seiner Tastatur. »Vielleicht einige Besonderheiten. Ihre Märchen erreichen bisher nur Stärke vier auf der nach oben offenen Gruselskala...« Wie ein Mann fielen die Punkbabys in der Nordkurve in Tiefschlaf. »Der Kindsvater ist Reiseleiter von Beruf, also wahrscheinlich wenig zugegen, was ja nicht von Nachteil sein muß, aber heiraten wollen sie nicht, was ja auch kein Nachteil...« In der Mitte der Wiese, wo die meisten Mehrlinge saßen, kam Unruhe auf. »Die materiellen Verhältnisse gelten als gesichert«, fügte der Auktionator vorsichtig hinzu. »Allerdings sollten wir vielleicht noch eines erwähnen, also, wie soll ich es sagen, das ist natürlich ein heikler Punkt. Also: Maria hat sich eigentlich ein Mädchen gewünscht!«

Die Konferenz erstarrte. Dann plötzlich fingen Tausende von Babys an zu schreien. »Meine Herren, meine Herren, das ist doch nicht das erste Mal, daß wir von so einem Fall hören. Ich bitte Sie um Ruhe!« Schweißperlen rannen über seine mehlweißen Bäckchen. »Schick doch einen von denen dahin«, schrie eines der rothaarigen Kinder vom Hügel hinab und deutete mit dem Kopf in Richtung Internationalisten. »Unverschämtheit, Baby!« rief der Sprecher der Fraktion sofort zurück. »Wie hier alle wissen, wollen wir nicht die Remittenden der Weiber recyclen. Wir wollen Klarheit schaffen über einen anderen Punkt: Ist eine Frau eine reale Mädchenmutter oder eine fundamentale Jungenmutter, oder vielleicht umgekehrt? Diese Fragen jedoch kann nur eine gesamtgeschlechtliche...« »Pupskram«, riefen die Ostkurvler, »aufhören!«

Der Auktionator spielte genervt mit dem teetassengroßen silbernen Schnuller, der an einem Fangband um seinen fetten Hals hing. »Ich kann hier keine Wertungen vornehmen, ich kann nur vorlesen, was hier steht. Und hier steht, sie will unbedingt ein Mädchen. Sie wohnt zur Zeit in einer, naja, Notunterkunft, sie ist nicht verheiratet, und sie liegt bereits in den Wehen.«

4.

Timmy seufzte. Er liebte die nächtlichen Versammlungen über alles, träumte den ganzen Tag davon und freute sich schrecklich auf die Erzählungen der Geborenen, die oft sehr lustig von ihren Abenteuern auf der Erde berichteten. Er selbst konnte sich allerdings bisher nicht für eine Mutter entscheiden. Einmal, vor Jahren, hatte ihm ein anderer Junge seine absolute Traummutter vor der Nase weggeschnappt. Ganz lange Arme hatte sie gehabt, und sie war klein und dick, und sie schlief in einem Zimmer mit sehr hübschen gleichlangen Stäbchen vor dem Fenster. Der Babyberater hatte in einer klaren Vollmondnacht ein Ultraschallfoto von ihr angefertigt, denn Gardinen hatte sie nicht, und so war das Foto wundervoll deutlich gewesen. Sie lag in Rückenlage in ihrem Bett, richtig herum, mit dem Kopf auf dem Kissen, und sie hatte auch sehr hübsche lange Finger.

Aber Timmy hatte nicht schnell genug reagiert, und schwupps! war sie vergeben. Alle Angebote, die er danach erhielt, erschienen ihm zweitklassig. Vielleicht würde diese Mutter eines Tages erneut in der Ziehung sein, vielleicht würde sie sich noch ein Kind wünschen, vielleicht träumte sie bereits jede Nacht von ihm. Einmal hatte er überlegt, für ein paar Monate auf eine befristete Stelle zu einer anderen Mutter zu gehen, einfach so, um mal was anderes zu sehen. Er hätte als krankes Kind geboren werden können und dann, nach einiger Zeit, nach seinem Tod, zur Konferenz zurückkehren und erneut an den Versteigerungen teilnehmen dürfen. Aber dann hatte er beim Flaschenwärmen einen anderen kleinen Jungen kennengelernt, der für einige Jahre als Herz-Kind auf der Welt gewesen war. Viele, viele Tränen hatte man um ihn vergossen, und der Abschied sei so traurig gewesen, erzählte der Junge. Und daß er unbedingt zur gleichen Adresse zurückkehren wolle, sobald sich die Chance ergäbe. Da hatte Timmy sich die Sache nochmal überlegt.

5.

Der Auktionator wurde ungeduldig. »Die Zeit drängt, meine Herren, wenn es keine freiwilligen Meldungen gibt, dann werden wir sie verlosen müssen. Um es noch mal zusammenzufassen. Sie kann Pfannkuchen backen und in der Luft wenden, ihre Fischstäbchen sind immer kroß ...« – »Würg« machten die Aprikosen-Drillinge.

Timmy hob zögernd ein Ärmchen. »Ich weiß nicht, ob das geht, aber ich würde es versuchen wollen ...« Er atmete schneller. Der Auktionator runzelte die Stirn. »Sie hatte, Momentchen mal, sie hatte gestern einen Bauchumfang von 110 Zentimetern. Was, bitte, wiegen Sie?« Timmy wurde vor Aufregung ganz blaß. »Fast vier Pfund oder so«, stammelte er. Die Achtpfünder vor der Milchstation wechselten Blicke. Der Auktionator beugte sich tiefer über den Bildschirm. »Also, nach den Voruntersuchungen hier erwartet sie ein sehr dickes Mädchen. Sie macht bereits seit acht Monaten Schmerzprophylaxe mit Yoga und religiöser Meditation und ...« »Das stört mich überhaupt nicht«, warf Timmy ein. Der Auktionator stöhnte. »Sie hat rosa Windeln gekauft. Die wird ja schön doof gucken, aber egal. Gibt es irgendwelche Gegenargumente? Andere Meldungen?« Die Babys pulten an ihren Füßen oder stellten sich schlafend. »Na gut. Also. Zum siebten, zum achten, zum neunten Monat. Hiermit sind Sie der Sohn Ihrer Mutter, auf immer und auf ewig. Gratuliere!« Timmy lächelte stolz. Die Konferenz applaudierte. Und auf der Erde lag Maria in den Wehen. Es war im Dezember. Und es war sehr kalt in dieser Nacht in Bethlehem.

Robert Gernhardt

Zum Muttertag

Ein Liedfragment

Mama –
kein einziges Wort auf der Welt
das so viele Ma's enthält
wie Mama.
Ja –
Kaktushecke hat mehr Ka's
Braunbärbabies hat mehr Be's
Erdbeerbecher hat mehr E's
Schamhaaransatz hat mehr A's –
aber Ma's?
Koblenz hat keine Ma
München hat so gut wie keine Ma
Mannheim hat nur eine Ma
doch welche Stadt hat zwei Ma?
Na?
Göttingen
Ja!
Denn dort wohnt meine
Mama.

Willi Winkler

Der Schimmer unter der Tür

Elias Canettis Geschichte einer Mutter

Fremd erscheint *Die gerettete Zunge* und zugleich vollkommen vertraut. Die Jugendgeschichte Elias Canettis, die 1977 herauskam, grüßt herüber aus unvordenklicher Zeit, aus dem Anfang des Jahrhunderts und einem Großbürgertum, das längst nur mehr als Kostümfilm existierte. Und nichts fehlt: Der Matrosenanzug für den Kleinen ist selbstverständlich, ebenso wie die mondänen Badeorte der Vorkriegszeit; die skurrile Verwandtschaft gibt's gleich dazu und als Dreingabe reichlich Weltgeschichte. *Die gerettete Zunge* erfüllt noch einmal den Kinderwunsch, die Welt sei zu keinem anderen Zweck erschaffen, als einen zu unterhalten. Der Untergang der »Titanic«, der Erste Weltkrieg, der Halleysche Komet – es dreht sich doch alles nur um seine Majestät, das Kind. Die ganzen schrecklichen, unerhörten Begebenheiten dieser fernen Vergangenheit sind aufgeboten zur Unterhaltung des Kindes und jetzt des Lesers, der ein Märchen aus uralten Zeiten erzählt bekommt.

Der Gang, an Canettis Hand, durch diese alles andere als bürgerliche Kindheit, ist manchmal ziemlich anstrengend. Soll man doch glauben, daß der Held in Zürich in der Schule zwar einen Spitznamen trug, dieser aber »Sokrates« lautete; daß er nicht etwa gehänselt wurde wie ein normaler Junge, sondern gleich Opfer eines Weltverbrechens war und als Jude verfolgt wurde; oder daß ihm die Mutter beiläufig in einem Zürcher Café einen glatzköpfigen Herrn zeigte, der bald darauf einen verplombten Zug nach St. Petersburg besteigen wird. Selbst wenn sich alles genauso zugetragen haben sollte, sind das nicht mehr die Allmachtsphantasien eines Kindes, sondern schon die des Erwachsenen, also nicht furchtbar interessant.

Der Kindergeschichte von der *Geretteten Zunge* folgten die Bände *Die Fackel im Ohr* (1980) und *Das Augenspiel* (1985), mit denen die Lebensgeschichte bis ins Jahr 1937 fortgeführt wird. Eine Fortsetzung: die Emigration, die Jahre in England, das lange Warten auf den Ruhm – war nicht mehr vorgesehen. Die Autobiographie als Liebesgeschichte mit der Mutter findet ihr folgerichtiges Ende mit dem Tod von Mathilde Canetti. Dem werdenden Künstler des Bildungsromans steht hier nicht die unverständige Welt entgegen, sondern die eigene Mutter, die Mutter, die ihn erst fördert nach Kräften, die ihn schon vor der Zeit als Erwachsenen behandelt und ihn dann, als er es endlich geworden ist, am liebsten wieder in das Kind, das er war, zurückverwandelt hätte.

Zwischen Goethe und Peter Handke gibt es genug Künstlerbiographien, die von der starken Mutter angeschoben werden, einer Mutter, die im Kind den besseren Mann sieht und aus ihm das machen will, was sie nicht werden konnte. So dominant wie bei Elias Canetti ist sie allerdings noch selten herauspräpariert worden.

Seine Mutter tritt eigentlich erst in Erscheinung nach dem Tod des Vaters, als ihr die eigene Schuld daran bewußt wird, als sie sein Ohr, seine Aufmerksamkeit, seine Sprache verloren hat, die deutsche. »Sprich mit mir«, verlangt sie von dem Toten, rede mit mir, und, wenn möglich, verzeih mir. Der Vater, ihr Mann, hat sie der Untreue bezichtigt und seit dem Vortag nicht mehr mit ihr gesprochen. Sie zeigte sich uneinsichtig, trotzte, er blieb ebenso hart und sank am Frühstückstisch nieder, gefällt vom frühen Herzinfarkt: »Jacques, sprich mit mir!«

Statt seiner, statt des Toten, muß der Erstgeborene mit ihr sprechen, muß den Vater und die verlorene Sprache der Liebe ersetzen. In Wien hatten sich Mathilde Arditti und Jacques Canetti kennengelernt, weil sie beide vom Burgtheater schwärmten und selber Schauspieler sein wollten. Diese jugendliche Neigung retteten sie nach Hause, nach Rustschuk, wo sie in spanisch-türkisch-bulgarischer Sprachumgebung weiter deutsch miteinander redeten, in der »Sprache ihrer Liebe«.

Jacques Canetti stirbt, als sein ältester Sohn Elias sieben Jahre alt ist. Nach dem Tod des Vaters gehen Mutter und Sohn eine Symbiose ein, die allein schon erklärt, warum Canetti von der Psychoanalyse immer mit Abscheu sprechen muß – gar zu offensichtlich funktioniert die Übertragung, der posthum fortgesetzte Liebesbund. Die Witwe beschließt, die Familie von England zurück nach Wien zu bringen, nicht in ihren Geburtsort, sondern ins Zentrum der Alten Welt, dahin, wo sie mit ihrem Mann glücklich war. Der Weg führt über Lausanne, wo Elias Canetti, inzwischen acht Jahre alt, Deutsch lernen soll, um in Wien in die seinem Alter entsprechende Klasse aufgenommen zu werden. Er hatte bis dahin das altertümliche Spanisch der Sepharden gelernt, Englisch, ein wenig Französisch, aber kein Wort Deutsch.

In Lausanne, »mit der Aussicht auf See und Segel«, begann ein »Schreckensunterricht«: »Sie las mir einen Satz Deutsch vor und ließ mich ihn wiederholen... Sie verhöhnte mich für meine Aussprache, und da ich um nichts in der Welt ihren Hohn ertrug, gab ich mir Mühe und sprach es bald richtig. Dann erst sagte sie mir, was der Satz auf englisch bedeute. Das aber wiederholte sie nie, das mußte ich mir sofort ein für allemal merken.« Zunächst durfte er nicht einmal das Buch einsehen, mußte sich alles merken. Und weil er nicht spurte, weil er nicht so schnell lernte, wie sie es von ihm erwartete, rief sie manchmal: »Ich habe einen Idioten zum Sohn!«

Die Schreckensherrschaft geht noch einige Zeit weiter. Erst als das Kindermädchen ein Wort für ihn einlegt, darf er die Terrorsätze mit dem Buch vor Augen für sich wiederholen und lernt sie tatsächlich. Wenn er sie überrascht mit seinen Fortschritten, lobt sie ihn manchmal: »Du bist doch mein Sohn.«

Die Liebe geht über die Sprache. In sechs Wochen lernte Canetti dieser Erzählung zufolge Deutsch, seine »spät und unter wahrhaftigen Schmerzen eingepflanzte Muttersprache«. Muß man noch ergänzen, daß er auch sonst ein Musterschüler wurde, daß er lange Zeit allem entsprach, was die Mutter von ihm verlangte? Der Sohn aber wußte sich zu rächen für die Gewalt, die ihm angetan wurde. Nach dem Tod ihres Mannes hinderte er sie am Selbstmord und später daran, daß sie sich mit anderen Männern verband. Einmal dringt er sogar in ein Familienpalaver ein, bei dem die Frauen seine Mutter bedrängen, doch wieder zu heiraten. Er will es nicht, sie hört auf ihn. Wenn sie ihm die Ehre erweist und ihn als Erwachsenen behandelt, muß er auch keinen weiteren neben sich dulden. Später wird sie ihm vorwerfen, sich für ihn geopfert zu haben.

Ihre Liebe ist der reine Terror: Die aufkeimende Neigung zu dem Arzt in Bad Reichenhall, der sie auf Strindberg brachte, tötete ihren Mann. Die deutsche Sprache wird anschließend als Terrorinstrument gegen den Sohn gerichtet; er muß nach ihrem Bild geformt werden. Abends lesen sie auf deutsch Schiller und auf englisch Shakespeare, »sie sprach dann zu mir wie zu einem erwachsenen Menschen«. Die beiden jüngeren Brüder sind vergessen, sie spielen kaum eine Rolle in dieser Liebesgeschichte.

Die Mutter schwärmt bei den abendlichen Leseorgien von Schauspielern, vom Theater, von der Kunst. »Ich fühlte, daß sie zum Vater sprach, wenn sie auf diese Weise ergriffen war, und vielleicht wurde ich dann selbst, ohne es zu ahnen, zu meinem Vater.« Wie ein Kind staunt er über ihre »weiten Nüstern«, ihre »ungeheure Stirn«, sie ist ihm so fern und so nah wie die böse Hexe im Märchen. Aber sie behandelt ihn von gleich zu gleich.

Vom Arkanum bleibt er dennoch ausgeschlossen. Zum Abschluß des Abends muß er ihr die gelben Strindberg-Bände bringen, die sie um sich herum aufmauert, ungeduldig, denn jetzt will sie allein damit sein. Strindberg gefährdete ihre Ehe und sorgte für den frühen Tod ihres Mannes. Strindberg ist ihr Unglück, gleichwohl liest sie ihn immer wieder. Die Lektüre muß ihre Schuld bestätigen.

In immer neuen Versionen wird sie dem Sohn den Tod des Vaters erklären, und erst als er seinen Roman geschrieben hat, als *Die Blendung* fertig ist, rückt sie mit dem Ergebnis ihres Strindberg-Studiums heraus. »Als Kind ihrer Untreue sah sie jetzt mich.« Die Leseabende mit Schiller und Shakespeare als Vorspiel und Strindberg als Mysterium wiederholen den Ehebruch, der nicht stattgefunden hat – oder doch, denn bereits das Verbrechen, mit dem Kurdoktor in Bad Reichenhall Deutsch gesprochen zu haben, kommt dem Bruch des Liebesversprechens gleich. Sie bricht es ein weiteres Mal, indem sie ihrem erstgeborenen Sohn Deutsch beibringt. Sie »vergewaltigte mich zu der Sprache, die ich früher nicht verstehen durfte«, zur Sprache der Liebe und ihres Verbrechens.

Auch wenn die Mutter sich zur Wiederholung ihres Traumas zurückzieht und sie durch die Tür getrennt sind, bleiben sie doch verbunden wie ein seltsames Liebespaar: »Ich legte mich hin und horchte auf das Knarren des Stuhls, den sie bestieg, dann fühlte ich, wie sie den Band in die Hand nahm, und wenn ich sicher war, daß sie ihn aufgeschlagen hatte, wandte ich den Blick auf den Lichtschimmer an der Türe unten.« Das Licht unter der Tür ist die Metapher für ihr osmotisches Leben, das Hin und Wider des Austauschens.

Die Übermacht gewinnt der Sohn erst, als er sich unter dem Vorwand, lernen zu müssen, vor ihr zurückziehen kann. »Aber gerade die Lehrbücher blieben nicht lange aufgeschlagen, statt der Kolleghefte, in denen man den Vorlesungen nachzuhinken pflegte, lagen bald die wirklichen, die eigentlichen Hefte da, in die ich jeden Überschwang, aber auch meine Kümmernisse verzeichnete. Die Mutter sah vor dem Einschlafen das Licht aus meinem Zimmerchen unter der Tür, das Verhältnis in der Zürcher Scheuchzerstraße hatte sich umgekehrt.« Der Schimmer unter der Tür ist jetzt seiner. Obwohl er ihr gehorcht, besiegt er die übermächtige Mutter.

Canetti ridikülisiert auf eine etwas harmlose Art die Psychoanalyse, ganz Wiener Literaten-Gerede der zwanziger und dreißiger Jahre; aber gibt es eine schönere Fallgeschichte als diese zwischen Mutter und Sohn? Als ihm ein Arzt mit der Geschichte von Ödipus zu Hilfe kommt, spricht Canetti von der »psychoanalytischen Verseuchung«, ein Warnschild, weil sich doch alles zu leicht auflösen läßt, alles zum Fürchten ist in diesem Familienroman.

Am Vorabend seines zwanzigsten Geburtstages gewinnt der Sohn endlich die Freiheit. Er will in die Berge zu einer Wanderung. Bei Canetti muß das mehr sein als eine Lustbarkeit, er wird in den Bergen die Umrisse seiner Massentheorie niederlegen, die 34 Jahre später erscheint, *Masse und Macht*. Durch einen halb simulierten, halb ernsthaften Anfall kann er sich Urlaub von der Mutter erzwingen. Bald darauf ist ihr Verhältnis zerstört; die Mutter will ihn nicht mehr sehen.

Zwölf Jahre später besiegt er die Mutter noch einmal. Sie vermutet in Veza Taubner-Calderon die Frau, die ihr den Sohn endgültig entreißen wird. Der Sohn betrügt die Mutter, macht ihr vor, er habe viele Freundinnen, erfindet Biographien, frivole Abenteuer, um von Veza abzulenken, und heiratet sie schließlich heimlich. In Bädern, bei Ärzten, die sie um ihres Sohnes willen nicht lieben durfte, hatte die Mutter weniger Heilung gesucht als krank sein wollen, »hatte sich um meinetwillen krank geglaubt und war es nach Jahren wirklich geworden«. Als sie im Sterben liegt, fährt er zu ihr nach Paris: »Sie sah mich an, bis sie mich haßte.« Und noch einmal täuscht er sie, macht ihr vor, die Rosen, die er mitgebracht hat, stammten aus dem Garten in Rustschuk. Mehrmals täglich schickt sie ihn aus dem Zimmer, weil sie ihn nicht mehr ertragen kann. Canetti begreift, »daß ich dazu da war, um von ihr gestraft und gedemütigt zu werden«. Am Sterbebett verabschiedet er den Wahn, er habe sich von ihr lösen müssen, um schreiben zu können, denn »als ich endlich etwas erfand, das Gültigkeit hatte, stellte sich heraus, daß es von ihr war, *sie* hatte mir's diktiert«.

Die Blendung also ist ihr gemeinsames Werk. Diesseits pornographischer Texte gibt es kaum ein anderes Buch, das die Frauen so sehr fürchtet, so sehr von der Misogynie lebt. Die Frau bestürmt den Sinologen in seiner zunächst uneinnehmbaren Festung, seiner Bibliothek, sie schleicht sich in sein Vertrauen, enteignet ihn und jagt ihn schließlich doch wieder hinaus in die feindliche Welt. Was bliebe

Peter Kien sonst noch, als sich mitsamt seinen Büchern anzustecken? In der von Canetti überwachten englischen Übersetzung heißt *Die Blendung* »Auto da Fé«. Hat die Mutter auch das diktiert?

Am Schluß des Bildungsromans triumphiert der Held, dafür muß, wie anders, der Gegner am Boden liegen, tot. Nicht Veza, die heimliche Frau, hat gewonnen, sondern Canetti. Er besitzt inzwischen die Stärke seiner Mutter, nun ist es an ihm zu unterdrücken. Sie muß heimlich schreiben, hat Veza einmal von der Schwiegermutter gesagt, sie veröffentlicht ganz bestimmt Bücher unter einem Pseudonym; wer so liest, muß selber Schriftstellerin sein. Das ist vielleicht der versteckte Hinweis darauf, daß Veza Canetti nicht existierte als Autorin, sondern vor allem dienstbar war. Unter den Pseudonymen Veza Magd, Martha Murner und Veronika Knecht veröffentlichte sie in der Wiener »Arbeiterzeitung« Erzählungen. In der Emigration in London half sie ihrem Mann schreiben und leben, weil sie unter anderem Romane von Graham Greene ins Deutsche übersetzte, Bücher und eine Arbeit, die Canetti zu trivial erschienen wären. Das Schreiben für Geld, das er verabscheute, überließ er seiner Frau. Sie starb 1963, als *Die Blendung* zum dritten Mal erschien und Canetti den Weg zum Weltruhm eröffnete. Der zweite Teil der Autobiographie, *Die Fackel im Ohr*, ist Veza Canetti gewidmet.

Autoren

Martin Buchholz, Veröffentlicher, 1942 in Berlin geboren, 22 Jahre lang Redakteur und Reporter, seit 1983 auf der Kabarett-Bühne mit eigenen Solo-Programmen, Schreiber von Drehbüchern und anderen Machwerken, u. a.: »Wir sind, was volkt«, Berlin 1993, und »Man wird sie eine Männin heißen«, Berlin 1994

Götz Dahlmüller, Jg. 1941, lebt in Hamburg und arbeitet als Philosoph an der Fachhochschule Hildesheim. Letzte Veröffentlichung: »Tempo, Tempo! Ein Versuch über die nicht enden wollende Agonie«, Gießen 1994

Jan Feddersen, Jg. 1957, Postbote, Verlagskaufmann, Pflegehelfer, Säzzer, Soziologe und Journalist. Redakteur bei der »taz-hamburg«, der »Zeit«, der »Woche«. Diverse Buchbeiträge. Ledig, Autofahrer, Raucher

Annette Garbrecht, geb. 1947, Journalistin, lebt in Hamburg. Letzte Veröffentlichung (Hrsg.): »Wer vor mir liegt ist ungewiß – Frauen und Sexualität ab vierzig«, Hamburg 1994

Hans-Georg Gaul, Jg. 1962, freier Fotograf seit 1989, lebt in Berlin

Robert Gernhardt, geb. 1937 in Reval/Estland, studierte Malerei und Germanistik in Stuttgart und Berlin; Mitbegründer der »Neuen Frankfurter Schule«; lebt in Frankfurt/Main

S. 83 aus: »Über alles. Ein Lese- und Bilderbuch.« Hrsg. von Ingrid Heinrich-Jost. © 1994 by Haffmans Verlag AG, Zürich

S. 188 aus: »Gernhardts Erzählungen. 120 Bildergeschichten«, © 1983 by Haffmans Verlag AG, Zürich

Harriet von Hantelmann, geb. 1951 in Braunschweig, studierte Volkswirtschaftslehre in Heidelberg und Kiel. Langjährige Redakteurstätigkeit beim NDR-Fernsehen. Seit 1991 Mutter eines Sohnes und freie Journalistin für Presse, Hörfunk und Fernsehen

Evelyn Holst, geb. 1952, von 1979 bis 1992 beim »stern«, davon fünf Jahre als Korrespondentin in New York. Jetzt freie Autorin in Hamburg, verheiratet, zwei Kinder, kein Hund. Letzte Veröffentlichung: »Der Mann auf der Bettkante«, Hamburg 1994

Eckhard Hufener (pseud.), geb. 1946, Studium der Germanistik und Philosophie, freier Autor, schreibt Literaturkritiken u. a. für den »Spiegel« und »Die Woche« und Aufsätze zu literarischen Themen, u. a. für »Ästhetik & Kommunikation« und »text und kritik«

Ernst Kahl, Jg. 1949, Maler, Drehbuchautor, Musiker (»Trinkende Jugend«), lebt in Hamburg. Letzte Ausstellung: »Balsam und Gift«, Wilhelm-Busch-Museum Hannover, 1994; letzte Veröffentlichung: »Gute Reise«, Zürich 1995

Rüdiger Lautmann, 59 J., Professor für Soziologie an der Universität Bremen, forscht zu Geschlechterbeziehungen und Sexualverhältnissen. Letzte Buchveröffentlichung: »Die Lust am Kind. Porträt des Pädophilen«, Hamburg 1994

Katja Leyrer, Jg. 1949, Sozialwissenschaftlerin und Publizistin, ist Mutter zweier Töchter und eines Sohnes. Veröffentlichung zum Thema: »Hilfe! Mein Sohn wird ein Macker!«, Frankfurt 1990, und »Mama-Papa-Superkind«, Hamburg 1995

Marie Marcks, Jg. 1922, Grafikerin, seit 30 Jahren Karikaturistin für Tagespolitik und alle gesellschaftlichen Bereiche. Lebt in Heidelberg. Letzte Veröffentlichungen:

»Prost, die Herren!«, München 1992; »Marie, es brennt« 1. und 2. Band der Autobiographie, München 1995

Peggy Parnass, Autorin, Kolumnistin und Kommentatorin, lebt in Hamburg. Veröffentlichungen: »Prozesse«, Hamburg 1990/1993, »Unter die Haut«, Hamburg 1992, »Kleine radikale Minderheit«, Hamburg 1985, »Süchtig nach Leben«, Hamburg 1990 und »Mut und Leidenschaft«, Hamburg 1993

Werner Raith, geb. 1940 in Regensburg, Studium Physik/Mathematik, Promotion Philosophie, Habilitation in Pädagogik. 14 Jahre Lehrtätigkeit an den Universitäten München und Palermo und an der TU Darmstadt. Seit 1978 Journalist, ab 1985 als Italienkorrespondent der »tageszeitung« und Sonderkorrespondent der »Basler Zeitung«. Mitarbeiter von Rundfunk und Fernsehen

Hilke Rosenboom, Jg. 1957, seit 15 Jahren Redakteurin und Reporterin beim »stern«, verheiratet, zwei Söhne, lebt in Hamburg und Ostfriesland. Schreibt zur Zeit an ihrem ersten Weltbestseller

Ulrike Schmauch, geb. 1949 in Peine, studierte Psychoanalyse, Heilpädagogik und Sozialwissenschaften in Frankfurt/M. Diplom 1975, Dr. phil. 1985. Langjährig in pädagogischer Praxis, Fortbildung und Lehre, jetzt wissenschaftlich an der Abt. für Sexualwissenschaft, Universitäts-Klinikum Frankfurt tätig. Veröffentlichungen zum Wandel des Generationen- und Geschlechterverhältnisses, zu weiblicher und männlicher Sozialisation, darunter: »Kindheit und Geschlecht – Zur Psychoanalyse der frühen Geschlechtersozialisation«, Frankfurt 1993

Gesine Strempel, Jg. 1940, freie Journalistin und Übersetzerin. Seit 15 Jahren Moderatorin der täglichen frauenpolitischen Rundfunksendung »Zeitpunkte« beim SFB 3 in Berlin

Gerburg Treusch-Dieter, Dr. phil., habil., lehrt als Professorin an den Universitäten Berlin, Innsbruck, Wien. Mitherausgeberin der Wochenzeitung »Freitag«, Mitherausgeberin und Redakteurin der Kulturzeitschrift »Ästhetik & Kommunikation«, Herausgeberin der Reihe »Schnittpunkt + Zivilisationsprozeß«. Veröffentlichungen u. a. »Von der sexuellen Rebellion zur Gen- und Reproduktionstechnologie«, Tübingen 1990

Regula Venske, Jg. 1955, Dr. phil., lebt nach Lehrtätigkeit an der Universität Hamburg, der FU Berlin, der University of London / Queen Mary College und diversen Ausflügen ins Angestelltendasein (Referentin bei der Bertelsmann Stiftung, Gütersloh; Literaturredakteurin bei der »Brigitte« und Verlagsleiterin von Rotbuch) als freie Schriftstellerin in Hamburg. Letzte Veröffentlichungen: »Pursuit of Happiness oder Die Verfolgung des Glücks«, Hamburg 1993; »Weiberjahnn. Eine Polemik zu Hans Henny Jahnn«; Hrsg. zus. mit Frauke Hamann, Hamburg 1994; »Rent a Russian«, Hamburg 1995

Wolfgang Welt, Jg. 1952, ist Nachtwächter und Autor. Letzte Buchveröffentlichung: »Peggy Sue«, 1986 (vergriffen). Danach Beiträge in Zeitungen und Zeitschriften. Lebt in Bochum

Willi Winkler, geb. 1957, Journalist und Übersetzer, lebt in Hamburg.

INGRID KLEIN VERLAG

Velma Wallis
Zwei alte Frauen
Eine Legende von Verrat und Tapferkeit
Aus dem Amerikanischen von Christel Dormagen
ISBN 3-89521-017-X

Dies ist die Geschichte von zwei alten Indianerfrauen eines Nomadenstammes hoch oben im Norden Alaskas. In einem strengen Winter wird der Stamm von einer Hungersnot heimgesucht. Die Gruppe ist gezwungen, ihr Lager zu verlassen und über Land auf Nahrungssuche zu gehen. Ihr Häuptling beschließt – wie es das Stammesgesetz vorsieht –, die zwei alten Frauen, da sie unnütze Esser sind, zurückzulassen. Keiner wagt, gegen diesen Beschluß aufzubegehren. Allein und verlassen in der eisigen Wildnis geschieht das Erstaunliche: Die beiden alten Frauen geben sich nicht auf.

»Die Legende ist schlicht, wenig beschönigend und doch von einer nahezu ergreifenden Anteilnahme für den Mut und die Mühen der beiden Frauen. Eine Geschichte, die unser aller Sinn für die Würde des einzelnen Menschen neu belebt.« Rita Süssmuth

3622/1